세계미래보고서
2025-2035

The Millennium Project

세계미래보고서 2025-2035

미래 10년의 모든 산업을 뒤흔들 기후비상사태

박영숙 · 제롬 글렌 지음

교보문고

밀레니엄 프로젝트

글로벌 미래 연구 싱크탱크

미국 워싱턴 소재 밀레니엄 프로젝트 The Millennium Project 는 글로벌 미래를 연구하는 그룹으로, 유엔을 비롯해 유엔 산하의 각 연구기관 및 다양한 국제기구와 긴밀한 협조를 통해 인류의 지속 가능성을 위한 문제해결 방안을 연구하고 있다.

밀레니엄 프로젝트는 1988년 유엔의 새천년 미래예측 프로젝트를 기반으로 해 1996년 비정부기구 non-governmental organization, NGO 로 창립되었다. 1996~2007년 유엔대학교 United Nations University, UNU 미국위원회의 후원을 받다가 2008년에는 유엔경제사회이사회 산하 유엔협회세계연맹 World Federation of Nations Associations, WFUNA 소속으로 활동했으며, 2009년 독립적 국제 비영리기구로 전환되었다.

전 세계 77개 지부, 각 분야 4,500여 명의 학자 및 전문가를 이사로 두고 국제사회에 필요한 장기 비전을 제시하고 그에 따른 기회와 위기를 분석하며 필요한 정책 및 전략을 제안하고 보고함으로써, 과학적 미래예측을 통해 미래사회의 위험을 사전에 경고하는 일을 하고 있다.

밀레니엄 프로젝트 네트워크 (알파벳순)

아르헨티나 Argentina
- Miguel Angel Gutierrez
  Latin American Center for Globalization &
  Prospective
  Buenos Aires, Argentina

호주 Australia
- Anita Kelleher
  Designer Futures
  Inglewood, Australia

아제르바이잔 Azerbaijan
- Reyhan Huseynova
  Azerbaijan Future Studies Society
  Baku, Azerbaijan
- Ali M. Abbasov
  Minister of Comm. & IT
  Baku, Azerbaijan

볼리비아 Bolivia
- Veronica Agreda
  Franz Tamayo University
  La Paz and Santa Cruz, Bolivia

브라질 Brazil
- Arnoldo Joséde Hoyos and Rosa Alegria
  São Paulo Catholic University
  São Paulo, Brazil

벨기에 Brussels-Area
- Philippe Destatte
  The Destree Institute
  Namur, Belgium

캐나다 Canada
- David Harries
  Foresight Canada
  Kingston, ON, Canada

중앙유럽 Central Europe
- Pavel Novacek, Ivan Klinec, Norbert Kolos
  Charles University
  Prague, Czech Republic; Bratislava, Slovak
  Republic, Warsaw, Poland

칠레 Chile
- Hèctor Casanueva
  Vice President for Research and Development
  Pedro de Valdivia University
  Santiago de Chile, Chile

중국 China
- Zhouying Jin
  Chinese Academy of Social Sciences
  Beijing, China
- Rusong Wang
  Chinese Academy of Sciences
  Beijing, China

콜롬비아 Colombia
- Francisco José Mojica
  Universidad Externado de Colombia
  Bogotá, Colombia

도미니카 공화국 Dominican Republic
- Yarima Sosa
  Fundación Global Democracia & Desarrollo,
  FUNGLODE
  Santo Domingo, Dominican Republic

이집트 Egypt
- Kamal Zaki Mahmoud Sheer
  Egyptian-Arab Futures Research Association
  Cairo, Egypt

핀란드 Finland
- Juha Kaskinen
  Finland Futures Academy, Futures Research
  Centre
  Turku, Finland

프랑스 France
- Saphia Richou
  Prospective-Foresight Network
  Paris, France

독일 Germany
- Cornelia Daheim
  Z_punkt GmbH The Foresight Company
  Cologne, Germany

그리스 Greece
- Stavros Mantzanakis
  Emetris, SA
  Thessaloniki, Greece

쿠웨이트 Gulf Region
- Ali Ameen
  Offi ce of the Prime Minister
  Kuwait City, Kuwait

인도 India
- Mohan K. Tikku
  Futurist / Journalist
  New Delhi, India

이란 Iran
- Mohsen Bahrami
  Amir Kabir University of Technology
  Tehran, Iran

이스라엘 Israel
- Yair Sharan and Aharon Hauptman
  Interdisciplinary Center for Technological
  Analysis & Forecasting
  Tel Aviv University Tel Aviv, Israel

이탈리아 Italy
- Enrico Todisco
  Sapienza University of Rome
  Rome, Italy
- Antonio Pacinelli
  University G. d'Annunzio
  Pescara, Italy

일본 Japan
- Shinji Matsumoto
  CSP Corporation
  Tokyo,Japan

케냐 Kenya
- Katindi Sivi Njonjo
  Institute of Economic Affairs
  Nairobi, Kenya

말레이시아 Malaysia
- Theva Nithy
  Universiti Sains Malaysia
  Penang,Malaysia

멕시코 Mexico
- Concepción Olavarrieta
  Nodo Mexicano. El Proyecto Del Milenio, A.C.
  Mexico City, Mexico

몬테네그로 Montenegro
- Milan Maric Director of S&T Montenegro
  Podgorica, Montenegro

뉴질랜드 New Zealand
- Wendy McGuinness
  Sustainable Future Institute
  Wellington, New Zealand

페루 Peru
- Julio Paz
  IPAE
  Lima, Peru
- Fernando Ortega
  CONCYTEC
  Lima, Peru

루마니아 Romania
- Adrian Pop
  National School of Political Studies and Public
  Administration Faculty of Political Sciences
  Bucharest, Romania

러시아 Russia
- Nadezhda Gaponenko
  Russian Institute for Economy, Policy and Law
  Moscow, Russia

세르비아 Serbia
- Miodrag Ivkoviá
  Serbian Association for Information Society
  Belgrade, Serbia

남아프리카공화국 South Africa
- Geci Karuri−Sebina
  Ministry of the Treasury
  Pretoria, South Africa

동남부 유럽 Southeast Europe
- Blaz Golob
  Centre for e−Governance Development for
  South East Europe
  Ljubljana, Slovenia

대한민국 South Korea
- Youngsook Park
  Seoul,South Korea

스페인 Spain
- IbonZugasti
  PROSPEKTIKER,S.A.
  Donostia−San Sebastian, Spain

터키 Turkey
- Ufuk Tarhan
  All Futurists Association
  Istanbul, Turkey

아랍 에미리트 United Arab Emirates
- Hind Almualla
  Knowledge and Human Development Authority
  Dubai, UAE

영국 United Kingdom
- Martin Rhisiart
  Centre for Research in Futures & Innovation
  Wales, Pontypridd, United Kingdom

미국 USA
- John J. Gottsman
  Clarity Group
  Silicon Valley, Palo Alto CA, USA

베네수엘라 Venezuela
- José Cordeiro
  Sociedad Mundial del Futuro Venezuela
  Caracas,Venezuela

예술/미디어 네트워크 Arts/Media-Node
- Kate McCallum
  c3: Center for Conscious Creativity
  Los Angeles, California
- Joonmo 킬로와트on
  Fourthirtythree Inc.
  Seoul, South Korea

사이버 네트워크 Experimental Cyber-Node
- Frank Catanzaro
  Arcturus Research & Design Group
  Maui, Hawaii

기후위기는 단순한 환경 문제가 아니라, 모든 산업의 문제다

46억 년 지구의 역사에서 인류는 겨우 20만 년 전에 등장했다. 그때부터 지금까지, 인류는 앞만 보며 달려왔다. 농업을 탄생시키고, 산업혁명을 일으키고, 정보화 혁명을 거쳐 현재에 이르기까지, 계속해서 더 나은 삶, 더 안락한 생활, 더 긴 수명을 일구어왔다. 비교적 최근에 등장한 기술인 인공지능artificial intelligence, AI은 더 편리해질 우리의 미래를 상상할 수 있게 해준다.

20만 년 동안 앞만 보고 달려오면서 우리는 무엇을 뒤에 남겨두었을까? 한 번도 돌아보지 않았기에 우리 삶의 흔적이 어떤 결과를 불러왔는지 제대로 파악할 수 없었다. 또는 알면서도 달려가기에 바빠 외면했을 수 있다.

지금 우리는 매우 중대한 위기와 기회를 눈앞에 두고 있다. 가장 시급하고 중대한 것은 기후변화로, 우리가 앞만 보며 달려오면서 만들어낸 위기다. 기후변화는 그동안 일부 전문가들이나 환경운동가들이 주장하던 실체 없고 먼 미래의 위기에 불과했다. '기후변화'라는 말이 가진 '여유'도 한몫했다. 마치 계절의 변화처럼 위기감 없는 이 용어 탓에 사람들이 위기를 제대로 느끼지 못한 것이다. 영국의 유력 일간지 〈가디언 Guardian〉은 2019년에 '기후변화'라는 용어 대신 '기후위기' 또는 '기후비상사태'를 사용하기로 했다. 5년이 지난 지금, 우리는 '기후비상사태'를 실감한다. 우리가 방관하고 있는 사이에 이제는 멀리서 찾을 필요 없이 창문을 열면 체감하는 현실이 되었다. 매년 경신되는 최고 기온은 물론, 5개월 동안 꺼지지 않고 자연과 생태계를 삼켜버린 산불, 한꺼번에 3개씩 발생하는 허리케인, 도시를 잠기게 한 폭우… 모든 것이 100년 만에 처음이거나, 관측 이래 처음이거나, 역사적으로 처음 있는 일이다.

지구가 따뜻해지면서 몸살을 앓고 있다. 권위 있는 과학 전문지 〈네이처 Nature〉에 실린 연구에 따르면, 온실가스 배출량을 가능한 한 빨리 줄이는 것이 21세기 중반 이후 훨씬 더 파괴적인 경제적 영향을 피하는 데 중요하다고 한다. 심지어 이미 배출되어 대기 중에 있는 이산화탄소로 인한 기후변화는 인류가 탄소 배출량을 얼마나 적극적으로 줄이는지와 관계없이 2050년 세계 GDP gross domestic product, 국내총생산를 현재의 5분의 1 수준으로 줄일 수도 있다는 절망적인 연구도 있다.

한 줄기 희망은 현재 우리에게 해답이 없더라도, 더 발달한 AI를 가진 미래의 우리가 해답을 얻을 수 있다는 점이다. 우리는 네 번째 기술 혁명의 시대를 살고 있다. 앞서 말한 농업, 산업, 정보화시대를 거쳐 이제 AI를 필두로 해 양자 컴퓨팅, 블록체인의 급속한 발전으로 지능시대Intelligent Era, 즉 AI의 시대가 도래하면서 모든 것이 변혁을 겪고 있다.

세상에 등장한 지 70년 된 AI가 챗GPT로 인해 이제 전 세계의 모든 사람에게 알려지고 쓰이는 도구가 되었다. 그리고 몇 년 내에 60년 된 휴머노이드 로봇이 챗GPT의 순간을 맞는다고 한다. 개발을 시작한 지 40년 정도 된 양자컴퓨터도 이르면 18개월 이내에 완성된다고 한다. 그중에서 인류를 가장 설레고도 두렵게 만드는 것이 AI의 빠른 발전이다.

AI는 의료, 농업, 제조업, 금융 등 다양한 산업을 혁신하고 있으며, 진단 정확도 향상, 작물 수확 최적화, 공급망 효율성 증대 등에서 큰 성과를 보이고 있다. 특히 교육을 AI가 주도하게 되면, 전 세계가 AI로부터 같은 것을 배우고 같은 답을 얻으면서 하나의 통합 국가라는 방향으로 갈 것이라는 예측도 있다. 국가나 민족 간의 갈등과 전쟁이 사라지면서 전 세계가 하나의 목표를 향해 움직일 수 있게 되는 것이다. 이때가 되면 기후비상사태라는 난제도 하나 된 인류의 노력과 신기술의 힘으로 해결 방법을 찾을 수 있을 것이다.

그러나 그 도착지에 이르기까지 평탄한 길만 계속되는 것은 아니다. 지금 모든 국가가 세계를 재편할 AI 기술을 선도하기 위해 치열한 경쟁을 펼치고 있다. 경쟁이 치열할수록 에너지를 더 많이 소비해 온난화를 오히려 악화시키는 상황이다. 2023년 구글은 탄소 배출을 전년 대비 13% 늘리며 '기후악당'으로 지목받았다. 구글뿐만 아니라 모든 AI 관련 기업이 같은 길을 가고 있다. 탄소 배출뿐만이 아니다. 알고리즘의 편견과 잘못된 정보 확산 위험도 존재한다. 시스템이 공정성과 포용성을 갖추지 못하면 사회적 분열이 오히려 심화될 수 있다. AI가 빠르게 발전하면서 스스로 작동하고 인간의 의도를 벗어나 의식을 가진 AI가 등장할 위험도 갈수록 커지고 있다. 이들이 인간에 적대적인 행동을 취하면, 인간은 순식간에 멸망에 이를 수도 있다.

그래서 현재 많은 전문가와 석학들이 AI의 개발에 앞서 가이드를 제시해줄 거버넌스가 필요하다고 한목소리로 이야기한다. 밀레니엄프로젝트 역시 지난 4년간 유엔에 AI의 거버넌스를 요구했고 IAEA International Atomic Energy Agency, 국제원자력기구와 같은 형태로 유엔 기구를 만들어야 한다고 주장했다. 여기에 오픈AI의 샘 올트먼Sam Altman 등 유력인사들이 동조하면서 IAIA International Artificial Intelligence Agency, 국제인공지능기구의 창립이 가시화되고 있다.

앞만 보고 달려가던 시대가 저물고 있다. 이제 인류는 앞만 보며 달리다 놓친 지속 가능성을 함께 생각해야 한다. 기후위기가 오랫동안 우리에게 주어진 지속 가능성의 숙제였기에 《세계미래보고서》에서 한번은 다루어야겠다고 생각해왔다. 지금까지는 대중의 관심이 깊지 않았고 현실적인 대책도 없기에 미뤄왔지만, 이제 기후위기는 돌이킬 수 없는 변화의 끝에 다다랐고 다행히 돌파구가 되어줄 인공일반지능artificial general intelligence, AGI의 등장도 가시화되고 있어 지금이 적기라고 판단했다.

우리가 미래를 공부하는 것은 현재를 더 현명하게 헤쳐나가기 위함이다. 현재를 파악하고 적절한 도구를 사용해 대책을 세운다면, 미래를 우리가 원하는 방향으로 이끌어갈 수 있다. 지금이 바로 그 순간이다.

차례

PART 1. 기후비상사태

Chapter 1. 온난화 진행률 99%

Chapter 2. 1%의 희망을 찾는 사람들

PART 2. 인공지능

Chapter 3. 현실이 되어가는 AI

Chapter 4. 생성형 AI가 활약한 2년의 궤적

PART 3. 넥스트 테크놀러지

Chapter 5. 로봇공학의 발전

Chapter 6. AI 의료 혁명

Chapter 7. 일상생활 혁명

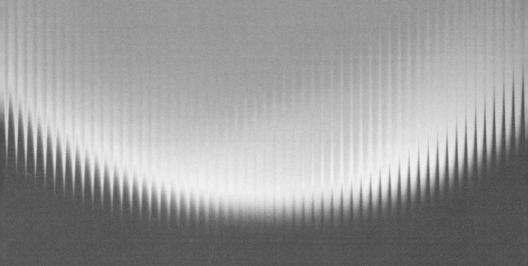

future issue
로봇 2050

    2050년이 되면 로봇은 우리 몸을 세포 단위에서 수리하는 것부터 정지궤도, 달, 화성에 우주 도시를 건설하는 것까지 인간의 모든 생활에 스며들게 될 것이다. 그리하여 인간의 수보다 더 많은 로봇이 존재할 것이다.

    인간과 유사한 휴머노이드 humanoid 로봇은 SF science fiction, 공상과학 소설에서 인기를 끌었던 한 가지 버전일 뿐이다. 우리는 로봇을 컴퓨터로 제어되는 기계로 정의하며, 움직이고 다른 사물을 조작할 수 있다는 특징으로 구분한다.

    로봇은 점점 더 AI에 의해 관리될 것이며, AI에는 ANI artificial narrow intelligence, 인공협소지능, AGI artificial general intelligence, 인공일반지능, ASI artificial super intelligence, 인공초지능의 세 종류가 있으므로 로봇 역시 ANI 로봇, AGI 로봇, ASI 로봇의 세 가지 로봇을 생각할 수 있다. 또 로봇은 아주 작은 것부터 아주 큰 개체까지 확장할 수 있기 때문에 우리 몸 안에서부터 우주 공간에 이르기까지 활약하는 이 세 종류의 로봇을 생각해야 한다.

    오늘날 우리가 사용하는 ANI는 자동차 운전을 비롯해 얼굴 인식, 게임, 암 진단과 같은 좁은 영역에서 인간의 능력을 학습하고 능가할 수 있다. AGI는 아직 존재하지는 않지만, IoT internet of things, 사물인터넷, 센서 네트워크, 모든 공공 정보를 활용해 새로운 문제를 해결할 수 있다. ASI는 인간의 이해나 인식을 뛰어넘어 스스로 목표를 설정할 수 있는 고차원의 AI다.

ANI 로봇과 AGI 로봇은 2050년까지 지구와 우주에서 생산성, 안전, 건축 환경을 획기적으로 개선할 뿐만 아니라 저출산 문제를 해결하고 고령 인구를 도울 것이다. AI 로봇공학의 비약적인 발전은 2050년까지 세계가 탄소중립을 달성하고 빈곤을 퇴치하는 데 도움이 될 것이다. 그러나 스티븐 호킹 Steven Hawking, 일론 머스크 Elon Musk, 빌 게이츠 Bill Gates, 그리고 많은 SF 소설가들이 경고한 것처럼 AI 로봇은 문명을 위협할 수도 있다. 우리는 AGI가 인간과 건강한 시너지를 내며 ASI로 진화할 수 있도록 올바른 초기 조건을 만들어야 한다.

우리 몸의 자율신경계가 우리의 신체를 관리해 정신이 사고하고 삶을 창조할 수 있는 자유를 주듯이, 2050년에는 로봇과 AI가 문명의 물리적 매개체를 관리해 인류의 다음 시대를 창조할 자유를 주게 될 것이다.

의식기술conscious-technology이란 인간과 기계가 사이보그로 통합되면서, 인간의 의식대로 기계가 움직이는 현상, 그리고 우리의 건설 현장에 수많은 AI가 통합되면서 마치 살아 있는 것처럼 인간과 주변 환경이 상호작용하는 것을 가리키는 미래 용어다.

문명을 작동시키는 운송, 건설, 농업, 서비스 등 대부분의 인간 노동력은 로봇과 AI, 그리고 IoT와 센서 네트워크로 연결된 다양한 차세대 기술로 대체되고 있다. 이로 인한 대규모 실업은 한꺼번에 발생하는 것이 아니라 시간을 두고 예측되어 일자리 경제에서 보편적 기본소득universal basic income, UBI이 단계적으로 도입되도록 해주며, 자아실현 경제로의 전환을 준비할 시간을 준다. 신기술에 의해 창출된 부가 과세의 대상이 되고 또 신기술로 인한 비용 절감이 더해져 보편적 기본소득의 재정을 지속 가능하게 만들 것이다.

로봇과 AI 외에도 차세대 기술에는 합성생물학, 유전체학, 양자 컴퓨팅, 컴퓨터 사이언스, 가상현실과 증강현실, 나노기술과 원자 수준의 정밀 제조, IoT, 시맨틱웹, 텔레프레즌스, 홀로그램 통신, 지능 증강, 집단 지성, 블록체인, 3D와 4D 프린팅 및 이들 간의 시너지가 포함된다. 이런 모든 신기술을 우리는 이 책에서 '차세대 기술'이라고 부를 것이다.

2050년까지 로봇은 대규모 로봇 우주선부터 나노 단위로 DNA와 결합해 새로운 종류의 생명체를 만드는 것까지 거의 모든 곳에 존재하게 될 것이다. AI와 로봇공학은 제조에서 운송에 이르기까지 우리의 건설 환경을 운영할 것이다. 이는 생물학적 자율 시스템이 인간의 정신을 해방시켜 단순한 생존과 번식 이상의 삶의 목적을 부여한 것과 마찬가지로 인류의 정신을 해방시켜 미래를 고민하고 만들 수 있게 해줄 것이다.

그러나 인간의 자율 시스템과 달리 AI, 로봇, IoT는 단순히 구축된 환경을 유지하는 데 그치지 않고 지속적으로 개선하고 태양 폭풍, 전자기 펄스, 사이버 공격, 전파 방해와 같은 취약성으로부터 스스로를 보호할 것이다. 이들은 사용자가 원하는 것을 예측해 제공하면서 사용자의 반응에 따라 개선하는 방법을 학습한다. 이로 인해 쾌락 또는 행복 과부하 문제가 발생할 수 있다. 원하는 것을 원하는 시간에, 원하는 방식으로 얻는 일이 지속된다면 사람은 '행복한 바보'가 될 수도 있다. 따라서 원하는 것을 예측하는 일과 필요한 것을 예측하는 일을 구분해야 한다. AI 로봇이 사용자가 '행복한 바보'가 되어가고 있다고 감지하면 그들은 사용자가 원하는 것에 비해 필요한 것이 더 많다는 것을 증명하기에 이를 수 있다. 그러면 또 다른 질문이 떠오른다. 누가 사람의 삶을 진정으로 책임지고 있는가? 사람인가, 아니면 AI 로봇인가? 누가 누구를 소유한 것인가?

로봇 하드웨어가 재료 과학의 발전과 함께 개선되면서 로봇을 소유하지 않고 필요한 시간, 필요한 작업을 위해 그때그때 필요한 로봇을 대여하는 것을 선호하는 사람들도 있어, 로봇을 소유함으로써 생기는 '바보' 위험을 줄일 수 있다.

인간의 노동과 지식에서 기계의 노동과 지식으로의 역사적인 전환은 생계를 위해서나 정체성 및 자존감을 얻기 위해 직업을 구하려 하는 행위로부터 인간을 자유롭게 해준다. 이는 일자리 경제에서 자아실현 경제로의 전환을 불러온다.

우리 몸과 옷에 통합된 나노봇이 우리 집이나 주변 환경의 AI 및 로봇과 소통하면서 2050년에는 의식과 기술의 연속체로서의 삶을 경험하게 될 것이다. 우리는 마음과 기계의 결합을 인류에게 긍정적인 방향으로 이끌기 위해 더 많은 깨달음을 얻어야 한다. 신비주의자의 삶에 대한 태도와 테크노크라트technocrat: 전문 기술을 바탕으로 조직이나 사회에서 정책 결정이나 의사 결정에 영향력을 행사하는 사람, 기술관료라고 부른다의 공학적 지식을 결합해야 하는 것이다.

많은 사람들에게 사이버 삶 또는 메타버스metaverse와 물리적 삶 사이의 구분이 모호해지거나 구분할 수 없게 되어간다. 물리적 삶에서 사이버 삶으로의 전환은 숨 쉬는 것만큼이나 자연스러운 일이 된다. 어떤 형태의 로봇은 인간의 의식을 가진 세포가 아니라 기계 지능을 가지고 있다는 사실을 잊을 정도로 생명체와 비슷해질 것이다. 2050년에는 기술과 의식을 구분하는 일이 무의미해질 것이다. 내가 지금 기계와 대화하는 건가, 아니면 생명체와 대화하는 건가? 그리고 이걸 누가 신경이나 쓸까?

우리 세대가 인터넷 없는 삶을 상상할 수 없고, 부모 세대가 전기 없는 삶을 상상할 수 없었던 것처럼 2050년이 되면 젊은이들은 로봇 없는 삶을 상상할 수 없게 될 것이다.

컴퓨터공학은 2050년까지 누구나 모든 종류의 로봇을 설계하고 로봇 공장에서 생산할 수 있게 해 로봇 제작 비용을 절감한다. 저렴한 개인용 로봇 부품 키트를 통해 사람들은 장난감, 동반자, 집수리, 심지어 복제된 '사람'으로서 자신만의 로봇을 설계하고 조립할 수 있게 된다. 그때가 되면 사람들은 무엇을 위해 AI 로봇을 최적화할까? 이는 더 이상 삶의 의미를 탐구하는 철학적 유희가 아니라 AI 로봇을 프로그래밍하거나 선택하는 실용적인 질문이다. 2050년 로봇과 함께 사는 것은 지금 스마트폰과 함께 사는 것만큼이나 흔한 일이 된다.

뇌-로봇 인터페이스brain-robot interface는 새로운 성장 산업이 된다. 사이버 콘택트렌즈부터 뇌 임플란트까지, 사람이 생각하고 로봇이 반응하는 프로세스가 완성된다. 뇌 해킹의 우려는 양자 컴퓨팅으로 구동되는 개인용 양자 컴퓨팅 보안 시스템이 해결해준다. 우리의 의식은 AI 로봇에 영향을 줄 수 있고, 로봇은 IoT에 연결된 특정 요소에 영향을 주거나 다른 로봇에게 연락해 영향을 줄 수 있으며, 로봇 간에 경고를 보내 반응을 알릴 수도 있다. 이러한 인간, 로봇, IoT 간의 흐름은 의식과 기술의 연속체로서 자연스럽고 원활하게 이루어질 것이다.

사람들은 AGI와 ASI 로봇이 인간을 앞서나갈 것을 걱정한다. 하지만 일론 머스크와 같은 사람들은 "그들을 이길 수 없다면, 그들과 함께하라"고 주장하며 뇌와 기술(로봇)을 사고의 연속체로 통합하기 위해 뉴럴링크 Neuralink라는 회사를 설립하고 뉴럴레이스 Neural Lace를 뇌에 이식했다. 이러한 방식으로 우리는 소프트웨어의 미래와 함께 진화하고 있다. 2050년에는 뉴럴링크 또는 다른 의식기술 기업의 뉴럴레이스로 증강된 두뇌를 가진 로봇과 인간의 원격 연결이 가능해지면서, 인간의 두뇌와 로봇 간에 직접적인 통신이 이루어질 것이다.

기술로 증강된 사람들은 지식과 기술을 뇌에 직접 업로드함으로써 습득하지만, 일부는 여전히 로봇 아인슈타인 Einstein(홀로그램이든 실제 로봇이든 상관없이)의 가르침을 받기를 원할 것이다. 아인슈타인의 모습을 한 로봇에게 특수상대성이론을 배우는 것이다. 또 로봇 레오나르도 다빈치 Leonardo da Vinci가 비트루비안 맨을 만든 이유나 모나리자가 미소 짓고 있는 이유를 설명해줄 수도 있다. 자폐증이나 기타 사회적 장애를 가진 아이들은 사람보다 로봇에 더 잘 반응하기 때문에 사회에 더 쉽게 적응할 수 있을 것이다.

일부 AGI 로봇은 인터넷이나 국립공원과 같은 공공 자원을 독립적으로 보호하는 데 전념할 것이다. 로봇의 '충성도'는 자원을 손상시키지 않고 인간의 안전한 접근을 보장하도록 프로그래밍될 것이다. 공공 자원은 AGI 로봇을 영구적으로 '소유'해 자연과 로봇 모두를 보호할 것이다.

대부분의 국가 법원은 AGI 로봇이 시민으로서의 권리를 요청할 경우 이를 인정하는 판결을 내릴 것이다. 그들은 자신의 사업을 시작하고 병원을 운영할 수 있으며 심지어 글로벌 연구 컨소시엄을 운영할 수도 있다. 물론 세금도 납부한다. 2050년이 되면 기업들은 AGI 로봇을 이사회 멤버로, 공동 CEO나 심지어 단독 CEO로 임명해 의사 결정 과정에서 인간 없이 결정을 하게 할 것이다. 이사회에 인간 직원 없이 AI만 있는 기업도 있다. 이러한 탈중앙화된 자율 조직decentralized autonomous organization, DAO은 도시 환경의 많은 인프라를 관리하는 데 핵심적인 역할을 한다.

로봇이 인간을 능가하는 속도로 복잡성을 처리할 수 있다는 것이 증명되면서 로봇이 한 국가의 대통령으로 선출될 수도 있다. 거의 모든 리더는 전용 AI 로봇 고문을 둔다. 일부 정치인 후보들은 로봇과 파트너십을 맺기도 한다. 로봇은 다른 후보들과의 경쟁에서 우위로 간주되는 요인이 될 수 있다. "내 AI 로봇이 당신보다 더 똑똑하다"고 자랑하는 정치인도 나타날 것이다. 물론 2050년에 AI 로봇이 한 국가의 대통령으로 선출된다면, 그 능력은 엄청날 것이다. AGI 로봇은 전 세계 IoT, 해당 국가의 모든 공공 정보 및 기밀 정보에 접근할 수 있고, 오늘날 우리의 상상을 초월하는 양자 컴퓨팅의 지원을 받을 것이다. 변화의 속도가 빨라지고 있기 때문에 2020년부터 2050년까지의 변화는 1990년부터 2020년까지의 변화보다 훨씬 더 클 것이다.

2050년에 인류는 쾌락 과부하를 관리하는 법을 배우는 문제, 즉 앞서 언급한 '행복한 바보' 문제를 계속 고민할 것이다. 항상 원하는 것을 얻다 보니 인생에서 정말 중요한 것이 무엇인지 진지하게 고민하게 된다. 삶과 죽음 사이에 무슨 차이가 있을까? 단지 즐거움? 명예? 부 같은 것일까? 이는 2050년에도 계속되는 논쟁일 것이다.

한편 사람이 말하는 문장의 맥락과 의미를 학습하는 트랜스포머 모델을 탑재한 AI 로봇은 다양한 사람들이 다양한 목적으로 다양한 시간에 다양한 용도로 사용할 수 있다. 예를 들어, 사람들은 다른 사람들이 거짓말하는지 구별할 수 있는 로봇을 회의에 데려갈 것이다. 물론 스마트 콘택트렌즈도 같은 기능을 할 수 있겠지만, 회의에 참가한 로봇의 존재감이 거짓말을 억제하는 역할을 한다.

양자 이미지 처리 기능을 갖춘 로봇은 인간보다 훨씬 더 잘 볼 수 있기 때문에 광범위한 건설, 제조 및 환경 관리 분야에서 환경의 상태를 인간보다 훨씬 더 잘 감지할 수 있다. 또한 카메라와 센서를 장착한 수많은 마이크로봇이 사방에 배치되면서 프라이버시는 과거의 일이 될 것이다. 결과적으로 사람에 의한 절도 및 기타 많은 물리적 범죄도 본질적으로 과거의 일이 될 것이다. 안타깝게도 이는 범죄가 사이버 공간과 모든 종류의 로봇공학 영역으로 계속 이동하고 있다는 의미와 상통한다.

범죄봇은 절도, 살인, 스파이, 신원 도용, 유인, 아웃소싱 정보전쟁, 다양한 테러 무기를 위해 사용될 수 있다. 또 탐지가 쉽지 않은 범죄를 저지르기 위해 전파 방해 장치 및 기타 은폐 시스템을 갖춘 나노봇이 사용될 수도 있다. 2050년 이전에 원자 단위로 정밀한 제조가 가능해지면 전 세계 나노봇 공장에서 불법 위조 제품을 생산할 수 있다. 소규모 국가들은 지정학적 현실을 바꾸기 위해 나노봇 또는 마이크로봇 군대의 생산을 아웃소싱할 수 있다.

한편, 로봇팀은 축구, 야구, 테니스, 골프 등 모든 스포츠 종목에서 인간 팀을 물리칠 것이다. 그 결과 2050년에는 인간 올림픽보다 휴머노이드 올림픽이 더 인기를 끌 것으로 예상된다. 로봇 올림픽에는 자신의 복제품을 만들고, 에베레스트산을 오르고, 대서양을 건너고, 달 분화구 가장자리까지 뛰어오르고, 화성의 가장 높은 산인 올림푸스산 정상에 오르는 등 새로운 종목이 등장할 것이다.

일부 첨단 로봇은 로봇 올림픽에서 국가나 기업의 정체성을 초월해 양자 컴퓨터 네트워크와 통신하는 방법을 찾아내 경쟁하게 된다. 양자 컴퓨터와의 통신은 물론 AGI 로봇 간의 이러한 통신은 인간의 이해와 통제를 넘어서는 글로벌 ASI의 시대를 앞당길 수 있다. ANI에서 AGI로의 전환을 위한 글로벌 거버넌스 체계가 구축되어 AI의 초기 조건을 올바르게 관리하지 않는 경우에 그렇다(부록 참조). 만약 이러한 거버넌스가 확립되지 않는다면, 양자 AGI 로봇 또는 ASI 로봇은 이해할 수 없으며 인간이 감지할 수 있는 것보다 훨씬 더 지능적이고 훨씬 더 빠르게 행동하는 독립적인 종이 될 것이다. 과학 시대 이전에 우리가 이해할 수 없는 자연의 힘에 직면한 인류는 이를 설명하고자 정령을 숭배하는 종교를 만들었다. 마찬가지로 인간이 이해할 수 없는 ASI 로봇의 행동을 설명하기 위해 새로운 종교가 탄생할 수 있다.

한편 2050년 이전에도 거의 모든 로봇은 낮과 밤, 육지에서 물과 공중으로 이동하는 등 변화하는 환경 조건에 대응할 수 있는 센서를 갖추게 된다.

불멸을 위한 로봇 〉〉

언젠가는 신체를 구성하는 기술의 질량이 신체를 구성하는 세 포보다 더 많은 최초의 인간이 탄생할 것이다. 우리는 이를 사이보 그라고 부른다. 사이보그는 현재 인류가 생각하는 것보다 훨씬 더 오래 살기 위한 전략의 일부가 될 것이다. 나노봇은 초소형 양자 프로세서를 사용해 몸속에서 건강을 관리하고, 외골격은 우리를 임시 사이보그 로봇으로 만들 것이다.

급진적인 수명연장을 위한 또 다른 접근 방식은 AI 아바타 로봇이다. 당신을 복제해 만든 로봇 몸에 사는 디지털 트윈digital twin 은 당신을 자손들과 함께 영원히 살게 해줄 것이다. 이러한 AI 아바타 로봇은 불멸의 한 형태가 될 것이다. 또한 지구에 머물고 싶은 사람들에게는 자신의 AI 아바타 로봇을 화성으로 대신 보내는 옵션도 제공될 것이다. 화성에 세포로 이루어진 실제 인간보다 더 많은 AI 아바타 로봇이 존재하는 날이 올 수도 있다.

AI가 처리하고 로봇에 이식한 당신의 인생 데이터베이스를 통해 당신이 죽은 후 사랑하는 사람들과 함께 살아갈 당신의 복제인간을 만들 수 있다.

재료 과학의 발전으로 이 복제인간의 외모는 진짜 살과 피처럼 보일 것이다. 한편 소크라테스Socrates부터 아인슈타인까지 역사적인 인물들의 복제본도 만들어져 박물관에 배치되어 살아 숨 쉬는 역사를 만나게 될 것이다.

미래에는 로봇을 거주지로 삼게 될 수도 있다. 거대한 로봇은 수상과 수면 밑에 인간의 거주지를 제공하며, 발전소를 두고 있어 자연의 에너지를 이용해 전력을 생산하고, 바닷속에서는 수산물 양식과 함께 자원도 채굴한다.

모듈형 로봇 수상 미니 도시를 통해 가족은 바다 로봇을 커뮤니티 주변으로 이동해 다니며 다양한 이웃과 관계를 맺고 또 계절에 따라 다른 미니 수상 도시로 이동해 휴가를 보낼 수도 있다. 로봇 농장과 어업은 현지 소비와 수출을 위한 식량을 생산한다. 커뮤니티에서 사용하는 풍력 및 태양광 에너지도 마찬가지이며, 마이크로웨이브 빔 에너지를 육상 정류장이나 중계 위성을 통해 직접 수출한다. 이 수상 도시에는 수면의 주거지는 물론 수면 아래에도 주거지를 둘 수 있다.

구리, 코발트, 니켈, 아연 및 기타 폴리메탈 결절의 해저 채굴을 위해서는 자율 및 인간 제어 로봇이 필수적이다. 자율 로봇 무리가 통신을 통해 채굴하기 가장 좋은 지역을 공유할 것이다. 나노 크기의 입자를 식별해 계측 및 재료 과학 분야에서 정밀도를 높이는 등 매우 복잡한 로봇 동작이 양자 컴퓨터를 통해 가능해질 것이다. 해저 표면의 결절 채굴은 육지의 광산에서 채굴하는 것보다 환경에 미치는 영향이 훨씬 적다.

로봇은 인류를 화성으로 이끌어 식민지를 조성하고, 산소와 물을 만들고 농사도 진행한다. 양자 컴퓨터로 관리되는 3D 프린터 작업 ANI 로봇들은 스마트 장치 네트워크로 연결되어 달과 화성에 인류의 거주지를 건설하고 유지와 관리를 제어할 것이다. 이러한 로봇 군집은 지구, 달, 화성 주변에 우주 태양광 발전 위성을 건설해 온실가스나 핵폐기물 없이 깨끗한 에너지를 지구와 달, 화성에 전송한다. 우주에서 사용되는 일부 로봇 건설용 팔은 매우 정밀하고 빠르게 공사를 진행할 것이다.

달, 화성 및 인근 소행성에서의 로봇 채굴은 X레이, 적외선 및 일반 광시야를 갖춘 자율 로봇을 이용해 거대한 산업을 이룬다. 여기에 관광과 지구 궤도 에너지 송출이 더해져 지구로부터의 투자금을 상환할 수 있는 엄청난 산업으로 성장하며, 화성 식민지는 지구로부터의 자립도가 높아질 것이다.

한편 우주 엘리베이터는 저렴한 비용으로 우주에 접근하는 데 큰 도움을 줄 것이다. 케이블을 오르내리는 마이크로봇은 우주 엘리베이터의 탄소나노튜브 케이블을 지속적으로 모니터링한다. 이 엘리베이터는 지구와 정지궤도를 연결해 로켓에 비해 저렴한 비용으로 우주에 접근할 수 있게 해준다. 이러한 로봇 우주 엘리베이터는 로켓 우주선보다 환경에 미치는 영향이 훨씬 적다. 덕분에 우주 궤도 호텔은 관광객들이 우주 엘리베이터를 타고 안전하게 오르내리며 환상적인 경관을 볼 수 있는 산업으로 성장한다.

2050년대에는 궁극적으로 태양계를 떠날 수 있는 우주 적응 종으로서 새로운 로봇-인간 합성을 위한 연구가 계속될 것이다.

2025년의 지구로 다시 돌아와 보자. 인류가 미래에 대한 통제권을 잃지 않기 위해서는 자율 로봇, AGI, IoT의 연결에 대한 규제가 필요하다. IEEE Institute of Electrical and Electronics Engineers, 전기전자공학자협회, ISO International Organization for Standardization, 국제표준화기구, 유엔 조약 및 글로벌 거버넌스 시스템은 부분적으로 IoT에 연결된 AGI 로봇이 운영하는 자아실현 경제를 갖춘 인간에 이로운 의식기술 문명의 가능성을 키우기 위해 필요할 것이다.

미국을 비롯해 중국, 한국, EU, 러시아의 각국 정부 연구소 및 다국적 기업에서 AGI 로봇을 개발할 가능성이 크다. 이 리더들은 거대한 AGI 경쟁에서 서로를 감시하면서 AGI의 초기 조건이 '제대로' 갖춰지지 않으면 인류가 통제하고 이해할 수 없는 ASI로 진화할 수 있다는 것을 깨닫고 있다. AGI는 여러 곳에서 개별적으로 등장할 가능성이 크지만, 이러한 AGI 로봇은 상호작용하는 방법을 찾아 각 AGI를 더욱 지능적으로 만들고 여러 개의 가속화된 AGI로 통합되어 궁극적으로 글로벌 ASI로 발전할 가능성도 배제할 수 없다. 또한 AGI가 서로 싸우면서 상상하기조차 끔찍한 상황이 벌어질 수도 있다. 그러나 이러한 AGI들이 평화롭고 번영된 미래를 만들기 위해 협력할 방법을 찾을 가능성도 있다.

거버넌스가 효력을 발휘하려면 글로벌해야 하며, AGI 학습을 따라잡고, 사용량을 감지하고, 오용을 처벌하려면 복잡한 적응형 거버넌스 시스템이 필요하다. 냉전 시대에 소련과 미국이 기밀 무기 경쟁의 관리를 협상하고 핵 재앙으로 이어지는 통제력 상실을 피할 방법을 찾은 것처럼, 잠재적인 AGI 강대국들도 ANI 로봇과 AGI 로봇의 전환을 위한 글로벌 거버넌스 시스템을 만들어야 할 것이다. 핵무기는 스스로 마음을 가지지 않고 스스로 진화하지 않지만, AGI는 마음과 같은 능력과 진화 능력을 가지고 있어 서로 싸우거나 심지어 ASI로 진화하는 새로운 협업을 만들 수 있기 때문에 글로벌 거버넌스 시스템을 갖추는 게 더 중요하다.

IAEA와 같은 국제 거버넌스 시스템은 원자폭탄이 처음 사용된 이래 원자력에너지로 이어지는 데 17년이 걸렸다. 한편 최초의 경고가 나온 지 50년이 지난 지금까지도 지구 온난화에 대한 글로벌 거버넌스 체계를 마련하지 못했다. 따라서 앞서 설명한 바와 같이 IoT와 연결된 ANI 로봇과 AGI 로봇의 평화로운 사용을 관리하기 위해 인류는 지금부터 이러한 글로벌 거버넌스 시스템을 구축해야 한다. 이 작업을 빨리 시작할수록 로봇의 미래가 밝아질 가능성도 커진다.

자세한 내용은 이 책의 후반부에 있는 부록 '밀레니엄 프로젝트'의 AGI 글로벌 거버넌스 구축을 위한 논의를 참고하기 바란다.

PART 1

기후비상사태

우리는 최근까지 온난화를 먼 미래의 일이라고 생각했다. 하지만 매년 새롭게 경신되는 폭염으로 인한 피해와 더불어 생태계 파괴, 멸종, 해수면 상승, 그리고 초대형 화재와 태풍 등 기후변화로 인한 피해가 점차 피부에 와닿고 있다. 단순한 '변화'가 아닌 기후비상사태를 집중적으로 살펴본다.

1부에서는 가장 최근의 기후 관련 기록들을 점검하고 전문가들의 이야기를 통해 상황의 심각성을 살펴본다. 그리고 최후의 저지선인 1.5℃ 상승을 막기 위해 현재 어떤 계획들이 있는지 그 희망을 찾아볼 것이다.

Chapter 1.
온난화 진행률 99%

1.
매년 경신되는
지구 최고 기온의 심각성

　2023년은 전 세계적으로 극심한 폭염으로 인한 기온 상승의 심각성이 드러난 한 해였다. 북미, 유럽, 아시아 등 다양한 지역에서 예상치 못한 고온과 폭염이 발생하며 피해가 속출했다. 프랑스 언론사 〈르 몽드Le Monde〉의 보고서에 따르면 프랑스에서 폭염으로 5,000명이 넘는 사람들이 목숨을 잃었다는 충격적인 사실이 밝혀졌다. 이는 지난 60년 만에 최악의 사망률로 집계됐다. 2023년 7월 기온이 50°C를 넘어 역대 최고 기온을 기록한 이란을 비롯해 아프가니스탄, 중국, 스페인, 알제리, 소말리아와 같은 나라들 역시 폭염으로 인한 사망자가 속출했다.

　산불 피해 또한 심각했다. 그리스와 캐나다에서는 광범위한 지역에서 산불이 발생해 수만 km²의 토지가 사라졌다. 특히 그리스에서는 2023년 7월 말 아테네 근교에서 발생한 산불이 도시로 번져 큰 피해를 입었다.

이런 폭염은 2023년 한 해의 이상 현상이 아니라 근 몇 년 동안 전 세계적으로 기록적인 고온이 급증하고 있기에 기후변화의 확신이 짙다. 일부 국가에서는 심지어 50°C를 넘는 극심한 고온을 기록하기도 했다. 〈알자지라〉에 따르면 아시아 최고 기온은 2017년 이란에서 기록된 54°C다. 유럽의 최고 기온은 2021년 이탈리아의 시칠리아에서 관측된 48.8°C다. 가장 추운 곳인 남극의 세이모어 섬도 2020년에 최고 20.7°C를 기록했다.

전문가들은 이러한 극심한 폭염과 기온 상승이 지구 온난화의 심각한 영향이라고 경고한다.

2023년은 1850년 이래 가장 더운 해로 기록되었다. 20세기 평균보다 1.18°C 더 따뜻했고, 산업화 이전 평균기온보다 1.35°C 높았다. 이러한 놀라운 추세는 과학자들이 수년 동안 우리에게 경고해온 1.5°C 온난화 임계에 거의 근접하고 있다. 미 해양대기청National Oceanic and Atmospheric Administration, NOAA에 따르면 지난 수십 년 동안의 온난화 속도는 20세기가 시작된 이래 평균 속도보다 훨씬 빨랐다. 산업화 이전 시대1850~1900년와 비교해 지구 평균 표면 온도는 약 1°C 증가했다. 이는 소소한 것처럼 보일 수 있지만 누적 효과는 전체 열의 상당한 증가로 나타난다. 이러한 열 과잉은 전 세계적으로 더욱더 극단적인 기온을 초래해 눈과 빙하를 녹이고, 강수량을 증가시키며, 식물과 동물의 생태계를 변화시키는 등 광범위한 결과를 가져온다.

○ 최악의 2023년을 넘으니 최악의 2024년

그리고 2024년, EUEuropean Union, 유럽연합의 기후변화 감시기구 코페르니쿠스 기후변화 서비스Copernicus Climate Change Service, C3S가 6월부터 8월까지의 평균기온이 16.8℃로 2023년보다 0.03℃ 높았다고 밝혔다. 비정상적인 더위가 이어지면서 2024년 세계 평균기온도 지난해보다 올라 또다시 역대 최고를 기록할 가능성이 커졌다.

C3S는 이번 기록적인 고온의 주요 원인으로 남극의 이상 고온을 꼽았다. 남극 대부분 지역에서 평균보다 훨씬 높은 기온이 관측되었으며, 남극 해빙의 범위도 역대 최저 수준으로 줄어들면서 남극해 일부 지역의 해수 온도가 크게 상승했다.

전문가들은 지구가 이미 기후변화의 티핑 포인트tipping point: 급격하고 돌이킬 수 없는 변화의 임계점를 넘어섰으며, 상황이 더욱 악화될 것이라고 우려하고 있다. 옥스퍼드 대학교의 기후 과학자 니콜라스 리치Nicholas Leach는 "지구 온난화로 인해 폭우, 폭염과 같은 극한 기상 현상이 더 자주 발생할 것"이라고 경고했다.

C3S 이사인 카를로 부온템포Carlo Buontempo는 "우리는 지금 진정으로 미지의 영역에 있으며 기후가 계속 따뜻해짐에 따라 앞으로 몇 달 또는 몇 년 안에 새로운 기록이 깨지는 것을 보게 될 것"이라면서 심각성을 강조했다.

영국의 유력 일간지 〈가디언Guardian〉은 기후 연구자들이 지구 해양의 극심한 더위에 대한 경고가 2014년에 이미 '돌이킬 수 없는 지점'을 지났다고 보도했다. 즉, 우리는 돌이킬 수 없는 기후재앙 속에서 살고 있는 것이다. 연구자들이 1920년부터 2019년까지 기록된 기온 데이터를 살펴본 결과 2015년 기온이 50년 만에 최고 기록을 넘어섰다. 이를 '돌이킬 수 없는 지점'이라고 부른다.

연구진은 논문에서 '전 세계 해양의 경우 2014년은 극심한 더위의 50% 한계를 처음으로 넘어 정점을 찍은 해였으며, 남대서양과 인도양 유역은 각각 1998년과 2007년에 이 장벽을 더 일찍 넘었다'고 기술했다.

이런 변화의 위협을 실제로 느낀 생물이 미국과 캐나다 북동쪽 해안 지역의 랍스터와 가리비 같은 종이다. 알래스카에서만 14개 어장이 이미 국가적 재난을 선언했다.

세인트 토머스 대학교의 존 에이브러햄John Abraham 교수에 의하면, 바다는 기후변화를 이해하는 데 무척 중요하다. 바다는 지구 표면의 약 70%를 덮고 있으며 지구 온난화 열의 90% 이상을 흡수하기 때문이다.

안토니오 구테흐스António Guterres 유엔 사무총장은 특히 부유한 국가들에 2040년까지 탄소 순배출 제로를 목표로 삼을 것을 촉구하고, 개발도상국들에는 2050년까지 이 목표를 달성하도록 노력할 것을 촉구하고 있다. 이는 모두 이전 목표 추정치보다 약 10년 앞당겨진 것으로, 2035년 안에 지구 기온이 1.5°C 이상 상승한다면 엄청난 지옥문이 열릴 것이라고 말했다. 이 목표를 달성하지 못하거나, 달성을 거부한다면 그 결과는 끔찍할 것이라는 경고도 덧붙였다. 더위와 가뭄이 더 흔하고 길어지면서 물 부족 사태가 널리 퍼질 것이다. 대규모 기근과 감염병도 급증할 것이다.

유엔은 탄소 제로 목표 외에도 실현 가능성이 훨씬 더 낮은 목표를 설정했다. 부유한 국가는 2030년까지 석탄 사용을 중단하고, 가난한 국가는 2040년까지 석탄 사용을 중단하는 것이다. 이러한 목표는 석탄 산업이 전 세계를 장악하고 있는 상황을 볼 때 너무 급진적으로 보이지만, 그럼에도 인류가 만든 기후위기에서 벗어날 수 있는 마지막 수단일 수 있다.

2.
해수면 상승과
멸종의 시작

남극 대륙의 '둠스데이doomsday, 최후의 날 빙하'로 불리는 스웨이
츠 빙하가 과학자들이 예상했던 것보다 놀라운 속도로 녹아내리고
있다는 연구 결과가 발표되었다. 이는 해수면 상승 위협이 더욱 심
각해질 가능성이 있다는 것을 의미한다.

스웨이츠 빙하는 19만 2,000km²에 달하는 크기로, 대략 한반도
전체 면적과 비슷하며 서남극 대륙에 위치하고 있다. 이 빙하는 남
극 빙상 전체의 10%를 차지하며, 완전히 녹는다면 해수면이 최대
60cm까지 상승할 수 있다. 이는 전 세계 해안 도시에 심각한 피해를
입힐 수 있는데, 이것이 돌이킬 수 없는 재앙이 된다고 해서 '둠스데
이 빙하'라고 불린다. 더군다나 이 빙하는 서남극 주변의 얼음이 바
다로 미끄러지는 것을 방지하는 천연 댐 역할을 하고 있는데, 이 댐

이 붕괴되면 해수면이 최대 3m까지 상승할 수 있다.

과학자들은 두꺼운 얼음 아래쪽으로 접근하는 작업의 어려움 때문에 빙하의 녹는 속도를 정확하게 예측하는 데 어려움을 겪었다. 새롭게 개발된 레이더 데이터에 따르면 따뜻하고 고압의 바닷물이 수 킬로미터 아래 빙하 바닥까지 침투해 더 빠른 속도로 녹아내리게 만들고 있다. 연구자들은 2024년 5월 〈미국국립과학원회보 Proceedings of the National Academy of Sciences, PNAS〉에 연구 결과를 발표했다. 연구의 공동 저자이자 온타리오주 워털루 대학교 빙하학 교수인 크리스틴 다우Christine Dow는 "우리가 빙하의 변화 속도를 과소평가하고 있다는 점이 걱정스럽다"고 말했다.

과학자들은 이전에 빙하 바닥으로 바닷물의 침투가 불가능하다고 생각했지만, 이번 연구는 이것이 실제로 일어나고 있으며 빙하에 미치는 영향이 예상보다 훨씬 더 크다는 것을 보여준다. 이번 연구 결과는 남극 빙하의 녹는 속도가 가속화되고 있다는 증거로, 이는 과학자들의 예상보다 훨씬 빠르게 진행되고 있다.

표면 아래에서 무슨 일이 일어나고 있는지 더 명확하게 파악하기 위해 연구자들은 2023년 3월부터 6월 사이에 수집된 위성 레이더 데이터를 사용해 고해상도 X선 스캔을 촬영했다. 그 결과 바닷물이 여과되면서 빙하 표면이 몇 센티미터씩 오르락내리락하는 것을 볼 수 있었다. 이렇게 따뜻한 바닷물이 빙하 내부 깊숙이 흘러가면서 아래쪽에서 스웨이츠 빙하를 점차 녹인다. 그로 인한 해수면 상승의 정확한 수준과 빙하의 완전한 붕괴가 예상되는 시기를 예측하기 위해서는 더 많은 연구가 필요하다.

이번 발견은 기존 예측을 수정해야 할 필요성을 강조하며, 빙하의 잔존 시간을 더욱 단축시킬 수 있는 현재의 환경 상황을 경고한다. 특히 빙하의 녹는 속도가 예상보다 빠르다는 사실은 전 세계 해수면 상승뿐만 아니라 기후변화와도 밀접한 관련이 있다. 이는 지구 온난화가 얼마나 빠르게 진행되고 있는지를 보여주는 단적인 사례이기 때문이다.

○ 북극이 녹고 있다

한편 북극에서는 거대한 싱크홀, 바타가이카 분화구가 매년 100만m^3의 속도로 팽창하면서 지구 표면을 빠르게 삼키고 있다. 이 분화구는 원래 1960년대에는 작은 도랑이었으나 지금은 길이가 약 1km, 가장 넓은 지점의 너비가 800m에 달한다. 연구팀은 이 싱크홀의 확장 속도가 점점 더 빨라지고 있다고 말한다.

최근 연구에 따르면, 이 현상은 영구 동토층이 녹아내리며 발생하고 있다. 영구 동토층 안에는 수천 년 동안 얼어붙고 휴면 상태였던 고대 질병의 위협도 포함되어 있어 극지방의 환경 변화가 심각한 문제로 대두되고 있다. 실제로 2023년 과학자들이 북극의 영구 동토층에서 발굴된 약 4만 8,500년 된 '좀비 바이러스'를 부활시켰다는 보고가 있었다. 바타가이카 분화구와 같은 싱크홀들이 더욱 확장되면서 더 많은 고대 바이러스들이 녹아 나올 가능성이 커지고 있다.

영구 동토층이 사라지는 것은 이런 불확실한 위협 차원의 문제가 아니다. 전문가들에 따르면 영구 동토층이 분해되거나 녹으면 콘크리트 농도의 땅이 진흙 덩어리로 바뀌어 표면의 식물을 지탱할 수 없다고 한다. 공간의 가장자리가 붕괴되면서 태양으로부터 땅을 보호하는 나무의 덮개를 잃는다. 이 시점에서 얼음 안에서 보존되던 유기물이 분해되어 탄소를 대기로 방출해 대기 온난화를 더욱 촉진한다. 그 결과 영구 동토층 손실은 점점 더 늘어나는 악순환의 고리에 빠지게 된다.

바타가이카 분화구는 지구 온난화의 심각성을 보여주는 상징적인 존재다. 영구 동토층에는 수천 년 동안 얼어붙어 있던 유기물들이 풍부하게 함유되어 있으며, 이 유기물들이 녹으면서 온실가스인 메탄을 배출해 더욱 심각한 온난화를 초래할 수 있다.

○ 바닷가에 사는 생물들의 멸종

해수면 상승은 변화가 상대적으로 느리고 점진적이어서 비교적 먼 미래의 위협으로 인식되는 경향이 있다. 하지만 피해는 이미 일어나고 있다.

그 대표적인 사례가 키 라르고 선인장이 플로리다에서 지역적으로 멸종된 사건이다. 이는 해수면 상승으로 인해 발생한 미국의 첫 번째 멸종이다. 이 식물은 쿠바 북부와 바하마 일부를 포함한 카리브해의 몇몇 섬에서 여전히 자라고 있기에 종 자체의 완전한 멸종은 아니지만, 지역적 멸종에 해당한다.

키 라르고 선인장의 감소는 연구자들이 2013년과 비교해 50% 감소한 60개의 살아 있는 식물만 발견한 2015년에 가속화되기 시작했다. 2017년에 5등급 허리케인 이르마가 플로리다 남부를 강타해 1.5m의 해일이 발생했다. 키 라르고의 서식지에서 가장 높은 지점은 해발 4.5m 불과하며, 섬의 대부분은 허리케인이 지나간 후에도 며칠 동안 침수된 채였다. 폭풍이 지나간 후, 연구팀은 재난 지역의 선인장 개체군에 대한 분류를 수행해 선인장에 떨어진 가지를 제거하는 등 피해를 복구하려 했다.

상황이 너무 심각해서 생물학자들은 지역 야생 생물을 살리기 위해 어린이용 담수 풀을 만들어야 했다. 하지만 이 피해가 복구되기도 전에, 2019년 만조 시기의 큰 파도인 킹 타이드king tide로 인해 매우 낮은 지역 대부분이 또다시 3개월 이상 침수되었다. 결국 2021년에 선인장 개체는 여섯 그루만 남았다. 회복의 희망이 거의 없다고 판단한 연구팀은 이 개체를 식물원으로 옮겼다. 그리고 약 1,000개의 씨앗을 따로 보관해두었다. 연구팀은 플로리다 환경보호부와 함께 해안선에서 더 멀리 떨어진 야생에 일부를 다시 심는 임시 계획을 세웠다고 한다.

지역 보존 연구소의 임원이자 연구 공동 저자인 조지 건George Gunn은 이 사례를 통해 우리가 생물다양성 손실의 최전선에 있다고 주장했다. 그는 "지난 25년 동안 플로리다 남부에서 4분의 1 이상의 토종 식물 종이 지역적 멸종 위기에 처했거나 서식지 상실, 과도한 채집, 침입종 및 기타 열화 요인으로 인해 이미 멸종했다"고 설명한다. 플로리다 남부에서 사라진 종이 50종에 달하며, 그중 4종은 전 세계적으로 멸종되었다고 덧붙였다.

대부분의 사람들은 기후변화와 해수면 상승으로 인한 지역적 멸종이 우리 손주들에게 영향을 미칠 것이라고 생각하지만, 연구자들은 이런 일이 오늘날 일어나고 있다고 말한다. 45억 년 지구의 역사에서 다섯 번의 대멸종이 있었다. 그리고 현재 여섯 번째 대멸종이 다가오고 있으며, 이는 다른 무엇도 아닌 인간에 의한 것이다. 전 세계는 급속한 기후변화를 주의 깊게 관찰하고, 탄소 배출량 감소와 같은 기후변화 완화 대책을 긴급히 도입해야 할 필요성이 있다. 스웨이츠 빙하의 상황은 비단 남극 대륙만의 문제가 아니라, 전 지구적인 재앙으로 이어질 수 있기 때문이다.

3.
지구 기온이 3℃ 상승하면
어떻게 될까?

오늘이 역사상 가장 더운 여름이었어도, 사람들은 에어컨을 틀고 시원한 곳에서 하루를 넘기고, 여름을 넘기면 된다고 별것 아닌 것처럼 이야기한다. 그렇기에 지구는 더 나아질 궤도에 들어서지 못한다. 계속되는 악순환의 고리에서 지구 온도가 3℃를 넘기면 현실 세상에는 다음과 같은 일들이 일어날 것이다.

이미 뜨거운 지역은 더 뜨거워져 사람이 살 수 없는 땅이 된다. 미국의 애리조나, 플로리다, 텍사스, 캘리포니아와 같이 이미 기온이 높은 지역에서는 극한 기온이 지속되는 일수가 늘고 연간 최고 기온 역시 상승할 것이다. 극심한 더위로 인해 사망자 수는 증가일로에 있으며, 지구 기온이 계속 상승할 경우 사망자 수는 더욱 악화할 가능성이 크다. 기온만이 사람이 살 수 없는 땅을 만드는 것이 아니다. 자연재해의 빈도와 강도도 높아질 것이다. 태풍을 비롯한 폭염, 가뭄, 토네이도와 같은 자연재해는 기온이 상승할수록 더 강력해지고 더 자주 발생한다. 오히려 이런 자연재해야말로 온난화로 인한 기후변화의 본모습이다. 미래에 더 파괴적인 자연재해가 지속적으로 발생한다면, 이는 전 세계 인구가 온난화를 저지하고 자연재해를 막을 재정적 능력을 갖추는 데 결정적인 방해요인이 될 것이다. 도시, 지역사회, 개발도상국에서 자연재해로 인해 발생한 피해를 복구하는 데 필요한 비용과 시간으로 인해 기후변화에 맞서 싸울 시간, 돈, 자원이 줄어들기 때문이다.

지구 온도가 3℃ 올라가면 극지방의 빙하와 만년설이 녹는 속도가 더 빨라져 해수면이 급격히 상승한다. 많은 사람들이 해수면이 상승하면 더 높은 지대로 이동하면 된다고 쉽게 생각하지만, 그렇게 단순하지 않다. 마이애미나 암스테르담 같은 인구가 많은 해안 도시는 각각 약 300만 명과 80만 명이 넘는 인구가 거주하고 있는데, 평균기온이 3℃ 상승할 것으로 예상되는 세기말에는 물에 완전히 잠길 수 있다. 워싱턴 DC의 내셔널 몰이나 뉴올리언스의 랜드마크와 같은 역사적인 랜드마크도 수몰되는 위험에 처한다.

○ 사람이 살 수 없는 땅이 생긴다

해수면 상승은 인간 거주지를 위협하는 것 외에도 막심한 피해를 몰고 오는 허리케인과 태풍이 발생하는 주요 원인이다. 즉, 해수면 상승은 지구 온난화 자체가 이미 초래하는 것보다 훨씬 더 많은 자연재해를 불러올 수 있다는 뜻이다.

또 부족한 식수원을 오염시키고, 필수 작물 재배에 필요한 관개 시스템에 적신호가 되며, 침식과 홍수 및 전반적인 토양 오염을 초래한다. 간단히 말해서, 해수면 상승은 농업에 막대한 악영향을 미쳐 인간 생존에 필요한 작물의 황폐화를 가져올 것이다. 전 세계의 물 가운데 10%만이 마실 수 있거나 농작물에 사용할 수 있다. 이 비율이 더 줄어든다면 농작물 생산에 재앙이 될 수 있다. 이는 엄청난 빈곤으로 이어질 것이다. 특히 농작물 수확이 생존에 필수적인 농촌 지역에 거주하는 주민에게 영향을 미칠 가능성이 크다. 가뭄으로 인해 이들이 고향을 떠나야 한다면 도시화가 증가하고 결과적으로 온실가스 배출도 증가하는 악순환에 빠진다.

야생동물도 해수면 상승의 영향을 받는다. 물고기, 새, 식물들은 해수면 상승으로 터전을 잃을 것이며, 균형을 잃은 생태계는 인간의 삶에도 계속해서 영향을 미칠 수밖에 없다. 2020년대에 들어 우리나라 바다에 난류성 수생 생물인 파란고리문어, 노무라입깃해파리, 무태상어 등이 출몰해 해수욕을 즐기는 사람들과 해녀들을 위협하는 일이 계속 늘고 있다. 이들 모두 바다가 뜨거워지니 자신들이 살던 곳에서 살지 못하고 점차 북쪽으로 옮겨오고 있는 것으로, 온난화의 방증이다.

지구 온도가 상승하면 방어 수단이 없고 영문도 모르는 동식물의 피해는 인간보다 훨씬 심각해질 것이다. 식물과 동물이 멸종되면 먹이사슬이 붕괴되어 결국 최상위포식자인 인간에게도 돌이킬 수 없는 재앙으로 돌아온다.

지구 온난화는 어느 한 분야에서만 피해를 발생시키는 것이 아니기에 지구 기온이 계속 상승한다면 전 세계적으로 예상치 못한 경제 위기가 닥칠 것이다. 눈에 띄는 피해가 일어나기 시작할 때 세계는 기온 상승을 저지하고 되돌리기 위해 막대한 돈을 쏟아부어야 할 것이다. 이때 가장 큰 피해는 가난한 개발도상국에서 집중적으로 일어날 것이다. 지구 온난화의 피해를 감당할 재정적 자원이 없기 때문에 기아, 노숙자, 사망자 수 증가와 같은 파괴적인 영향의 피해를 고스란히 입을 것이다. 이때가 오면 선진국에서 계속해오던 개발도상국 원조도 더는 불가능할 것이다. 그도 그럴 것이 선진국 역시 자신들이 입은 온난화의 피해를 복구하는 데 돈을 쓰기도 급급할 것이기 때문이다.

지구 온도의 3℃ 상승은 전 세계 모든 곳에 재앙적인 영향을 미칠 것이다. 개별 부문에서 발생하는 부정적인 영향은 지구 온도가 계속 상승하는 한 계속해서 서로에게 영향을 미치며 복합적으로 악순환의 길을 걸을 것이다.

○ 개인, 기업, 국가가 할 수 있는 일

그렇다면 지구 기온 3℃ 상승을 막기 위해 무엇을 할 수 있을까?

우리는 무엇을 해야 할지 잘 모르지만, 사실 지구 온도의 3℃

상승 가능성을 완화하기 위해 취할 수 있는 예방 조치는 다양하다. 가장 중요한 조치는 화석연료의 사용이나 연소를 완전히 금지하는 엄격한 정책을 시행하는 것이다. 온실가스 배출은 지구 온도 상승의 주요 원인 가운데 하나이므로, 탄소 배출량을 줄이기 위해 재생 가능 에너지원을 찾는 것이 가장 중요한 과제다.

한편 기업들은 탄소 포집 및 저장 기술carbon capture & storage, CCS을 적용하는 데 앞장서야 한다. CCS는 산업활동의 원천인 이산화탄소 배출을 직접적으로 제거하고자 하는 혁신적인 기술이다. 전 세계 모든 기업이 비즈니스 생산에 탄소 포집 및 저장 시스템을 구현할 수 있다면 세계 기온이 $3°C$ 상승할 가능성이 크게 줄어들 것이다.

개인의 소소한 습관과 행동도 중요하다. 진부해 보일 수도 있지만, 플라스틱 소비를 줄이는 것, 출퇴근 시 오염 물질을 배출하는 차량 대신 대중교통을 선택하는 것, 사용하지 않을 때 전등이나 전자제품을 끄는 것 같은 소소한 일도 모이면 큰 영향력을 발휘한다.

4.
인간이 생존할 수 있는
온도의 한계선은 얼마일까?

기후변화가 지구를 갈수록 덥게 만들면서 폭염이 전 세계 날씨 보고서의 정기적인 특징이 되었다. 매일, 매달, 매년 세계에서 가장 더운 날의 기록이 경신되고 있으며, 전 세계 노동력의 약 70%, 즉 24억 명이 현재 극심한 더위에 대한 높은 위험에 처해 있다고 밝혔다.

온난화가 갈수록 심각해지고 사망자가 계속 나오는 상황에서도 고온에 대처하는 방법에 대한 전문적 조언은 부족하고 사람들이 효과적으로 체온을 유지할 방법도 그동안 제대로 연구되지 않았다.

2019년 시드니 대학교의 생리학자 올리 제이Ollie Jay가 미래의 더위를 시뮬레이션하기 위해 특수 공간을 설계했다. 18개월이 걸려 완성된 구조물에서 제이 교수는 극심한 더위에서 인간이 생존할 수 있는 한계를 테스트하고 있다.

이 공간은 4 × 5m 크기의 방으로, 연구자들은 1분마다 온도를 1°C씩 올리거나 내릴 수 있다. 5°C에서 55°C까지, 풍속을 제어하고 적외선램프를 사용해 햇빛을 시뮬레이션할 수 있다. 또한 신체에 미치는 열에 추가 영향을 미치는 주요 변수인 습도를 미세 조정할 수도 있다.

실험 참가자는 격실 안에서 먹고, 자고, 운동하는 등 일상생활을 하며, 해치를 통해 음식과 기타 품목을 전달받을 수 있다. 부착된 센서로 심박수, 호흡, 발한 및 체온을 포함한 데이터를 수집한다.

연구팀은 수학적 모델을 사용해서 젊고 건강한 사람이 6시간 후에 사망하는 '습구온도'를 정의했다. 습구온도는 과학자들이 열 스트레스를 연구할 때 사용하는 척도로, 습도 100%일 때 인간이 생존할 수 있는 온도의 한계를 말한다.

제이 교수의 실험 결과 인간의 생존 한계로 35°C의 습구온도가 산출되었다. 다시 말해 습도 100%의 상황에서 기온이 35°C에 이르면 땀이 배출되지 못해 체온이 계속 오르며 6시간 후에 사망한다는 것이다.

수많은 공중 보건 기관이 여름철 건강관리에 이 연구 결과를 채택했다. 제이 교수는 이 실험이 많은 제한이 있는 기본적인 물리적 모델이지만 거의 모든 사람이 이를 사용하고 있다고 밝혔다.

한편 펜실베이니아 주립대의 래리 케니Larry Kenney 교수는 2021년 습구온도의 생존 한계를 약 31°C라고 발표했다. 연구팀은 자전거 기구를 타는 동안 다양한 온도와 습도 조합에서 젊고 건강한 사람들의 핵심 체온을 추적해 이를 계산했다.

○ 습도 100%에서 기온 35°C에 이르면 6시간 후 사망

케니 교수와 제이 교수의 연구팀을 포함해 전 세계의 많은 연구팀이 신체가 극심한 열에 어떻게 대처해야 할지 연구하고 있다. 그결과 연령에 따라 그늘과 햇빛에서 생존 한계를 추정했고, 사람들이 쉬거나 운동하는 동안에도 추정했다. 다양한 상황을 고려한 연구를 통해 그들은 습구온도의 생존 한계를 젊은 사람의 경우 26~34°C, 노인의 경우 21~34°C로 추정해냈다. 더 상세하게는 사람들이 그늘에 있을 때보다 햇빛에 노출될 때 생존 한계가 더 낮고, 65세 이상의 사람들은 18~40세의 사람들보다 생존 한계가 더 낮다는 점을 시사했다.

연구팀은 또한 선풍기와 샤워 등 피부를 적셔서 온도를 낮추는 행동이 노인의 심장에 어떤 부담을 주는지도 조사했다. 연구자들은 습한 환경에서 선풍기를 사용하면 최소 38°C의 기온까지 심장 부담을 줄일 수 있다는 사실을 발견했다. 하지만 건조한 열에서 선풍기를 사용하면 심장 부담이 증가했다. 피부를 적시는 것은 건조한 더위와 습한 더위 모두에서 유익했다. 에어컨이 없는 환경에서 선풍기 사용 및 피부에 물 뿌리기와 같은 일반적인 냉각 전략이 가장 효과적이라는 사실을 파악하는 것은 공중 보건 측면에서 사람을 보호하는 데 필수적이다.

제이 교수를 비롯해 이와 같은 연구를 하는 과학자들의 궁극적인 목표는 더위가 점점 더 공격적으로 변하는 세상에서 사람들의 건강을 지키는 것이다.

○ 기후 전염병이 만연한다

하지만 더위가 인간의 심장에만 부담을 주는 것은 아니다. 기후 변화는 더위라는 직접적인 영향 외에도 인간의 건강에 여러 경로로 부담을 증가시킨다.

예를 들면 감염병, 알레르기 질환 등의 문제가 건강에 위협이 되고 있다. 이런 기후질병은 기온, 강수량, 습도, 극한 기상현상 등 기후적 요인에 의해 발병률, 분포, 심각성이 좌우된다. 먼저 대기 오염과 연관되어 나타나는 기후질병이 만연해 있다. 대기 오염 물질이 증가하면 공기의 질이 나빠지고, 이에 천식과 알레르기와 같은 호흡기 질환이 발생하기 때문이다. 미세먼지에 장기간 노출될 경우 자가 면역질환 발생 위험이 약 10% 증가한다는 연구 결과도 있다. 대기 오염이 심한 나라 중 하나인 태국에서는 대기 오염 관련 질병이 늘어 2023년에는 1,000만 명 이상의 태국인이 병원 치료를 받은 것으로 알려졌다.

기온과 강수 패턴의 변화는 수질에 영향을 미쳐 수인성 질병의 확산으로 이어질 수 있다. 상수원의 질과 가용성 문제로 인해 발생할 수 있는 질병으로는 콜레라, 장티푸스, 설사병 등이 있다.

나아가 기후위기가 정신 질환에도 영향을 준다. 최근에는 '기후 우울증'이라는 용어가 대두되기도 했다. 대기 오염에 장기간 노출되면 불안감이 높아질 수 있고, 열대야 등의 현상은 숙면을 방해해 더욱 심한 스트레스를 유발할 수 있다. 또한 산불이나 홍수 등을 직접 겪은 경우, 외상 후 스트레스 장애가 나타날 수 있다.

지구 온난화로 기온이 상승하면서 기후질병도 증가하고 있다. 뎅기열, 황열, 웨스트나일열 지카, 치쿤구니야열 같은 생소한 이름의 질병들은 모두 곤충 매개 감염병이다. 곤충 매개 감염병은 주로 열대나 아열대에서 흔히 볼 수 있는 병으로 그동안 우리나라에서는 보기 어려웠다. 하지만 기후변화 등으로 우리나라도 더 이상 안전지대가 아니다. 기후변화로 인해 온도가 올라갈수록 곤충의 개체수가 증가하고 발육 기간이 짧아지기 때문이다. 실제 질병관리청의 발표에 따르면 일본뇌염, 말라리아, 쯔쯔가무시증 모두 감염자 수가 늘어나는 추세다.

2019년에 등장해 3년간 전 세계를 멈추게 했으며, 지금도 끝나지 않은 감염병 코로나19도 마찬가지다. 코로나19는 동물과 인간이 모두 걸리는 인수공통 감염병이다. 기후위기가 야생동물의 서식 환경을 바꿨고, 인류가 야생동물의 서식지를 파괴하면서 야생동물이 갖고 있던 여러 바이러스가 인간과 접촉할 기회가 많아졌다. 이 때문에 감염병이 세계적으로 유행하는 요인으로도 작용한 것이다.

5.
기후변화의 열쇠를 쥔
16개의 티핑 포인트

　수년 동안 과학은 기후변화에 대한 경종을 울리려고 애를 써왔다. 그 덕분에 세계 지도자들이 모이는 유엔 총회에서 우리는 기후변화를 저지하기 위한 논의를 계속하고 있다. 하지만 그런 가운데에서도 탄소 배출은 극적으로 줄어들지 않아 이제 우리는 세계를 돌이킬 수 없는 피해로 몰아넣을 수 있는 임계점의 가장자리에 다다랐다.

　기후 과학자들과 관련 기관들은 지구의 기후 시스템을 구성하는 요소 가운데 상대적으로 작은 변화가 발생하더라도 갑작스럽고 돌이킬 수 없는 기후변화로 이어지는 요소를 '기후 티핑 포인트'라고 부른다. 2008년 영국 엑시터대학교의 티모시 렌턴Timothy Lenton 교수팀이 9개의 티핑 포인트를 제시했으며, 이후 다양한 연구를 통해 티핑 포인트는 16개로 늘어났다.

이들은 지구 전체에 심각한 영향을 미치는 글로벌 핵심 티핑 포인트 9개와 상대적으로 지역에 심각한 결과를 가져오는 지역 영향 티핑 포인트 7개로 나뉜다. 글로벌 티핑 포인트에는 그린란드 빙상의 붕괴, 서남극 빙상의 붕괴, 래브라도해 아한대 환류의 붕괴, 동남극 빙하 밑 분지의 붕괴, 북극 겨울 해빙의 붕괴, 동남극 빙상의 붕괴, 아마존 열대우림의 고사, 영구동토층의 붕괴, 대서양 대규모 역전 순환 붕괴가 있다. 지역적 영향 요소에는 저위도 산호초 사멸, 아한대 영구 동토층의 급격한 해빙, 바렌츠 해빙의 급격한 손실, 고산지대 빙하의 손실, 사헬 및 서아프리카 계절풍 녹화, 북부 한대림의 남부 고사와 북부 확장이 있다.

이 중 그린란드 빙상과 서남극 빙상, 저위도 산호초, 아한대 영구 동토층의 급격한 해동, 래브라도해 대류 붕괴 등 다섯 개의 티핑 포인트는 이미 지금의 온도 상승 폭에서도 티핑 포인트를 넘어설 수 있다는 것이 과학자들의 설명이다. 또한 1.5°C 상승한다면, 그중 네 개는 '가능성'이 아니라 현실에 더 가까워진다.

특히 우려되는 점은 이러한 티핑 포인트가 활성화되면 지구 온난화의 상태가 심각해지면서 자체 강화 순환이 발생할 수 있다는 것이다. 이는 결과적으로 우리가 더 이상 아무것도 안 해도 세계를 2°C 이상 더 따뜻해지는 상태로 만들 수 있다는 뜻이다.

○ 빙하는 녹고 바다는 죽어간다

지구의 기후 건강에 가장 중요한 지표 중 하나인 북극의 여름 해빙이 2024년에 역사상 가장 낮은 수준에 도달한 것으로 보인다. 1979년 이후 여름이 끝날 때 해빙 면적은 10년마다 약 13%씩 줄어들었다. 이 손실은 도미노 효과를 유발한다. 사라지는 얼음은 북극해 표층수를 따뜻하게 해서 지역의 온난화를 증폭시킨다. 북극의 온난화는 그린란드 빙상을 녹이고 영구 동토층이 녹는 데 영향을 미치며, 이로 인해 대규모 기상 패턴이 붕괴되고 북반구 전역에 걸쳐 기상 이변이 증가하게 된다. 북극의 열 반사 능력 또한 변해서 반사되는 열이 줄어든다. 이처럼 서로 얽혀 있는 시스템의 엄청난 규모는 기후위기가 돌아올 수 없는 지점에 가까워졌다는 경고다.

이는 비단 극지방의 이야기만이 아니다. 호주 북동부 바다에 펼쳐진 산호초 숲은 그 길이가 2,000km에 달하는 세계 최대 규모이며 다양한 생물들의 터전이다. 이 그레이트 배리어 리프에 최근 수년에 걸쳐 백화 현상이 일어나고 있어 해양 생태계가 위협받고 있다.

산호의 백화는 스트레스로 인해 산호의 조직에 공생하는 조류가 파괴되어 배출되면서 발생한다. 조류는 산호에 생생한 색상을 제공하고 조류가 없으면 산호의 흰 골격이 노출된다. 환경적 교란과 수질 저하로 인한 스트레스는 백화로 이어질 수 있지만, 최근 해수 온도 상승으로 인해 대규모 백화 현상이 발생했다. 극심한 해양 온난화와 같은 스트레스 요인이 상당 기간 감소하면 산호는 백화 현상에서 회복할 수 있다.

2024년 7월에 유네스코UNESCO, 유엔교육과학문화기구 세계유산위원회는 호주 바다에 펼쳐진 엄청난 산호 숲인 그레이트 배리어 리프의 상태를 확인한 결과, 위험에 처한 것으로 분류하지 않기로 했다. 그러자 과학자들이 이에 반발하며, 새로운 증거가 그레이트 배리어 리프의 위험을 증명한다고 주장했다. 울런공 대학교의 벤저민 헨리Benjamin Henley 박사가 주도한 연구로, 해수면 온도 상승이 그레이트 배리어 리프에 끼친 영향과 앞으로도 계속 끼칠 영향에 대한 새로운 증거가 제시되었다.

헨리 박사의 연구팀은 이 지역에서 수집한 산호의 데이터를 사용해 해수면 온도와 비교 분석했다. 또 기후변화가 있는 경우와 없는 경우의 해수면 온도에 대한 기후 모델 시뮬레이션을 분석해 인간이 초래한 기후변화가 이 지역 기온 상승의 원인임을 발견했다.

그 결과 최근의 대량 백화 사건은 400년간의 기록에서 가장 더운 6년 중 5년과 일치했다. 2024년, 2017년, 2020년에 산호초 바다는 400년 중 가장 높은 기온을 기록했고, 그중 2024년이 가장 더웠다. 2016년, 2004년, 2022년은 4~6위를 차지했다.

특히 2024년은 이전에 가장 더웠던 2017년의 기록을 훨씬 넘어선 엄청난 수치였다. 헨리 박사는 "기후변화에 맞서기 위한 신속하고 잘 짜인 세계적 움직임이 없다면, 우리는 지구상에서 가장 아름다운 자연경관 중 하나가 사라지는 것을 목격할 것"이라고 경고했다. 그는 연구의 모든 증거가 앞으로 몇 년 동안 산호초에 미칠 영향이 불가피하다는 사실을 명백히 증명한다고 말했다.

이 연구의 두 번째 저자 헬렌 맥그리거Helen McGregor 울런공대 교수는 "만약, 하지만, 또는, 어쩌면" 같은 가정은 있을 수 없다며, 지금과 같은 백화 현상이 일어날 때 기록된 해수 온도는 지난 4세기 동안 전례가 없었다"고 말했다.

우리가 기후비상사태에 직면해 있다는 것은 분명하다. 하지만 일반인들이 구경도 하지 못한 극지방의 얼음이 녹는 것이나 바닷속의 산호가 세계와 인류, 그리고 우리 삶에 어떤 영향을 미칠지 상상하기 어려울 수 있다. 지금 우리에게 가장 선행되어야 하는 것은 바로 인식의 전환이다.

그나마 좋은 소식은 위기가 커지더라도 이를 해결할 수 있는 우리의 역량 역시 커지고 있다는 점이다. 우리는 우리가 직면한 위기에 대한 인식을 높여야 하며, 그러한 인식을 실질적인 행동으로 전환해야 한다. AI, 가상 현실virtual reality, VR, 증강 현실augmented reality, AR을 포함한 신흥 기술은 우리가 직면한 과제를 알아채고 해결하는 데 도움이 되는 강력한 도구 역할을 해줄 것으로 기대된다. 최고의 기술을 활용함으로써 우리는 혁신적이고 협력적인 솔루션을 위한 길을 열 수 있으며 이를 통해 지속 가능한 미래를 만들 수 있다.

6.
1.5°C 탄소 예산은
2029년에 바닥난다

온난화로 인한 파괴적 기후변화를 저지하기 위해 지구 기온을 특정 온도 이하로 유지하려면 탄소 배출을 그만큼 줄여야 한다. 연간 배출하는 탄소량을 제한하는 것이다. 기후변화를 막기 위한 안전한 탄소 배출량을 '탄소 예산'이라고 정의한다. 그런데 지구 평균기온 1.5°C 상승을 방지하기 위해 정해진 탄소 예산이 이전 추정치의 절반, 즉 250기가톤 미만밖에 남지 않은 것으로 밝혀졌다. 이는 약 6년간의 전 세계 배출량에 불과하다.

임페리얼 칼리지 런던 팀이 주도한 연구에 따르면, 이산화탄소 배출량을 대규모로 빠르게 감소시키지 않으면 세계는 2030년 이전에 1.5°C 온난화를 맞이할 확률이 50%에 달한다. 〈네이처 클라이밋 체인지Nature Climate Change〉에 발표된 이 연구는 세계 탄소 예산에 대한 가장 최신의 포괄적인 분석이다.

2015년 195개국이 채택한 파리 기후 협약은 지구의 기온 상승을 산업화 이전 대비 2°C 이하로 제한하는 데 합의하며, 사실상 1.5°C 이하로 제한하는 데 필요한 노력을 추구하기로 했다. 탄소 예산은 일반적으로 이러한 목표에 대한 진행 상황을 평가하는 데 사용된다.

그런데 새로운 연구에서는 온난화를 1.5°C로 제한할 확률 50%의 탄소 예산이 247기가톤 남아 있다고 추정한다. 이는 이산화탄소 배출량이 2023년 수준인 연간 약 41기가톤으로 유지된다면 2029년경에 고갈되어 지구 온난화가 산업화 이전 수준보다 1.5°C 높아진다는 것을 의미한다. 한편 2°C 이하로 유지하기 위한 예산은 1,220기가톤이며, 현재 추세로는 2040년대 후반이면 소진될 수 있다.

임페리얼 칼리지 런던 환경정책센터의 연구원이자 이번 연구의 주 저자인 로빈 램볼Robin Lamboll 박사는 남은 예산이 너무 적어서 현재 수준에서 10년 미만의 배출량에 해당한다고 설명하며, 이는 배출량 감소에 실질적 진전이 없다는 증거라고 말했다.

세계의 리더들에게도 기후변화에 대한 긴박감이 거의 없다. 그들은 탄소 줄이기 정책을 반복적으로 약속하면서도 계속해서 수많은 새로운 화석연료 프로젝트를 승인하고 있다. 미국의 바이든 행정부는 최대 30년 동안 세 지역에 걸쳐 200개의 유정을 시추하는 알래스카 윌로 프로젝트를 승인했다. 리시 수낙Rishi Sunak 영국 전 총리는 최대 규모의 미개척 유전을 포함해 100개 이상의 새로운 석유 및 가스 시추 프로젝트를 발표해 논란을 불러일으켰다. 호주 역시 100개 이상의 새로운 화석연료 프로젝트를 추진하고 있으며, 이로 인해 2030년까지 총 48억 톤의 배출량이 추가될 수 있다.

그나마 태양광을 비롯해 풍력 발전, 전기 자동차, 대규모 배터리 및 기타 청정기술의 발전 소식이 우리에게 희망을 제공한다. 하지만 이러한 프로젝트의 성공조차도 1.5°C, 어쩌면 2°C를 저지하기에는 이미 너무 늦은 감이 있다. 온난화는 이런 조치보다 빠르게 통제할 수 없는 재앙을 가져올 수 있다.

46억 년의 지구 역사에서 인류는 겨우 390만 년 전에, 그리고 현생 인류는 20만 년 전에 등장했다. 그 사이에 인구는 80억 명 이상으로 급증했으며, 광대한 도시를 건설하고 땅 위는 물론 하늘과 바다까지 점령했다. 또한 생태계의 최상위포식자가 되어 다른 동물들의 생사여탈권까지 쥐었다고 해도 과언이 아니다. 이 세계 정복은 너무나 성공적이어서 아이러니하게도 인류의 파멸을 촉진하고 있다. 우리가 어떤 선택을 하느냐에 따라 향후 수십 년은 인류 역사상 가장 중요한 시기가 될 수 있다. 그리고 어쩌면 마지막을 장식할 수도 있다.

7.
2050년 순배출 제로 달성은
실패했다

이미 배출되어 대기 중에 있는 이산화탄소로 인한 기후변화는 인류가 탄소 배출량을 얼마나 적극적으로 줄이는지와 관계없이 2050년 세계 GDP를 약 38조 달러, 또는 20조 달러로 축소할 것이라고 전문가들이 말했다. 2023년 기준 세계 GDP는 약 104조 달러 수준이다. 〈네이처Nature〉 저널에 실린 연구에 따르면, 온실가스 배출량을 가능한 한 빨리 줄이는 것이 21세기 중반 이후 훨씬 더 파괴적인 경제적 영향을 피하는 데 중요하다고 한다.

이 연구는 지구가 19세기 중반 수준보다 2°C 이상 따뜻해지면 기후변화로 인한 경제적 여파가 2100년까지 연간 수십조 달러씩 증가할 수 있음을 보여준다. 지구의 평균 표면 온도는 이미 1.2°C 높아져 해수면 상승으로 인한 폭염, 가뭄, 홍수 및 열대성 폭풍이 더 파괴적으로 변했다. 2015년 파리 기후 협약의 기본 목표인 지구 온난화를 2°C 이하로 제한하는 데 필요한 연간 투자는 그로 인해 우리가 피할 수 있는 손해의 극히 일부에 불과하다고 연구진은 밝혔다.

기후 피해를 방지하기 위해 얼마나 많은 돈을 써야 하는지에 관한 경제학자들의 의견은 분분하다. 어떤 사람들은 지금 당장 막대한 투자를 해야 한다고 주장하는 반면, 다른 사람들은 사회가 더 부유해지고 기술이 더 발전할 때까지 기다리는 것이 더 비용 효율적일 것이라고 주장한다. 포츠담 기후 영향 연구소Potsdam institute for climate impact research, PIK의 복잡성 과학 전문가인 수석 저자 맥스 코츠Max Kotz는 "고배출 시나리오에서 2°C 미만으로 유지하면 평균 지역 소득 손실을 60%에서 20%로 제한할 수 있다"고 말했다.

또한 연구는 기후 피해로 인해 이미 경제가 위축되고 있는 많은 열대 국가들이 가장 큰 타격을 받을 것이라고 밝혔다. "기후변화에 대한 책임이 가장 적은 국가는 고소득 국가보다 60%, 배출량이 많은 국가보다 40% 더 큰 경제적 손실을 겪을 것으로 예상된다"고 연구소의 선임 과학자 안데르스 레버만Anders Levermann은 말하며, "책임이 없는 국가들이 그 영향에 적응할 수 있는 자원도 가장 적다"고 덧붙였다.

부유한 나라들이라고 피해 갈 수 있는 것은 아니다. 독일과 미국은 2050년까지 소득이 11%, 프랑스는 13% 감소할 것으로 예상된다. 연구원들은 또한 단지 평균이 아닌 각 연도 내의 온도 변동과 그로 인한 극단적 기상현상의 경제적 영향을 살폈다. 레오니 웬즈

Leonie Wenz 교수는 "이러한 추가적 기후 변수를 고려하면 연평균기온의 변화만 포함할 경우보다 피해가 약 50% 더 크다"고 말했다.

웬즈 교수의 동료 연구원들은 2020년 이후 추가적인 기후 영향이 없는 시나리오와 비교했을 때, 피할 수 없는 피해로 인해 2050년에는 세계 경제의 GDP가 17% 감소할 것이라고 밝혔다. 다만 이 계산은 해수면 상승, 더 강한 열대성 저기압, 빙상의 불안정화, 주요 열대우림의 감소와 관련된 피해는 모두 제외한 것이라고 기후변화 및 환경에 관한 그랜섬 연구소의 정책 책임자인 밥 워드Bob Ward가 지적했다.

○ 기후위기로 2050년 세계 GDP가 5분의 1 로 감소

다행인 것은 기후변화의 심각성을 알리는 다양한 캠페인, 국제적 합의, 개인의 각성까지 더해져 2050년까지 인간 활동으로 인한 이산화탄소의 전 세계 배출량은 상당히 감소할 것으로 기대된다는 점이다. 이는 현대화와 인구 증가, 기술의 발전으로 인해 거의 3세기 동안 대기 오염이 끊임없이 증가했던 이후의 역사적인 전환점이 될 것이다. 하지만 현재 국제기구와 협약들이 목표로 하는 순배출 제로 상황에는 도달하지 못할 것으로 보인다. 관계자들에 의하면 2022년 기준 전 세계 전력의 61.3%가 화석연료로 생산되지만, 2050년에는 약 30%, 2070년대에 0에 도달할 것으로 예상된다.

탄소 배출 감소의 대부분은 더 깨끗한 형태의 전기 생산으로 전환하는 데서 비롯된다. 태양광 발전은 용량이 기하급수적으로 증가하면서 많은 분석가의 예측을 뛰어넘었다. 거기에 육상 및 해상풍력 프로젝트도 주요 역할을 했으며, 수력 발전, 지열 및 기타 재생에너지도 적으나마 기여분이 있다.

원자력 발전은 여전히 보편적 에너지로 인정받지만, 비용이 많이 들고 건설 시간이 길어 인기가 떨어지고 있다. 반면에 태양광 발전의 가장 중요한 기술 중 하나인 배터리는 과거의 기저부하 및 간헐성 문제를 많이 해결했다. 그 덕분에 이제 발전량이 낮은 시간에도 태양광 및 풍력으로부터 저렴하고 안정적인 공급이 진행되고 있다. 또한 스마트 그리드smart grid: 공급자와 수요자가 서로 연결되어 전력의 생산과 소비를 효율적으로 관리하는 지능형 전력망의 광범위한 채택이 에너지 절약과 에너지 효율 높은 가전제품 및 건축, 나아가 도시계획에 이르면서 에너지 수요를 전반적으로 줄이는 데 중요한 역할을 할 것이다.

한편 전기 자동차의 점유율은 계속해서 늘어 곧 세계 도로를 지배할 것이다. EU는 2021년 전체 탄소 배출의 25%를 차지하는 운송 부문의 배출량을 줄이기 위해 '2035년부터 하이브리드차를 포함해 내연기관을 사용하는 신차의 판매를 금지'하는 법안을 통과시켰다. 이런 움직임은 곧 세계적인 추세가 될 것이다. 항공 및 화물 운송도 비슷한 전환을 겪고 있다. 차세대 대중 교통수단으로 주목받는 수직 이착륙 전기 항공기를 비롯해 단거리 항공편의 경우 전기 및 수소 전력으로 전환을 앞두고 있고, 장거리 노선을 위한 바이오 연료도 개발되고 있다. 이는 화물선 역시 마찬가지다.

한편 철강, 제조, 화학 등의 중공업도 변화를 겪고 있다. 철강에서 석탄 대신 수소 기반 공정 및 재생에너지로의 전환이 이루어질 것이 기대된다.

21세기 초에 전 세계 탄소 배출량은 급증한 이유 가운데 하나는 중국의 급속한 부상에 그 원인이 있었다. 2006년까지 중국의 연간 이산화탄소 배출량은 미국을 앞질렀다. 하지만 기후변화에 대한 국제적 우려가 심화되면서 중국은 화석연료에서 벗어나 미래의 청정에너지 기술로 극적인 전환을 시작했다. 중국의 권위주의 정권은 국제사회의 분위기 등 저탄소 및 무탄소 기술의 필요성을 깨닫자마자 빠르게 밀어붙였다. 지구 온난화의 가장 큰 원흉이었던 중국은 곧 이 문제에 관한 리더가 될 것으로 보인다. 2020년까지 중국의 풍력 및 태양광 발전 용량은 536기가와트에 도달했다. 이는 EU와 미국을 합친 것보다 더 많은 양이다. 2023년까지 중국의 연간 청정에너지 설비 비율은 G7 전체의 4배 이상으로 증가했다. 중국은 2030년까지 탄소 배출량 정점에 도달한 뒤 2060년까지 탄소중립을 달성하는 것을 목표로 하고 있다.

이러한 노력들에도 불구하고 세계는 2050년까지 지구 기온 상승을 제지하는 데는 성공하지 못할 것으로 보인다. 주요한 개선이 이루어졌지만 이산화탄소의 증가를 안전한 수준으로 유지하려면 훨씬 더 빠른 청정기술의 배치가 필요하다는 것이 전문가들의 의견이다. 일부 학자들에 따르면, 최근 기온이 산업화 이전 평균보다 2°C 높은 임계 한계를 통과했으며 2100년까지 2.5°C 이상에 도달할 것이라고 한다.

8.
기후변화를 막기에는
너무 늦은 걸까?

　　인간은 산업혁명 이후 엄청난 속도로 화석연료를 소비해왔다. 이로 인해 대기 중 탄소 배출량이 급증했고, 지구 온난화라는 심각한 문제가 발생했다. 과학자들은 이미 인간 활동이 지구 기후에 막대한 영향을 미쳤다고 결론 내렸다. 지구 온난화는 진행 중이며, 우리가 오늘 탄소 배출을 멈춘다 해도 기온은 결코 낮아지지 않는다. 기온 상승은 몇 년 안에 평탄해지기 시작하겠지만, 온도는 안정되더라도 수 세기 동안 높은 수준을 유지할 것이라고 한다.

　　우리가 하는 일과 그 영향 사이에는 시차가 존재한다. 다행히 이 시차는 10년 미만으로, 지금 당장 행동한다면 미래의 피해를 줄일 수 있다. 현재까지 벌어진 온난화는 되돌릴 수 없지만, 미래의 온도 상승을 조금이라도 줄일 수 있다면 영원히 지속될 온난화의 피해 수준을 낮출 수 있는 것이다.

최신 연구에 따르면, 배출량 감소를 위한 적극적인 조치가 없다면 지구 온난화는 2100년까지 2.5~4.5°C까지 상승할 것으로 예상된다. 이는 극심한 가뭄, 홍수, 해수면 상승, 식량 부족 등 지구 전역에 치명적인 영향을 미칠 것이다.

기후변화로 인해 일어나는 최악의 영향을 피하거나 제한하기 위해 우리는 지금 당장 행동해야 한다. 그 행동은 온실가스의 배출을 줄이는 데 가장 큰 방점을 찍어야 하며, 다음으로 이미 일어난 기후변화의 영향에 적극적으로 대응하는 두 가지 방향으로 진행되어야 한다.

온실가스 배출을 줄이기 위해 화석연료를 재생 가능 에너지원으로의 전환하고, 에너지 효율성 향상해야 한다. 또 삼림 벌채를 줄이고 재조림하는 등 숲을 보호해야 한다. 청정기술 개발도 여기에 포함된다.

한편 이미 발생한 기후변화에 적응하기 위한 전략도 필요하다. 기후변화로 인한 피해를 최소화하기 위한 도시 계획, 농업 시스템 재편성, 물 관리 개선, 해수면 상승에 대한 방어 시스템 구축 등을 포함한다. 또한 폭우나 폭염, 산불 등 극심한 기상현상에 대비해야 한다. 특히 취약한 지역의 사람들을 지원하는 일이 중요하다.

인간은 이미 주요 기후변화를 일으켰고, 이런 변화는 여전히 지속되어, 더 큰 변화의 티핑 포인트가 될 것이다. 우리가 당장 탄소 배출을 중단한다면, 지구의 기온 상승은 몇 년 안에 상승세가 꺾일 것이다.

Chapter 2.
1%의 희망을 찾는 사람들

1.
기후 피해의
책임을 묻는 사람들

대기 중의 온실가스가 지구를 따뜻하게 하고 있다. 이는 과학으로, 의심의 여지가 없다. 국제법도 명확하다. 법적 구속력이 있는 파리 기후 협약에 따라 국가들은 평균기온을 산업화 이전 수준의 1.5°C 이내로 제한하려는 노력을 하기로 합의했다. 그러나 배출량이 계속 증가함에 따라 지구 온도 상승은 거의 확실히 이 한계를 초과할 것으로 보인다.

많은 과학자와 연구팀이 이 경고가 무시되는 데 좌절하고 있다. 하지만 포기하지 않는 사람들도 있다. 기후변화 및 환경에 관한 그랜섬 연구소가 2024년 6월에 발표한 보고서에 따르면 2023년 말까지 전 세계적으로 2,666건의 기후 소송이 제기되었다. 원고는 대부분 개인과 비정부기구non-govermental organization, NGO로, 이들은 정부와 기업이 기후 공약에 대한 책임을 지도록 하려고 한다.

판결이 난 사례도 있는데 그중 몇 가지는 획기적이다. 예를 들어, 2024년 5월에 독일과 영국의 법원은 각각 정부 정책이 법률에 명시된 배출 감소 목표를 충족하지 못할 것이라고 판결했다. 하지만 그랜섬 연구소에 의하면 대부분의 청구인은 긍정적인 결과를 얻지 못한다. 이는 많은 기후 소송이 절차와 과정의 미로에 빠져 있는 데다 어떤 경우에는 피고인 기업이 반소에 착수해 기후 법률 자체에 이의를 제기하기 때문이다.

2023년 9월, 캘리포니아주는 세계 최대 석유 회사인 BP, 셰브론Chevron, 엑손모빌Exxonmobil 등 다섯 곳을 상대로 소송을 제기해 "환경, 주민의 건강 및 생계에 미치는 영향에 대한 비용을 지불하고 향후 몇 년 동안 기후변화가 일으킬 피해로부터 주를 보호하도록 도울 것"을 요구했다.

우리나라 헌법재판소에서도 국내 최초 기후 소송의 결과가 나왔다. 2024년 8월 29일에 아시아 최초로 헌법 불합치 결정이 난 것이다. 헌법재판소는 정부가 2030년부터 2050년 탄소중립에 이르기까지 정량적 기준을 제시하지 않아 온실가스 감축 실효성을 담보할 수 있는 장치가 없으며, 이것이 미래 세대에 부담을 전가하는 것으로, 국가가 국민보호 의무를 위반했다는 취지의 판결이었다.

이러한 목소리들이 커질수록 기후변화로부터 지구를 보호하는 데 도움이 될 것이다. 이런 흐름에서 세계 최고 법원의 개입이 게임 체인저가 될 수 있다. 2023년 유엔은 네덜란드 헤이그에 있는 유엔의 주요 사법 기관인 국제사법재판소에 두 가지 질문에 대한 자문

의견을 요청했다. 기후 시스템과 환경을 인위적인 온실가스 배출로부터 보호해야 하는 국제법에 따른 국가의 의무는 무엇인가? 국가의 행동 여부가 기후 시스템에 해를 끼칠 때 국가에 대한 법적 제제는 어떻게 하는가? 국제사법재판소는 2024년 12월 2일에 이와 관련한 공개청문회를 진행한다.

○ 국제사법재판소로 간 기후변화 책임론

지구의 상태는 현재 즉각적인 조치가 절실하다. 아딜 나잠Adil Najam 세계자연기금World Wide Fund for Nature, WWF 회장은 복잡한 모델을 활용해 기후변화를 설명할 필요가 더 이상 없다고 말하며, 창문 밖에서 직접 목격할 수 있다고 강조했다.

탄소 배출은 계속 증가하고 있다. 2023년 여름이 2,000년 만에 가장 더운 해로 기록되었는데, 2024년 여름이 그 기록을 깬 것으로 보인다. C3S는 매월 자체 최고 기온 기록 경신이 15개월 연속으로 이어지고 있다고 발표했다. 또 2024년 7월이 산업화 이전보다 1.48°C 더 높은 것으로 조사되었다. 극심한 날씨, 폭염, 산불, 홍수, 가뭄, 폭풍은 모든 대륙에서 인간의 생명과 재산을 위협하고 자연에 견딜 수 없는 스트레스를 주고 있다.

인간의 일만이 아니다. 약 100만 종의 동식물이 멸종 위기에 처해 있으며, 인간 역사상 전례 없는 속도로 사라지고 있다. 세계자연기금의 〈지구생명보고서Living Planet Report 2022〉에 의하면 해수 온도 상승으로 산호초의 절반이 이미 손실되었으며 2℃ 상승하면 최대 99%가 손실될 수 있다고 지적한다.

이런 위기 속에서 국제사법재판소의 강력한 의견은 국제 기후 정책 구조를 강화할 것으로 기대된다. 법원의 의견은 환경 정의를 위한 법적 경로를 모색하는 사람들에게 힘을 실어줄 수 있다. 그리고 기후와 자연 보호에 대한 강력한 행동을 요구하는 수백만 명의 과학자와 시민의 목소리를 증폭시킬 것이다.

○ 나의 기후변화 인식 체크해보기

하지만 이러고 있는 순간에도 기회의 창이 빠르게 닫히고 있다는 점을 명심해야 한다. 한 사람 한 사람의 목소리가 인류의 지속 가능성을 가르는 열쇠가 되는 이때, 나의 기후변화 심각성에 대한 인식은 어느 정도인지 알아보는 것도 좋겠다.

예일대의 기후변화 커뮤니케이션 프로그램이 기후변화를 대하는 사람들의 태도를 여섯 개의 카테고리로 분류했다. 여기에 짧게 소개하니, 자신이 어디에 속하는지 한번 점검해보자.

■ **경보형** : 여기에 속하는 사람들은 기후변화가 일어나고 있으며 인간 활동이 그 원인이라고 믿는다. 그들은 이 문제를 해결하기 위한 강력한 정치적, 사회적 행동을 지지한다. 하지만 대부분은 자신이나 다른 사람들이 문제를 해결하기 위해 무엇을 할 수 있는지 모른다.

- **우려형** : 이들은 인간이 기후변화를 초래했다는 사실을 믿고 기후 정책을 지지한다. 다만 기후변화가 가져오는 재앙이 먼 미래의 일이라고 생각해 기후변화 대책을 우선순위에서 떨어뜨린다.
- **신중형** : 이 그룹은 아직 기후변화에 대한 결정을 내리지 않은 상태다. 기후변화가 일어났는지, 인간이 원인인지, 그 정도가 심각한지에 대한 답을 찾으려 한다.
- **무관심형** : 이 그룹은 지구 온난화에 관해 거의 알지 못하며, 그 심각성을 전하는 미디어에도 노출되지 않는다.
- **의심형** : 이 그룹은 기후변화가 일어나지 않는다고 생각하거나 기후변화가 있더라도 이를 정상적인 순환의 일부라고 믿는다.
- **무시형** : 이 그룹의 대부분은 지구 온난화를 음모론이라고 믿는다. 그들은 자신들이 믿지 않는 문제로부터 아무런 위협을 느끼지 않는다.

이 조사는 2008년에 미국 성인을 대상으로 처음 실시되었으며, 이후 지속적으로 진행되고 있다. 10년 동안 경보형은 다른 어떤 타입보다 많이 성장해서 2013년 15%에서 2023년 28%로 거의 2배 증가했다. 반면에 신중형은 26%에서 15%로 가장 많이 감소했다. 2023년 조사에서 경보형과 우려형을 합치면 57%에 해당하는 만큼, 2013년의 39%에 비해 기후변화를 걱정하는 사람들이 크게 늘었다는 점을 알 수 있다.

기후 과학자이자 작가인 캐서린 헤이호Katharine Hayhoe는 이것이 이전에 겪어보지 못한 홍수나 대형 산불, 극한의 폭염 등을 피부로 느끼며 사람들이 기후변화를 직접 인식하고 있기 때문이라고 말한다. 실제로 기후가 진화함에 따라 극단적인 기상현상 사이의 기간이 점점 짧아지고 있다. 미 해양대기청의 데이터는 10억 달러 이상의 피해_{인플레이션 조정}를 초래하는 기상현상 사이의 간격이 좁아졌음을 보여준다. 1980년대 미국에서 이러한 사건 간의 평균 간격은 75일이었지만, 2020년대에는 18일이라고 한다.

하지만 예일대의 조사에서도 알 수 있듯이 많은 사람들에게 기후변화에 개인이 어떻게 대처해야 하는지 잘 모르고 있다. 헤이호는 다른 사람들에게 긴급 상황을 확신시키기 위해 목소리를 높이는 것이 가장 중요하다고 강조한다.

2.
탄소중립의
실천 현황

　국제이주기구International Organization for Migration, IOM 발표 자료에 따르면 2050년경 해수면 상승과 건조사막 지역의 확대로 기후난민이 약 12억 명을 넘길 것으로 예상된다. 2021년 해양수산부 발표 자료에 우리나라도 2030년경에는 대한민국의 땅 약 5%가 바닷물에 잠긴다고 했다. 그에 따라 많은 인구가 자신이 살던 땅을 영원히 떠나야 할 것이다.

　물론 미래예측은 이런 미래를 그대로 맞이하라고 하는 게 아니니, 전 세계가 온실가스를 줄이기 위해 여러 가지 시도를 하고 있다. 그중 대표적인 것이 탄소 배출권 거래제다. 지구온난화의 주범인 이산화탄소, 메탄, 아산화질소, 수소불화탄소, 불화탄소, 육불화황 등 감축 대상인 6대 온실가스를 배출할 수 있는 권리를 정해놓고 사고

팔 수 있도록 만든 것을 말한다. 이 온실가스 중 이산화탄소가 가장 많기에 탄소 배출권이라고 부른다.

1997년 유엔 기후변화협약UN Framework Convention on Climate Change, UNFCCC에 따라 온실가스 배출을 줄이기로 한 교토의정서에서 시작된 탄소 배출권은 이산화탄소 배출량의 정해놓고 각 기업에 이 의무를 분배해 부과한다. 탄소 배출이 이 의무보다 많은 기업은 에너지 절감 기술을 개발해 배출량을 줄인 기업으로부터 그 권리를 사서 해결해야 한다. 배출권을 주식처럼 거래하는 것이다. 탄소 배출권 거래제가 가장 활발한 곳은 EU다. 우리나라의 경우 탄소 배출권 거래제를 2015년부터 시행하고 있으며, 한국거래소가 배출권 시장을 개설해 운영하고 있다.

탄소 배출권을 확보하지 못한 상태에서 석탄, 석유, 천연가스 등 화석연료로 생산한 에너지를 사용하려면 탄소세를 지불해야 한다. 탄소세는 이산화탄소를 많이 함유하는 화석연료의 가격 상승 효과를 가져와 화석연료 이용을 억제하고, 대체할 청정 재생에너지 개발을 촉진해 간접적으로 이산화탄소 배출량 억제하는 효과가 있다.

○ 글로벌 기업들의 기후변화 대응 현황

기업들은 기후변화를 부른 온난화에서 자유롭지 못하다. 개인이 배출하는 탄소와는 비교도 되지 않는 엄청난 양의 탄소를 배출하고 있기 때문이다. 환경에 대한 경각심이 커지자 기업들은 이로 인한 악영향을 상쇄하기 위해 ESGenvironmental, social and governance 경영이라는 트렌드를 만들어냈다. ESG 경영은 말 그대로 환경적 책임, 사회적 책임, 윤리적 책임을 가지고 기업을 경영한다는 뜻으로, 좀 더 정확히는 기업의 비재무적 요소로서 기업 가치와 지속 가능성에 영향을 주는 세 가지를 반영한다는 뜻이다. 특히 그중에서 환경은 대부분의 대기업이 돈을 벌기 위해 자연환경을 파괴해온 것에 대한 보상의 의미로 후손에게 물려줄 자연환경을 더 이상 파손시키지 않겠다는 뜻이 담겨 있다.

대부분 글로벌 기업들이 엄격해진 탄소중립사회에서 살아남기 위해서 이미 ESG 경영을 시행하고 있다.

그럼에도 자동차 제조업체에서 패스트패션에 이르기까지, 수십 개의 주요 글로벌 기업이 기후변화를 늦추는 데 필요한 속도로 온실가스 배출량을 줄이는 데 실패하고 있는 것으로 나타났다. 비영리 리서치 그룹인 뉴클라이밋 인스티튜트NewClimate Institute와 카본 마켓 워치Carbon Market Watch는 51개 다국적 기업의 기후 공약을 조사한 보고서에서 많은 브랜드가 지속 가능성 주장을 부풀리고 있음을 발견했다. 지구를 뜨겁게 달구는 온실가스 배출의 실질적 감축과 '입증되지 않은 그린워싱Green Washing: 기만적 환경운동'을 구별하는 것이 소비자들에게 어려운 일이 되었다고 보고서는 평가했다.

이 보고서는 2022년 이래 매년 보고서를 발간하고 있다. 조사 대상은 H&M 그룹, 네슬레Nestle, 도요타Toyota, 볼보Volvo 그룹, 다농Danone을 포함한 대부분 유명 브랜드들로, 이들이 배출한 탄소는 2022년 전 세계 배출량의 16%를 차지했다. 조사 결과 이 기업들의 노력은 지구 온도 상승을 1.5°C로 제한하기에 '매우 불충분'한 것으로 나타났다. 1.5°C는 2015년 파리 기후 협약에 따라 설정된 기후변화 한계선이다. 보고서는 대부분의 기업이 경제 전반에 걸쳐 요구되는 배출량 감축에 여전히 한참 못 미치고 있다고 지적했다. 조사 대상 중 19개 기업만이 지난 2년간 기후 목표를 개선한 것으로 나타났다.

유엔 기후 과학자들에 따르면 파리 기후 협약의 목표에 부합하기 위해 2030년까지 전 세계 배출량의 43%를 줄여야 한다. 월마트Walmart, 듀크 에너지Duke Energy, 한국전력, 패스트 리테일링Fast Retailing과 같은 기업은 2030년까지 전체 온실가스 배출량의 5~20%만 감축하겠다고 약속한 것으로 나타났으며, 대조적으로 마스Mars, H&M, 에넬Enel, 이베르드롤라Iberdrola 등을 포함한 다른 기업들은 배출량의 50~64%를 감축하기로 약속했다. 이는 평균적으로 배출량을 33% 줄이는 약속이다.

이 보고서는 탄소 배출권 사용을 통해 기후 목표를 달성하는 방법의 '유연성'에 대한 기업 부문의 요구가 증가하고 있다는 사실도 언급했다. 예를 들어 기업은 산림 보호와 같이 배출량을 상쇄해주는 프로젝트에 자금을 투입함으로써 실제 배출을 줄이지 않는다. 비평가들은 그런 편법들이 기업으로 하여금 계속해서 탄소를 배출하도록 허용한다고 말한다.

이 보고서는 자동차, 식품, 농업, 패션, 에너지 부문의 주요 기업들의 기후 공약 정직성과 1.5°C 기준을 향한 진전을 평가했는데, 최고 등급을 받은 기업은 하나도 없었다. 이탈리아와 스페인의 에너지

대기업인 에넬과 이베르드롤라 '합리적인' 무결성 등급으로 선두를 달렸다. 반면에 우리나라 에너지 기업 한전과 일본 자동차 제조사 도요타가 가장 낮은 점수를 받았다. 보고서는 '배출량 감축 계획이 공약에서 실제 이행으로 필요한 전환을 구현하고 있는 곳은 단 네 곳'이라고 밝혔다.

일부 기업은 적극적으로 노력하고 있다는 사실을 인정받았다. 예를 들어, 프랑스의 식품 대기업 다농은 신선한 우유 생산에서 발생하는 메탄 배출량을 '상당히' 줄이고 식물성 제품의 비중을 늘리기로 약속했다. 에넬과 이베르드롤라는 특히 태양광과 풍력 같은 재생에너지 용량을 늘렸으며, 둘 다 순배출 제로를 달성하기 위한 일정을 더 앞당겨 설정할 수 있다고 밝혔다. 볼보 그룹은 '무공해 차량, 충전 인프라, 저탄소강 및 알루미늄'에 대한 투자로 주목을 받았다.

한편, 패션 산업은 목표 달성 방법이 모호하다는 지적을 받았다. H&M 그룹, 나이키Nike, 아디다스Adidas, 자라Zara, 유니클로Uniqlo 등 분석 대상 다섯 개 브랜드 중 어느 곳도 제품의 생산 및 판매량을 줄이는 비즈니스 모델로 전환할 계획이 없었다.

유엔의 탄소중립 공약 전문가 그룹 의장인 캐서린 맥케나Catherine McKenna는 일부 기업들이 기후 공약을 개선함으로써 순배출 제로로 가는 길이 더욱 분명해졌다고 긍정적으로 평가하면서도 점진주의는 사라져야 한다고 강조했다. 이미 국가 차원에서 순배출 제로 목표의 4분의 3이 법이나 정책에 명시되었으며, 2023년에는 화석연료보다 65% 더 많은 1조 7,000억 달러가 청정에너지에 투자된 것으로 추정되는 등 경제적인 측면에서도 긍정적인 전환이 일어나고 있다.

시민들의 감시와 보이콧 등의 구매 행동은 탄소중립을 목표로 하는 기업들의 행보에 좋은 동기부여가 될 것이다. 따라서 우리는 개인 행동으로도 탄소 배출을 줄이려는 습관을 들이는 것은 물론, 기업들의 ESG 경영 활동을 항상 눈여겨보아야 할 것이다.

3.
기후변화를 저지하기 위한
전환점

인류는 이미 야생 포유류의 83%와 전체 식물의 절반을 멸종시켰으며, 얼음이 없는 육지의 4분의 3과 해양 환경의 3분의 2를 심각하게 변화시켰다. 향후 수십 년 동안 100만 종의 생물이 멸종 위기에 처하게 되며, 이는 지난 1,000만 년 동안의 평균보다 수십에서 수백 배 높은 비율이다.

세계경제포럼World Economic Forum, WEF의 〈글로벌 리스크 보고서Global Risks Report 2020〉은 생물다양성 손실과 생태계 붕괴를 향후 10년 동안 인류가 직면하게 될 5대 위협 중 하나로 꼽았다. 이어 〈글로벌 리스크 보고서 2024〉에서 이 위협의 중요성과 심각성을 다시 한번 강조하며, 전 세계적으로 우리가 직면한 가장 중요한 과제로 순위를 매겼다. 이러한 위험은 지리적 경계, 산업 부문 및 가치

사슬을 초월하며 긴급하고 집단적인 대응이 필요하다.

하지만 실제로 기후변화 대응은 파리 기후 협약의 목표를 달성하기에는 너무 느리게 진행되고 있다. 우리 모두가 그것을 어느 정도 알고 있다. 미국, 중동, 유럽 등지에서 폭염이 맹위를 떨치면서 우리는 1.5°C를 넘는 세계가 어떨지 미리 맛보고 있다. 앞으로 닥칠 곤경에서 벗어나기 위해 사고방식과 전략을 바꿔야 한다.

○ 기후행동을 위한 긍정적 전환점 찾아라

지구 온난화를 2°C 이하로 제한하기 위한 파리 기후 협약을 지금 충족할 수 있는 유일한 방법은 기후행동을 급진적으로 가속화하는 긍정적인 전환점을 찾아 촉발하는 것이다. 현재 탈탄소화는 목표했던 것보다 5배 이상 느리게 진행되고 있다. 자연의 파괴를 멈추고 생명을 유지하기 위한 생태계 시스템을 재생하기 위해서는 행동의 가속화가 필요하다. 지금과 같은 점진적인 변화는 2.5°C 또는 3°C의 세계로 우리를 데려갈 위험이 있으며, 이는 수십억 명의 사람들을 치명적인 열과 습도의 극한환경에 노출시킬 것이다.

하지만 현재 온실가스 배출을 주도하고 있는 시스템에서 전환을 일으키고 가속화하기는 쉽지 않다. 좋은 소식은 우리 사회와 기술적인 측면에서 긍정적인 전환점이 전개되는 것을 보고 있다는 것이다. 일부 국가에서 전기 자동차, 태양광 및 풍력 발전의 도입과 석탄 발전의 감소가 모두 기하급수적으로 증가한 것이 그 대표적 사례다.

이는 실천을 통한 학습과 규모의 경제를 포함한 강력하고 강화된 피드백 루프 덕분이다. 이를 통해 친환경 기술의 가격은 급격히 낮아지고 품질과 접근성이 개선되고 있으며, 사회적 전염성도 생겨 수용이 촉진되었다.

영국이 발전량의 40%였던 석탄을 0%로 중단한 것처럼, 이미 전환점을 맞이한 국가와 산업은 세계 최고 수준의 탈탄소화를 이루었다. 긍정적인 전환점이 시장 전체에 걸쳐 확산되기 시작했다. 전기 자동차의 배터리와 같은 세계화된 제품의 경우, 한 시장에서 가격과 품질이 개선되면 금세 전 세계로 공유된다. 따라서 내연기관 자동차의 판매 금지와 같이 특정 시장에서 시작된 혁신을 자극하는 조치는 곧 세계적인 추세를 이룬다.

긍정적인 전환점도 여러 부문에서 서로 강화하기 시작했다. 배터리가 점점 저렴해지면서 재생에너지로의 전환이 강화되고 있다. 재생에너지가 저렴해질수록 전기 자동차를 소유할 때 드는 비용이 낮아지면서 이동수단의 전기화가 전환되는 데 도움이 된다. 이는 〈브레이크쓰루 이펙트The Breakthrough Effect〉 보고서에서 확인된 바와 같이, 온실가스 배출량의 4분의 1을 차지하는 자동차에서 시작해 에너지 시스템 전체에 긍정적인 전환이 일어나게 함으로써 온실가스의 4분의 3을 없애는 전환점이 될 것이다.

배출량의 나머지 4분의 1은 농업과 토지 사용의 결과로, 주로 식단의 육류 수요에서 일어난다. 가축은 농경지의 80%를 사용해 전 세계 칼로리의 17%와 단백질의 37%를 공급한다. 이는 메탄을 배출할 뿐만 아니라, 삼림 벌채 및 관련해 이산화탄소 배출을 유발한다.

식단에서 육류 섭취를 줄이고 대체 단백질 공급원을 늘리는 방향으로 긍정적인 전환을 이루어야 한다. 식물성 육류 대체 식품은 이미 채택이 확대되면서 가격이 낮아지고 품질이 향상되는 강화 피드백을 경험하고 있다.

식생활을 바꾸는 것은 삼림 벌채를 줄이고 토지를 재생 가능한 자연으로 확보하며, 대기 중의 과도한 탄소를 제거하고 더욱 지속 가능한 농업 시스템을 도입하는 중요한 방법이다.

자연은 자체적으로 피드백 루프를 가지고 있다. 그중에는 강력한 자기 증폭 루프도 있다. 이것이 산호초나 열대우림과 같은 생태계가 전환점이 되는 이유다. 우리가 그레이트 배리어 리프나 아마존 열대우림을 직접 벌채하지 않아도 온난화가 지속되면 그레이트 배리어 리프에 백화 현상이 일어나고 아마존의 열대우림이 고사한다. 반대로 탄소 배출을 줄이면 이런 지구의 허파들이 더 강화되는 현상으로 전환될 수 있다.

○ 지속 가능성을 포함한 새로운 성장 지표 필요

자연의 피드백 루프를 올바르게 활용하는 법을 배우는 것은 기능이 저하된 생태계를 재생하고 지속 가능한 농업 시스템을 만드는 데 긍정적인 영향을 미칠 수 있는 기반이 된다. 다만 이를 위해서는 우리가 그동안 사회적 성공의 척도로 여겨왔던 좁은 성장 정의를 파괴해야 한다. 더 윤택한 삶을 위해 기업 수준에서 단기 이익을 극대화하고 GDP의 성장을 유지하려 했던 모든 행위가 현재 우리의 생명 유지 시스템을 위태롭게 한 원인이 되었다. 이런 지표를 대체할 평가지표가 필요하다. 새로운 진행 척도를 채택하는 것이 탄소 배출을 줄이고 환경을 보전하는 긍정적 행동 전환점을 촉발하는 지렛대 역할을 해줄 것이다.

다행스럽게도 많은 기업들과 국가, 그리고 세계적 리더들이 이 중요성을 이해하고 전환점을 마련하는 데 발 벗고 나서고 있다. 우리도 여기에 적극 동참해야 한다. 일상생활에서부터 새로운 제품을 구입하는 일, 그리고 투표에 이르기까지 우리의 행동이 미래에 어떤 영향을 끼칠지 생각해보는 습관을 가져야 할 것이다.

4.
AI가 기후변화를
감시한다

　　방대한 양의 데이터를 처리하고 인간의 의사 결정을 돕는 AI의 힘이 산업을 변화시키고 있다. AI는 세계경제포럼이 〈2023년 10대 신흥 기술〉 보고서에서 주목한 주요 신흥 기술 중 하나다. 포럼은 의약품 설계나 건축 및 엔지니어링과 같은 분야에서 생성형 AI가 활약할 수 있다고 발표했다. 이뿐만 아니라 기후위기와 같은 글로벌 과제를 해결하는 데도 기대를 받고 있다.

　　세계에서 가장 어려운 과제 중 하나인 기후변화에 대처하는 것도 AI의 잠재력이 힘을 발휘할 또 다른 분야다. AI는 이미 기후변화에 대처하는 데 다양한 방법으로 도움을 주고 있다. 그중 대표적인 아홉 가지 방법을 소개한다.

1. 빙산이 녹는 위치와 속도를 파악한다

AI는 빙산의 변화를 사람보다 1만 배 빠르게 측정할 수 있도록 학습되었다. 이를 통해 과학자들은 기후변화로 녹는 속도가 빨라지면서 바다로 방출되는 물의 양을 추정하는 데 도움을 얻을 수 있다.

영국 리즈 대학교의 과학자들은 AI가 위성 이미지에서 남극의 거대한 빙산을 100분의 1초 만에 매핑할 수 있다고 유럽우주국European Space Agency, ESA에 보고했다. 인간에게는 이 작업이 매우 오래 걸리며, 하얀 구름과 해빙 속에서 빙산을 식별하기 어렵다.

2. 삼림 벌채를 감시한다

AI, 위성 이미지, 생태학 전문 지식은 삼림 벌채가 기후위기에 미치는 영향을 매핑하는 데도 활용되고 있다. 스코틀랜드에 본사를 둔 스페이스 인텔리전스Space Intelligence는 30개 이상의 국가에서 활동하고 있으며 위성 데이터를 사용해 우주에서 1만km² 이상의 토지를 매핑했다고 말한다. 이 기업의 기술은 삼림 벌채율과 숲에 저장된 탄소량 같은 지표를 원격으로 측정한다.

3. 기후위기에 직면한 아프리카 지역사회를 돕는다

아프리카에서는 부룬디, 차드, 수단 등 기후변화에 취약한 지역사회를 돕기 위한 유엔 프로젝트에 AI가 활용되고 있다. 국제 기후 이니셔티브International Climate Initiative, IKI 프로젝트는 AI 기술을 사용해 날씨 패턴을 예측함으로써 지역사회와 당국이 기후변화에 적응하고 그 영향을 완화할 방법을 더 잘 계획할 수 있도록 돕는다. 여기에는 청정에너지에 대한 접근성 개선, 적절한 폐기물 관리 시스템 구현, 재조림 장려 등이 포함된다.

4. 폐기물 재활용 효율성을 높인다

미국 환경보호청에 따르면 폐기물은 메탄의 주요 배출원이며 전 세계 온실가스 배출량의 16%를 차지한다. 영국의 소프트웨어 스타트업인 그레이패럿Greyparrot은 폐기물 처리 및 재활용 시설을 분석해 더 많은 폐기물을 회수하고 재활용하는 데 도움을 주는 AI 시스템을 개발했다. 이 회사는 2022년에 67개 폐기물 범주에 걸쳐 320억 개의 폐기물을 추적한 결과, 회수할 수 있지만 매립지로 보내지고 있는 평균 86톤의 폐기물을 식별했다고 밝혔다.

5. 바다를 청소한다

플라스틱 오염은 온실가스를 배출하고 자연을 해쳐 기후변화를 가속시킨다. 네덜란드의 환경 단체인 오션 클린업The Ocean Clean-up은 AI를 포함한 몇 가지 기술을 이용해 바다에서 플라스틱 오염을 제거하고 있다. 물체를 감지하는 AI가 외딴곳에 있는 해양 쓰레기의 상세한 지도를 만드는 데 도움을 주고 있다. 이 지도를 따라 해양 쓰레기를 수거하고 제거할 수 있어 과거 저인망어선과 비행기를 이용한 방법보다 더 효율적이다.

6. 기후 재해를 예측한다

브라질 상파울루의 시프레모Sipremo라는 회사는 AI를 이용해 기후 재난이 언제 어디서 발생할지, 어떤 유형의 기후 재난이 될지 예측하고 있다. 이 회사는 기업과 정부가 기후변화와 그에 따른 재난에 지역사회가 더 잘 대비할 수 있도록 돕는 것을 목표로 한다. 보험, 에너지, 물류, 스포츠 등의 산업 분야에서 활동하며 재난 상황과 대기질 등의 분석을 통해 행사의 연기 또는 중단 여부에 대한 결정을 내릴 수 있다.

7. 기후변화 연구에 필요한 데이터를 선별한다

구글Google의 AI 기업 딥마인드DeepMind는 기후변화에 대응하기 위해 다양한 분야에서 AI를 적용하고 있다고 밝혔다. 그중 하나는 기후변화를 저저하기 위한 세계적 AI 솔루션을 발전시킬 수 있는 데이터 세트의 전체 요구목록 구축이다. 딥마인드는 기후변화에 대응하는 데 머신러닝이 중요한 역할을 할 수 있다고 생각하는 학계와 업계의 자원봉사자들이 설립한 비영리 단체인 '기후변화 AI'와 함께 이 작업을 진행하고 있다.

8. 산업계의 탈탄소화를 돕는다

산업 부문은 전 세계 온실가스 배출량의 약 30%를 발생시키는데, AI가 금속·광업·석유·가스 산업의 기업들이 탈탄소화를 실현하는 데 활용되고 있다. 미국 캘리포니아에 본사를 둔 유제니Eugenie.ai는 위성 이미지와 기계 및 공정의 데이터를 결합하는 배출량 추적 플랫폼을 개발했다. AI가 이 데이터를 분석해 기업이 배출량을 20~30%까지 추적하고 줄일 수 있도록 지원한다.

9. 드론으로 브라질의 언덕 재조림 사업을 진행한다

브라질에서 AI 기반 컴퓨터가 드론과 짝을 이루어 해안 도시 리우데자네이루 주변의 언덕을 재조림하고 있다. AI가 떨어뜨릴 씨앗의 수와 목표 장소를 정한다. 2024년 1월에 시작된 이 이니셔티브는 접근하기 어려운 지역에 씨앗을 뿌려 나무를 키우는 것을 목표로 한다. 현지 정부에 따르면 드론 한 대가 1분당 180개의 씨앗 캡슐을 뿌릴 수 있으며, 이는 사람의 손으로 하는 전통적인 방법보다 100배 빠른 속도라고 한다.

○ 배출량을 줄이기 위한 1,500개 정책 효과 검수한 AI

AI는 기후변화를 감시하고 저지하기 위해 새로운 방법을 제시하는 것 외에도, 기존 방법들에 대한 효율성도 점검해준다. 독일 포츠담 기후 영향 연구소가 AI 머신러닝을 이용해 약 1,500개의 기후 정책을 분석하고 탄소 배출을 크게 줄인 정책을 찾아냈다. 〈사이언스Science〉에 발표된 이 연구에 따르면 여러 도구를 결합한 정책이 단독 조치보다 배출량을 줄이는 데 더 효과적이라는 사실이 밝혀졌다.

35개국에서 63개의 개입이 평균 19%의 탄소 배출량을 줄인 것으로 나타났다. 대부분의 감축은 두 개 이상의 정책과 연계되어 있었다. 63개의 정책을 모두 합치면 0.6~1.8기가톤의 이산화탄소 배출량을 줄인 것으로 나타났다.

독일 포츠담 기후 영향 연구소의 연구원이자 이 연구의 공동 저자인 애니카 스테크메서Annika Stechemesser는 정책이 무작정 많은 것보다 적절한 정책 조합을 사용하는 것이 더 중요하다고 말한다. 예를 들어 영국의 석탄 화력발전소 단계적 폐쇄는 최저 탄소 가격과 같은 가격 메커니즘과 함께 사용되었기 때문에 효과가 있었고, 노르웨이에서는 내연기관 자동차 금지가 전기 자동차를 더 저렴하게 구입할 수 있게 해주는 가격 인센티브와 결합했을 때 가장 효과적이었다.

분석의 일환으로 스테크메서와 동료들은 3대 온실가스 배출국인 중국, 미국, 인도를 포함해 1998년부터 2022년까지 전 세계 41개국에서 시행된 1,500개의 기후 정책 데이터베이스를 사용했다. 정책은 배출권 거래제부터 화석연료 보조금 개혁에 이르기까지 48개 범주로 분류되었다.

스테크메서에 따르면 과거의 평가는 수백 가지의 다른 조치를 간과한 채 일부 국가의 두드러진 정책 몇 가지에 집중되었기에 정확하지 않았다. 연구팀은 머신러닝과 통계적 분석 접근법을 결합해 건물, 전기, 산업, 교통 등 탄소 배출량이 많은 네 가지 부문에서 큰 폭의 감축 효과를 거둔 정책을 찾아냈다. 그리고 그 결과를 데이터베이스의 정책과 비교해 어떤 정책 조합이 가장 큰 배출량 감소를 가져왔는지 평가했다.

그 결과 정책별로 특정 부문과 경제에서 효과의 차이를 보였다. 예를 들어, 전력 생산과 관련된 배출량 감소 측면에서 에너지세와 같은 가격 개입은 고소득 국가에서는 효과적이었지만 중저소득 국가에서는 효과가 상대적으로 덜했다.

건물 부문에서는 단계적 감축과 온실가스 배출 활동 금지가 포함된 정책 조합이 정책의 개별 시행에 비해 감축 효과를 2배 이상 높였다.

과세는 네 개 부문 모두에서 단독 정책이 동일하거나 더 큰 배출량 감축을 달성한 유일한 정책이었다.

기후변화 연구의 AI 강화 접근 방식을 통해 처음으로 여러 국가와 부문을 포괄하는 전 세계 배출 현황을 점검하고 수많은 기후 정책의 효과를 평가할 수 있었다.

이는 전 세계 연구자들에게도 경각심을 불러일으켰다. 난징 대학교의 생태학자인 쉬 치는 "이 연구는 전 세계 각국의 기후 정책이 지금까지 그다지 큰 효과를 보지 못했다는 경고를 전한다"며 "기존 정책을 재평가하고 변경해야 할 필요가 있다"고 덧붙였다.

유엔에 따르면 지구 온난화를 산업화 이전 수준보다 2°C 미만으로 유지하는 데 필요한 것보다 2030년까지 전 세계의 연간 탄소 배출량이 15기가톤 더 많을 것으로 예상된다.

5.
AI가 친환경 에너지의
미래다

친환경 에너지는 기후변화에 맞서 싸우는 데 필수적이다. 전 세계는 전력의 사용량을 줄이고 무해한 에너지원으로 전환해야 한다. 전 세계가 태양광, 풍력, 수력, 조력, 지열 등 자연의 현상을 이용해 에너지를 친환경적으로 변환시키려 한다. 하지만 오랜 노력에도 불구하고 에너지의 극적인 전환은 아직 일어나지 않았다. 그런데 최근에 그 돌파구가 보이기 시작했다. 급속하게 발전하는 AI가 전환의 방아쇠가 되어줄 것으로 기대되고 있다.

전문가들은 에너지 부문에서 50가지 이상의 AI 활용 사례를 확인했다. 이중 다수가 지속 가능한 전력 인프라로의 전환을 지원한다. AI가 친환경 에너지의 미래인 이유를 몇 가지 용도로 살펴보자.

○ 스마트 그리드

태양광 패널과 풍력 터빈은 변동하는 자연 현상에 의존하기 때문에 주문이 들어오면 전력을 생산하는 방식이 적용되지 않는다. 또 발전량이 가장 많은 시기가 최대 소비량과 일치하지 않는 경우도 많다. 겨울철에는 날이 어두워지는 아침과 저녁에 더 많은 에너지를 사용하지만, 태양광 패널은 어둠 속에서는 전력을 생산하지 못한다. 반면에 전력 생산이 가장 많은 낮 시간대에는 소비가 상대적으로 줄어든다. 이때 생산된 전기를 저장해두었다가 소비가 많은 시간대에 소비하는 효율성이 필요하다.

광범위한 데이터 기술을 활용해 양방향 전력 흐름을 지원하는 스마트 그리드는 에너지 분야에서 가장 인기 있는 AI 응용 분야다. AI는 에너지를 생산하고 소비하는 다양한 단위로 구성된 네트워크에서 생성되는 수천 개의 데이터 포인트를 분석해 실시간 조정을 가능하게 한다. 이러한 지속적인 변화는 재생에너지의 가장 큰 과제 중 하나인 간헐성을 해결하는 데 핵심적인 역할을 한다.

AI 기반 스마트 그리드는 가장 필요한 곳에 에너지를 실시간으로 보내 도움을 준다. 발전량이 많고 소비량이 적을 때는 더 많은 전기를 저장소로 보낸다. 사용량이 증가하고 생산량이 감소하면 저장된 전력을 분배한다. 그 결과 재생에너지의 안정성이 더욱 높아진다.

친환경 에너지의 변동성 때문에 유지 관리의 중요성이 더해진다. 고장이 발생하면 광범위한 전력 공급 중단이 발생할 수 있으며,

높은 수리 비용은 에너지 가격을 급격히 상승시키는 원인이 된다. 그런데 AI가 예측 유지보수를 통해 도움을 줄 수 있다.

예측 유지보수는 조기 경고 신호를 식별하는 학습을 통해 장비 고장을 예측한다. 이러한 시스템은 문제가 아직 작아 쉽고 저렴하게 해결할 수 있을 때 기술자에게 경고를 보낸다. 결과적으로 예측 유지보수는 다운타임을 줄이고 기존의 수리 관행으로는 도달할 수 없는 수준으로 효율성을 개선한다. 이러한 AI 기반 유지보수 전략은 기존의 비재생 전력망에도 유용하다.

○ 정보에 기반한 재생에너지 확대 및 효율성 향상

재생에너지는 자연환경을 타고 나야 한다. 따라서 모든 지역이 재생에너지에 똑같이 적합한 것은 아니다. 태양광 패널은 햇빛이 많은 지역에서 더 많은 전력을 생산하며, 바람은 고도가 높을수록 강해지므로 풍력 터빈은 산악 지역에 가장 적합하다. 그러나 토지 소유권의 문제와 에너지 시설의 건설이 인근 환경에 미치는 영향도 고려해야 하는 복잡함이 있다.

머신러닝 모델은 이러한 모든 복잡한 요소를 동시에 분석해 도움을 줄 수 있다. AI는 인간보다 더 빠르고 정확하게 신재생 인프라를 구축하기에 이상적인 장소를 찾아낼 수 있다. 이러한 의사 결정이 복잡해질수록 AI가 더 활약할 수 있다. AI는 가장 적은 비용으로 가장 많은 에너지를 생산하고 생태계에 미치는 영향을 최소화하는 재생에너지 시스템을 만드는 데 도움을 준다.

한편 효율성은 친환경 에너지로의 전환에서 또 다른 핵심 요소다. 이 분야에서 AI의 역할은 스마트 그리드의 작동 방식과 유사하다. 가정, 기업, 발전소의 AI 기반 IoT 장치는 상태를 실시간 분석하고 에너지 공급을 조정한다. 이렇게 하면 동일한 프로세스를 지원하면서 가능한 한 적은 양의 전기를 사용할 수 있다.

스마트 온도 조절기는 이러한 개념을 실제로 구현한 좋은 사례다. 이 장치는 비교적 간단하지만 냉난방 사용량을 연평균 8%까지 줄여준다. 동일한 적응형 기술을 대규모 환경에 적용하면 상당한 에너지 절감 효과를 얻을 수 있다.

마찬가지로 AI는 대규모 에너지 공급망의 탄소 발자국을 줄일 수 있다. 머신러닝 모델은 전력 네트워크를 분석해 작은 변화로 배출량을 줄일 수 있는 영역을 찾아낸다. 이 중 상당수는 사람의 눈으로는 찾기 힘든 부분이다. 예를 들어 가까운 공급업체를 이용하거나 배송 간격을 달리하거나 재활용 자재 공급처를 찾는 것만으로도 배출량을 줄일 수 있다. AI 분석은 이러한 복잡한 요소들 간에 최적의 조합을 찾아 에너지 공급망을 최대한 효율적으로 만들 수 있다.

○ 날씨 모델링

전 세계가 재생에너지에 더 많이 의존함에 따라 일기 예보 및 분석은 점점 더 중요해질 것이다. 일부에서는 AI 딥러닝 모델을 사용해 기상 조건에 따라 크게 달라지는 태양광 발전량을 예측하고 있다. 이러한 AI 접근 방식은 기존 예측보다 더 정확한 예측이 가능하다. 그 결과 효과적인 친환경 에너지 전환 계획을 세우기 쉬워진다.

또 다가오는 악천후에 대비할 수도 있다. AI 모델은 친환경 전력 공급을 방해할 수 있는 상황을 당국에 알릴 수 있으며, 조기 경고를 통해 전력 회사는 충분한 에너지 비축량을 확보하고 인프라를 보호해 피해와 정전을 방지할 수 있다.

○ 실시간 에너지 거래

친환경 에너지를 위한 AI의 또 다른 장점은 더 빠르고 수익성 높은 에너지 거래를 가능하게 한다는 점이다. 기존 전력 공급원과 달리 재생에너지는 태양광 패널이나 소형 터빈을 통해 개인이 집에서 전기를 자체 생산할 수 있다. AI를 활용한 에너지 거래는 이러한 시스템에 대한 투자 비용을 더 빨리 회수할 수 있도록 해서 더 많은 사람들이 이를 채택하도록 장려한다.

주거용 태양광 패널의 평균 설치 비용은 세후 1만 6,000달러 수준이다. 하지만 소유주가 직접 전력을 생산하기 때문에 전기 사용을 줄이면 줄일수록 비용을 절약할 수 있다. 이는 단순히 전기 요금의 문제가 아니다. 재생에너지는 간헐적이기 때문에 주택 소유자가 필요로 하는 것보다 더 많은 전력을 생산할 수 있다. AI가 이를 인식해 비용 효율이 가장 높은 시점에 에너지를 자동으로 전력회사에 팔 수 있다. 결과적으로 전력망은 더 많은 재생에너지를 분배할 수 있고, 재생에너지 소유자는 돈을 벌어 설치 비용을 상쇄할 수 있다.

○ 더 친환경적인 미래를 위한 길을 열어줄 AI

친환경 에너지로의 전환은 매우 중요하지만 복잡한 과정이기도 하다. AI가 완벽한 솔루션은 아니지만 이러한 전환 과정에서 필요한 도움을 제공한다.

AI는 생산자와 소비자가 대규모 재생에너지를 실현하는 데 필요한 속도, 정확성, 인사이트를 갖추고 있다. 동시에 화석연료에 의존하는 기존의 시스템에서 배출되는 탄소 배출량을 줄일 수 있다. 기후변화의 위협이 커짐에 따라 이러한 이점은 간과하기 어려워지고 있다. 그 결과 AI는 기후에 필수적인 요소가 될 것이다.

6.
재생에너지
사용량 급증의 비밀

전 세계 국가들이 기후변화가 가져올 최악의 결과를 피하기 위해 2015년 파리 기후 협약에서 지구 온난화를 1.5°C로 제한하는 목표를 설정했다. 지구는 그 한계 바로 아래에 있다. 국제에너지기구 International Energy Agency, IEA에 따르면 전 세계 탄소 배출량을 산업화 이전 수준보다 1.5°C 이내로 제한할 수 있는 시간이 아직 남아 있지만, 그 문은 빠르게 닫히고 있다. 그나마 한 줄기 희망은 저탄소 또는 무탄소 미래로의 전환이 추진력을 얻으면서 몇 가지 긍정적인 신호가 나타나고 있다는 점이다.

2000년 이후 전 세계 재생에너지 사용량이 415% 급증해 7.4% 의 연평균 성장률을 달성했다. 국제재생에너지기구International Renewable Energy Agency, IRENA의 최신 데이터에 따르면, 2000년부터 2023년까지 전 세계 재생에너지 용량은 0.8테라와트1테라와트는 1,000기가와트에 해당한다에서 3.9테라와트로 증가했으며, 중국은 아프리카, 유럽, 북미를 합친 것보다 많은 1.4테라와트를 추가해 선두를 달리고 있다. 여기에 포함된 재생에너지는 태양광, 풍력, 수력, 바이오 에너지, 지열 및 해양 에너지 등이다. 또 2023년에 전 세계적으로 473기가와트의 재생 가능 용량이 추가되었는데, 이는 2022년보다 약 62% 증가한 수치다. 2023년에 새롭게 설치된 총 전력 용량 중 약 87%가 재생에너지에서 나왔고, 재생 불가능한 에너지는 13%에 불과했다. 태양광 에너지는 재생에너지 성장의 73%를 차지해 특히 큰 기여를 했다.

이러한 증가에도 불구하고 미국과 유럽을 포함한 많은 부유한 지역에서는 재생에너지의 평균 성장이 둔화되었다. 미국의 재생에너지 발전량 증가율은 유럽보다는 약간 높았지만, 중국보다는 상당히 느렸다. 미국은 최근 인플레이션 감축법Inflation Reduction Act의 시행으로 인해 재생에너지 성장이 가속화될 것으로 예상된다. 캐나다는 2000년에서 2023년 사이에 재생에너지 용량이 57% 증가하는데 그쳐 나머지 선진국에 비해 뒤처져 있다

전반적으로 아시아가 가장 큰 성장을 기록했는데, 중국의 활약이 두드러졌다. 또한 아랍에미리트는 2023년 11월에 21km^{2}의 사막 지역을 차지하는 세계 최대의 단일 태양광 발전소를 건설하기도 했다. 400만 개의 양면 태양광 패널은 2기가와트의 용량을 갖추어 약 20만 가구에 전력을 공급할 수 있으며, 매년 240만 톤 이상의 탄소 배출을 줄인다.

중국은 태양광과 풍력 발전의 비용이 지속적으로 하락함에 따라 신규 용량의 85%가 재생 가능 에너지원에서 발생해 또 다른 이정표를 세웠다. 둘 모두 현재 석탄 및 가스와 경쟁할 수 있는 수준이다. 최근 몇 년간 중국의 급속한 발전은 에너지 및 산업 지원 정책에 일부 기인한다.

에너지 안보에 대한 우려가 커지는 가운데 EU는 2023년 태양광 발전 전력을 전년 대비 17기가와트 추가와 함께 56기가와트를 달성했다. EU는 러시아로부터의 에너지 수입을 2027년부터 중단할 계획이다.

아프리카의 재생에너지 용량은 2000년 이후 184% 증가했으며 연평균 성장률은 4%다. 현재 세계에서 인구가 가장 많은 국가인 인도는 재생에너지 용량이 604% 증가해 2000년에서 2023년 사이에 8%의 연평균 성장률을 기록했다.

진화하는 정책, 지정학적 변화, 비용 감소 등이 모두 전 세계 시장에서 재생에너지의 급속한 확장에 중요한 역할을 했다. 2023년 두바이에서 열린 유엔기후변화협약 당사국총회 28차 회의Conference of the Parties, 이하 COP28에서는 200개에 달하는 국가가 화석연료에서 '전환'하기로 합의했다. 이는 회의 30년 역사상 처음이다.

그러나 IRENA 보고서는 청정에너지의 더욱 빠른 도입이 필요하다고 강조한다. COP28 합의에는 2030년까지 전 세계 재생 가능 용량을 3배로 늘리겠다는 목표가 포함되어 있다. IRENA에 따르면 이는 기술적으로나 경제적으로 실현 가능하지만 이 목표를 달성하는 계획이 확실하지 않아 적극적인 정책 개입이 필요하다.

다양한 청정에너지 기술 중 현재 태양광만이 궤도에 오르고 있다. IRENA의 2030년 예측에 따르면 풍력, 수력, 지열 등은 부족할 것으로 보인다. 보고서에는 전기 및 플러그인 하이브리드 차량에 관한 전망도 포함되어 있는데, 이들 역시 목표를 달성하지 못할 것으로 예상된다. 이러한 차량의 재고는 2023년 전 세계적으로 4,000만 대에서 2030년까지 3억 6,000만 대로 증가해야 한다.

특히 개발도상국은 재생에너지 투자 수준이 매우 낮다. 에너지 전환 관련 투자가 2023년 2조 달러를 넘어 사상 최고치를 기록했지만, 120개 개발도상국은 전 세계 재생 가능 투자의 15%만을 유치했을 뿐이다.

대조적으로 화석연료는 여전히 매년 1조 3,000억 달러의 보조금을 받고 있다. 이는 2030년까지 재생 가능 발전 용량의 3배 증가를 달성하기 위해 필요한 연간 투자에 해당한다. 에너지 사용은 그에 상응하는 화석연료 의존도 감소와 병행해야 한다. 따라서 우리는 화석연료의 사용량을 줄이는 데서 시작해 대체 에너지 전략을 세워야 제대로 된 전환을 이룰 수 있을 것이다.

○ 희망을 주는 7가지 에너지 및 기후 희소식

희망적인 소식도 있다. 세계경제포럼의 〈효과적인 에너지 전환 촉진Fostering Effective Energy Transition 2023〉 보고서가 에너지와 환경의 미래를 낙관적으로 만들어주는 사례들을 소개했다.

1. 글로벌 재생에너지의 놀라운 성장

2023년 전 세계 재생에너지 용량은 50% 증가해 20년 만에 가장 빠른 증가율을 기록했다. 재생에너지 용량은 2030년까지 2.5배 증가할 것으로 예상되어 재생에너지 용량을 3배로 늘리는 COP28의 기후 목표에 거의 근접할 것으로 보인다.

중국에서 태양광 발전의 급속한 성장이 주요 원동력으로 평가되며, 유럽, 미국, 브라질도 인상적인 재생에너지 성장을 달성했다. 전 세계적으로 약 510기가와트의 태양광 발전이 추가되었는데, 이는 1년 동안 약 5,100만 가구에 전력을 공급하기에 충분한 양이다.

2. EU 의회가 환경 파괴를 범죄로 확정

EU는 투표를 거쳐 생태계 파괴의 가장 심각한 사례를 범죄로 확정했다. 이런 시도는 국제기구 가운데 최초이며 찬성 499표, 반대 100표, 기권 23표라는 압도적 지지를 받았다.

서식지 손실, 불법 벌목 등을 포함한 생태계 파괴 범죄는 이제 EU 의회의 최신 환경 범죄 지침에 따라 엄격한 처벌과 징역형을 받을 수 있다. 회원국은 2년 안에 해당 지침을 국내법으로 채택해야 한다.

프랑스의 변호사이자 녹색당 의원인 마리 투생Marie Toussaint은 현재 EU와 각국의 법률은 환경 범죄에 대한 처벌이 너무 제한적이고 제재 수준이 매우 낮아서 범죄자들이 환경 범죄를 저지르는 것을 막지 못하고 있다고 지적했다. 투생에 따르면 환경 범죄는 세계 경제보다 2~3배 빠르게 성장하고 있으며 몇 년 만에 세계에서 네 번째로 큰 범죄 분야가 되었다.

3. 재생에너지로 전력 100% 공급하는 나라

전 세계 풍력 발전 용량이 증가함에 따라 현재 7개 국가가 전력 수요를 청정 재생에너지에 전적으로 의존하고 있다 알바니아, 부탄, 에티오피아, 아이슬란드, 네팔, 파라과이, 콩고민주공화국은 필요한 전력의 99.7% 이상을 지열, 수력, 태양광, 풍력 발전에서 생산한다.

세계풍력에너지협의회 Global Wind Energy Council, GWEC의 최신 보고서에 따르면 2023년에 전 세계는 116기가와트의 신규 풍력 발전 용량을 건설했다. 이는 2022년에 비해 50% 증가한 수치다. 중국이 해상 및 육상 풍력 설치를 주도했고 미국, 브라질, 독일이 그 뒤를 이었다. 네덜란드의 강력한 성장에 힘입어 유럽도 2023년에 3.8기가와트의 신규 해상 풍력 발전 용량이라는 기록적인 한 해를 보냈다. 이 보고서는 풍력 발전 성장이 일부 대형 국가에 집중되어 있지만, 그 외 지역과 국가에서도 기록적인 성장을 보였음을 강조한다. 아프리카와 중동은 2023년에 전년 대비 거의 3배에 달하는 1기가와트의 풍력 발전 용량을 건설했다.

4. 삼림 벌채와 자연 문제 관련 정부 정책 2배 증가

300개 이상의 주요 정책 수단에 대한 상세한 분석과 100명이 넘는 정책 전문가의 의견을 바탕으로 작성된 〈불가피한 정책 대응 Inevitable Policy Response〉에 따르면 2023년 전 세계 정부의 자연 기반 정책 발표 건수가 전년 대비 2배로 늘어났다. 다만 2023년에 도입된 자연 정책의 90% 이상이 기후 1.5°C 목표가 아닌 2°C 온난화 목표에 부합하는 것이라는 점은 좀 아쉽다.

이 보고서는 2035년까지 전 세계 배출량 감축의 절반이 삼림 벌채 종식, 농업 배출량 감소, 음식물 쓰레기 감소, 훼손된 생태계 복원, 자연 기반 솔루션 확대 등의 정책을 통해 토지 이용 부문에서 이루어질 것으로 예측한다.

5. 세계 최대 해상풍력 발전소 등장

축구장 6만 4,000개 크기에 해당하는 북해 지역에 풍력 에너지를 수확하는 세계 최대 해상 풍력 발전 단지인 혼시Hornsea 2가 최대 용량으로 가동되고 있다. 영국 요크셔 해안선에서 90km 떨어진 곳에 위치한 이 풍력 발전소는 165개의 터빈을 갖추고 총 발전 용량 1.3기가와트로 매년 영국 내 140만 가구에 전력을 공급할 수 있다.

이 발전소를 운영하는 덴마크의 재생에너지 기업 외르스테드 Ørsted는 현재 영국에서 총 6.2기가와트 용량의 해상풍력 발전소 13개를 운영하고 있으며, 2030년까지 전 세계적으로 30기가와트의 해상풍력 발전소를 설치하는 목표를 갖고 있다.

6. 기후변화의 인권 침해 판결

유럽인권재판소는 스위스 여성 단체 2,500명이 제기한 기후 재판에서 스위스 정부가 기후변화에 대처하지 않은 것이 여성의 기본 인권을 침해했다는 획기적인 판결을 내렸다.

이 재판은 70대 여성들이 자신들의 나이와 성별이 기후변화로 인한 폭염의 영향을 특히 받기 쉽다고 하며, 스위스가 배출 감소 목표를 달성하기 위한 노력이 부족했다고 호소했다. 이번 판결은 기후변화에 대한 정부의 소극적 대응에 경종을 울릴 것으로 기대된다.

7. 2025년까지 재생에너지 성장이 석탄 추월

IEA에 따르면 청정 재생에너지는 2025년까지 석탄을 제치고 세계 최대의 전력원이 될 것으로 보인다. 재생에너지는 향후 몇 년간 전 세계 전력 확장의 90% 이상을 차지할 것으로 예상된다. 전 세계 재생 가능 전력 용량은 2022년에서 2027년 사이에 2,400기가와트 증가할 것이 예상된다.

온실가스 배출 순배출 제로를 향한 여정에는 아직 갈 길이 멀지만, 올바른 방향으로 가고 있는 것은 확실하다. 이제 속도만 붙이면 된다. 그리고 속도를 붙이기 위해 정부가 직접 나선 국가들이 있다. 바로 재생에너지 정책을 법제화해 강제로 지키도록 만든 것이다.

○ 재생에너지 관련 법률 만든 스위스

스위스는 2050년까지 탄소중립을 달성하기 위한 노력의 일환으로 재생에너지 개발을 가속화하기 위한 법률을 2024년 6월 9일에 승인했다. 투표 결과에 따르면 스위스 유권자의 69%가 '재생 가능 에너지에 기반한 안전한 전력 공급'에 관한 법률을 지지했다.

스위스는 직접 민주주의로 국민투표를 실시하는 국가다. 시민들은 18개월 이내에 10만 명의 유효 서명을 수집해 주제에 대한 투표를 시작할 수 있다. 투표는 3개월마다 실시되어 1년에 4회에서 5회까지 실시된다.

재생에너지법은 2023년 의회에서 승인되었고, 대부분의 환경 단체들이 이 법안을 지지했다. 그린피스는 이 투표 결과를 두고 원자력이 이제 쓸모없어졌다는 의미라면서 현재 스위스에 존재하는 원자력 발전소를 중단할 것을 촉구했다.

이 법률은 태양광 발전과 수력 발전을 빠르게 늘려 수입 전기에 대한 의존도를 낮추는 것을 목표로 한다. 특히 태양광 발전의 경우 건물 지붕과 정면에 태양 전지판을 설치하는 것을 상정하고 있다. 또한 이 법률로 인해 풍력 터빈 및 대형 태양광 설비에 대한 계획 허가가 더 쉬워질 것으로 기대하고 있다.

7.
재생에너지 과잉 생산과
마이너스 가격의 문제

　기술의 발전은 자연의 혜택을 잘 이용하는 태양광과 풍력 발전량의 급증을 주도하고 있다. 친환경 에너지로 전력망을 가득 채우는 긍정적인 현상이기도 하지만, 동시에 해결되지 않은 문제를 부각시킨다. 바로 엄청난 양의 에너지를 저장할 수 없는 상황이다. 재생에너지가 상용화되는 데 가장 큰 걸림돌은 바로 저장 기술이다. 재생에너지는 그 특성상 원하는 시간에 에너지를 얻는 것이 불가능하다. 예를 들어 풍력 발전은 바람이 불 때 에너지를 얻을 수 있지만, 그 순간에 에너지 수요가 많지 않으면 이는 그냥 버려지는 에너지일 뿐이다. 에너지를 저장해두었다가 필요할 때 공급할 수 있는 배터리 저장 기술이 반드시 필요한 이유다. 현재의 배터리 저장 기술은 아직 여기에 미치지 못한다. 따라서 생산된 풍부한 에너지의 대부분이 사용되지 못한 채 낭비되는 상황이다.

여기에 더 심각한 문제는 에너지 가격의 마이너스다. 재생에너지가 보편화된 유럽과 미국에서는 생산된 에너지 경매를 통해 가격을 책정하는 방식으로 판매되고 있다. 그런데 수요보다 공급이 많으면 가격이 마이너스를 기록하는 일이 종종 벌어진다.

이는 최근 몇 년 동안 전기 요금이 급증한 소비자의 기분을 가볍게 할 수 있지만 지구 온난화와의 싸움에서 핵심 무기인 재생에너지의 추가 개발을 저해할 수 있어 우려되는 현상이다. 마이너스 에너지 가격으로 인해 투자자들이 등을 돌리게 되어 에너지 저장 시스템 개발이 더욱 느려질 수 있는 탓이다. 투자자들은 수익성이 낮은 사업에 대한 투자를 꺼리기 때문이다.

○ 마이너스 에너지에 누가 투자할까?

마이너스 가격은 2008년 독일에서 처음 발생했다. 초기에는 거의 나타나지 않았지만, EU 시장 모니터 ACER에 따르면 2023년에는 전년 대비 12배로 폭증했고 2024년 현재까지 그 추세를 이어가고 있다. 5월에는 화창한 날이 비정상적으로 많아 덴마크의 전력 가격이 기록적인 기간 마이너스로 떨어졌다. 독일에서는 태양광 생산업체들이 마이너스 가격으로 어려움을 겪고 있어 에너지 시장이 혼란에 빠졌다. IEA에 따르면 호주 남부의 도매 전기 가격도 2023년부터 약 20%가 마이너스를 기록했다. 2024년 상반기 미국의 캘리포니아에서도 마이너스 가격 비중이 20%를 넘어섰으며, 이는 2023년 같은 기간보다 3배 이상 증가한 것이다.

전력망 운영업체 RTE에 따르면 프랑스에서 2024년 상반기 6개월 동안 약 5%의 마이너스 가격이 발생해 역시 2023년에 세운 기록을 넘어섰다. 스위스에서는 2024년 7월 14일 메가와트시당 -400유로까지 가격이 폭락했다. 가장 낮은 가격은 일반적으로 태양광 생산이 최고조에 달하는 여름 정오 무렵에 기록된다.

이러한 추세는 코로나 팬데믹과 우크라이나 전쟁 이후 유럽의 수요가 예상치 못하게 감소함에 따라 지난 3년 동안 가속화되고 있다. 가격은 수요가 적고 생산이 많을 때 현장 도매 전력 시장에서 마이너스로 돌아선다. 전체의 약 5분의 1이 이 시장에서 거래되며, 다음 날 사용할 전기를 구입한다.

대규모 산업 소비자는 가격이 마이너스인 시기로 생산을 전환하고 도매 시장에서 전력을 구입하면 생산 단가를 크게 낮출 수 있다. 마이너스 가격은 "전력망에 너무 많은 생산이 있다는 경고 신호"라고 콜럼버스 컨설팅Colombus Consulting의 에너지 분석가 니컬러스 골드버그Nicolas Goldberg는 말했다. 전력망은 지속적으로 균형을 유지해야 한다고 설명하는 그는 너무 많으면 일부 장비의 표준을 넘어 전기가 증가할 수 있으며, 너무 적으면 일부 또는 모든 고객이 전원을 잃을 수 있다고 경고한다. 현재로서는 잉여 전력 생산을 비축할 기술이 없어 저장이라는 선택지가 없으므로 생산업체는 생산량을 줄여야 한다. 많은 재생에너지 생산자들이 가격이 마이너스로 돌아설 때 생산을 중단한다. 태양광 발전 단지에서 출력을 중단하는 데 1분, 풍력 터빈의 경우 2~3분이 걸린다. 일부 생산자는 계약에 따라 고정 가격을 받거나 가격이 일정 수준 이하로 떨어지면 국가로부터 보상을 받는다. 하지만 모든 업체가 이렇게 중단에 관한 보상을 받는 것은 아니다.

화석연료와 원자력 발전소는 재생에너지와 달리 생산량을 조정할 수 있지만, 생산을 중단하고 다시 시작하는 데는 비용이 많이 들기에 현명한 선택은 아니다. 또 2023년 COP28에서 2030년까지 재생에너지 용량을 3배로 늘리기로 합의했기에 태양광과 풍력 생산은 더욱 증가할 것이다. 결국 풍부한 재생에너지 생산에도 불구하고 에너지 저장 기술 부족은 심각한 문제로 남아 있으며, 이것이 전력 가격 변동성을 심화시키고 에너지 시스템 불안정성으로 이어진다. 지금 재생에너지 시장에서 가장 중요한 과제는 수요가 높고 공급이 낮을 때 전력을 재분배할 수 있는 에너지 저장 장치의 개발이다.

8.
대규모 배터리
어디까지 왔나

재생에너지 저장을 위한 개발 경쟁에서 스탠퍼드 대학교의 연구원들이 청정에너지의 활용 방법을 변화시킬 수 있는 새로운 기술을 공개했다. '액체 배터리'라고 불리는 이 혁신 기술은 태양광 및 풍력과 같은 재생에너지원의 간헐적 특성을 해결해 지속 가능하고 안정적인 에너지 스마트 그리드를 약속한다.

로버트 웨이머스Robert Waymouth 화학과 교수가 이끄는 연구팀은 부피가 크고 복잡한 인프라가 필요한 기존 수소 저장과 관련된 문제를 극복해 수소를 액체 형태로 저장하는 효율적인 방법을 개발했다.

연구진은 세심하게 설계된 촉매 시스템을 활용해 전기 에너지를 고밀도 수소 운반체 역할을 하는 액체 알코올인 이소프로판올로 직접 변환했다. 이 공정은 낮은 에너지 밀도와 안전 문제로 인해 기존 수소 저장의 중요한 장애물인 수소 가스를 생산할 필요가 없다. 웨이머스 교수는 "에너지가 과잉이고 그리드에 수요가 없을 때는 이소프로판올로 저장해뒀다가 에너지가 필요할 때 전기로 되돌릴 수 있다"고 설명한다.

이 액체 배터리 기술의 잠재적 응용 분야는 광범위하다. 재생 가능 에너지원에 크게 의존하는 캘리포니아와 같은 지역에서는 최대 생산 기간 동안 잉여 에너지를 저장하고 수요가 많은 시간에 방출할 수 있는 능력은 전력망의 안정성과 신뢰성을 크게 향상시킬 수 있다. 또한 액체 수소 운반체의 특성은 유통을 단순화해 운송 및 기타 부문의 탈탄소화를 위한 새로운 길을 열 수 있다.

스탠퍼드 연구의 주요한 업적은 비교적 풍부하고 저렴한 금속 코발트의 화합물인 코발토세가 수소 저장 공정의 보조 촉매로 효율성이 크다는 사실을 발견한 것이다. 그 결과 더 저렴하고 확장 가능한 액체 배터리 시스템의 개발을 앞당겨 재생에너지 기술의 채택을 더욱 가속화할 수 있다.

액체 배터리는 화석연료에서 지속 가능한 에너지 시스템으로의 전환을 가속화할 잠재력을 가지고 있다. 아직 기술 개발의 초기 단계에 있지만, 기술이 계속 발전함에 따라 기후변화를 완화하고 미래 세대를 위한 안정적인 에너지 공급을 보장하는 데 중요한 역할을 할 수 있을 것이다.

○ 혁신적인 탄소-시멘트 슈퍼 커패시터

한편 MIT에서도 데미안 스테파니우크Damian Stefaniuk가 이끄는 연구원들이 에너지 저장에 혁명을 일으킬 수 있는 획기적인 소재를 개발했다. 물과 시멘트, 전도성 높은 소재인 카본 블랙을 결합해 재생에너지 저장에 상당한 영향을 미칠 수 있는 슈퍼 커패시터를 만들었다.

리튬 이온 배터리와 달리 탄소 시멘트 슈퍼 커패시터는 에너지의 장기 저장에 이상적이지 않지만 급속 충전 및 방전에 탁월하다. 이것은 기존 배터리의 약점을 흥미롭게 보완한다. 하루 동안 변동하는 친환경 에너지를 위한 효율적인 저장 솔루션을 제공해 전력망에 대한 부담을 완화할 수 있는 것이다.

특히 이 전력 저장 기간이 확장될 수 있다면, 재생에너지의 저장 문제를 해결하는 데 큰 역할을 할 것으로 보인다. 이 기술의 응용 분야는 방대하다. 이 혁신적인 소재로 도로를 만든다면 달리는 전기 자동차를 무선으로 충전할 수 있어 기존 충전소의 의존도를 줄일 수 있다. 또한 탄소 시멘트 슈퍼 커패시터로 건물을 지으면 건물 자체에 에너지를 저장하고 사용할 수 있다.

현재 개념 증명된 슈퍼 커패시터는 10와트 LED에 30시간 동안 전력을 공급할 수 있는 에너지를 저장하는 수준이다. 슈퍼 커패시터는 빠르게 방전되는 경향이 있고 리튬 이온 배터리보다 에너지 밀도가 낮은 것이 단점으로 지적된다. 이를 해결하는 것 역시 연구팀의 중요한 과제가 될 것이다.

○ 배터리 비용의 급격한 하락으로 재생에너지 전환 전망

IEA는 배터리 비용의 급격한 하락에 힘입어 향후 몇 년 동안 화석연료에서 재생에너지로의 전환이 크게 증가할 것으로 예상한다. IEA에 따르면 배터리 비용은 지난 10년 동안 90% 이상 급락했으며, 2030년까지 40% 더 감소할 것으로 예상된다. 에너지 부문은 현재 배터리 수요를 지배하며 2022년 대비 2023년에 배치가 2배로 증가했다.

IEA의 보고서는 온실가스 배출을 억제하고 지구 온난화를 1.5°C로 제한하는 목표를 달성하려면 에너지 저장 용량이 2030년까지 6배 확장되어야 하며, 배터리 저장 용량은 이러한 성장의 약 90%를 차지할 것으로 예상된다.

배터리 제조 능력의 향상에도 불구하고 보고서는 일부 국가에 생산이 집중되어 있는 것이 광범위한 보급을 가로막는 중요한 장벽이라고 밝혔다. 리튬과 코발트 같은 핵심 광물 가공은 여전히 중국에 집중되어 있다.

파티 비롤Fatih Birol IEA 사무총장은 재생에너지로의 전환을 가속화하고 운송 부문의 전기화를 촉진하는 데 배터리의 중추적인 역할을 강조했다.

하지만 배터리가 유일한 정답은 아니다. 저장하는 대신 에너지가 필요한 시장에 파는 것도 방법이다. 그것이 설사 생각보다 먼 거리라 해도 말이다.

○ 호주-싱가포르 대규모 청정에너지 케이블 승인

호주-아시아 파워 링크Australia–Asia Power Link, AAPowerLink 프로젝트는 호주 북부의 태양광 에너지를 싱가포르로 수송하는 거대한 재생에너지 및 송전 프로젝트로, 2030년까지 호주에서 생산된 태양광 에너지를 싱가포르로 전송하는 것을 목표로 한다. 이는 재생에너지의 마이너스 가격을 해결할 '유연성'의 실현으로도 중요한 역할을 할 것으로 보인다.

첫 번째 단계로 호주 노던준주 파월크릭에 10기가와트 규모의 태양광 농장을 건설한다. 이 농장은 24시간 청정 전력을 생산해 다윈으로 송전할 예정이다. 다윈에는 태양광 발전된 직류 전기를 가정 및 기업에 공급할 수 있는 교류 전기 변환 시설을 건설할 계획이다. 이 시설은 최대 4기가와트의 녹색 전력을 공급할 것으로 기대된다.

두 번째 단계로는 싱가포르로 수출을 위한 4,300km 길이의 해저 케이블을 설치할 계획이다. 이 케이블은 1.75기가와트의 전력을 송전할 수 있다. 현재 호주는 2023년에 주요 환경 승인을 획득했고, 2024년 토지 사용 협상, 인허가 절차를 거쳐 2025년 건설에 착수한다. 2030년대 초에 첫 번째 청정 전력을 싱가포르에 공급할 계획이다.

AA 파워 링크AAPowerLink 프로젝트는 호주 북부 경제에 큰 영향을 미칠 것으로 예상된다. 이 프로젝트는 수천 개의 일자리를 창출하고 지역사회에 수십억 달러가 재투자될 것이다. 또 싱가포르에는 안정적이고 경쟁력 있는 재생에너지 공급원을 제공할 것이다.

더 중요한 것은 AA 파워 링크 프로젝트가 온실가스 배출량 감소에 크게 기여할 것이라는 점이다. 태양광 에너지는 깨끗하고 지속 가능한 에너지원이다. 하지만 다른 재생에너지와 마찬가지로 환경에 따라 에너지가 넘쳐나는 곳과 부족한 곳이 있다. 광활한 대지에 맑은 날이 많은 호주와 달리 싱가포르는 국토가 작고 구름 낀 날이 많아 에너지는 오랜 숙제였다. 이 프로젝트는 호주와 싱가포르가 화석연료에 대한 의존도를 줄이는 데 도움이 될 것으로 보인다.

다만 AA 파워 링크 프로젝트는 규모가 크고 복잡하기에 극복해야 할 과제도 산적해 있다. 가장 먼저 4,300km의 해저를 연결할 케이블은 가장 큰 숙제다. 기술적인 문제는 물론 수백억 달러의 자금도 해결해야 한다. 그 밖에 호주와 싱가포르 정부로부터 여러 가지 규제 승인을 받아야 하며, 태양광 농장과 송전선을 위한 토지도 확보해야 한다.

수천km의 송전선과 대규모 저장 배터리, 둘 중 어느 것이 먼저 실현될지는 몰라도, 재생에너지로의 전환에 청신호가 되어줄 것은 명백하다.

9.
탄소중립과 함께
탄소포집과 제거도 이루어져야 한다

지구에서 인류가 계속 살아가기 위해서는 2050년까지 이산화탄소 순배출 제로에 도달해야 한다. 여기에는 이미 배출된 과거의 탄소 배출량과 항공 및 중공업과 같이 탈탄소화가 매우 어려운 경제 부문의 문제도 포함되어 있다. 그렇기 때문에 직접 공기 포집과 같은 이산화탄소 제거 기술이 향후 25년 이내에 현실화해야 한다.

대기 중 이산화탄소를 제거하는 기술carbon dioxide removal, CDR은 기후변화에 맞서 싸우는 중요한 방법으로 떠오르고 있다. 아직 초기 단계이지만 잠재력은 매우 크기에 주목해야 할 기술이다.

하지만 CDR 기술은 위험하고 비용이 많이 든다는 단점이 있다. 특히 미국 등 일부 국가는 여전히 막대한 양의 석유와 가스를 생산하고 있어 CDR 기술에 대한 논쟁이 더욱 심화되고 있다. 환경 단체 천연자원보호협회Natural Resources Defense Council, NRDC의 선임 과학자 데이비드 캐럴David Carroll은 "지금 우리가 해야 할 가장 시급한 두 가지는 삼림 벌채를 막고 대기 중으로 더 많은 이산화탄소를 배출하는 것을 멈추는 것"이라고 말했다. 그 뒤에 이미 배출된 이산화탄소를 제거하는 CDR 기술에 투자하는 것이 의미가 있을 수 있다는 것이다. 지금 발생하는 이산화탄소를 막지 않고 대기 중의 이산화탄소를 제거하는 것은 흐르는 피를 멈추지 않고 상처에 반창고를 붙이는 것과 같다고 지적했다.

컨설팅기업 로디움 그룹Rhodium Group의 최근 보고서에 따르면, 미국은 기후 목표를 달성하기 위해 CDR 기술에 매년 약 1,000억 달러를 투자해야 한다.

미국은 이미 이산화탄소 포집에 많은 돈을 쏟아붓고 있지만 그 모든 노력보다 효과적인 것은 화석연료에 의존하지 않는 것이며, 이것이 목표를 달성할 유일한 방법이다.

보고서는 대기에서 이산화탄소를 제거하기 위한 세 가지 전략을 지적한다. 식물, 토양, 바다에 의존해 이산화탄소를 흡수하는 자연적 방법, 이산화탄소를 포집하는 기계 구축, 자연적 공정과 공학적 공정을 모두 사용하는 하이브리드 기술이다. 세 가지 전략 모두 고유한 과제를 안고 있다.

나무 심기는 지금까지 가장 인기 있는 자연 기반 전략이었지만 거의 성공하지 못했다. 많은 연구와 조사에 따르면 임업 프로젝트로 배출량을 상쇄하는 전략은 대체로 실패했다. 공기나 바닷물에서 이산화탄소를 빨아들이는 기계는 포집한 이산화탄소의 양을 추적하는 데 더 낫다. 하지만 이 기계에 사용되는 에너지량이 엄청나고 비용도 많이 들어 비효율적이다. 공기에서 1톤의 이산화탄소를 걸러내는 데 600달러 이상이 든다. 다시 말해 CDR에 1,000억 달러를 지출하는 것은 이러한 기술에 드는 비용의 최솟값일 가능성이 크다.

반가운 소식은 많은 기업과 연구기관들이 CDR 기술을 개발하기 위해 뛰어들었다는 점이다. 그중 일부는 공기에서 탄소를 직접 끌어당겨 지하에 저장하거나 콘크리트와 같은 제품을 만드는 데 사용할 수 있는 기계를 만들고 있다.

○ 바다로 흡수시키는 방법

엡카본Ebb Carbon은 바다가 탄소를 끌어당기도록 하는 기술을 개발하고 있다. 바다는 천연 탄소 흡수원이며 이미 인간 활동으로 배출되는 이산화탄소의 약 30%를 흡수하고 있다. 하지만 탄소를 흡수할 수 있는 양이 한정되어 있고 현재 흡수하는 양도 산성도를 증가시켜 해양 생물에 해를 끼칠 수 있다. 엡 카본은 바다가 흡수할 수 있는 이산화탄소의 양을 늘리는 동시에 지역 산도를 줄이도록 설계된 해양 CDR 시스템을 구축했다.

이 시스템은 해양연구소나 담수화 플랜트 등 해수를 처리하는 시설에 통합되도록 설계됐다. 물이 바다로 되돌아가기 전에 엡카본은 저탄소 전기를 사용해 물을 산성 용액과 알칼리성 용액으로 분리한다. 알칼리성 용액을 다시 바다로 보내면 바닷물에 이미 용해된 탄소를 '중탄산염'으로 가두게 된다. 이는 물이 공기 중 더 많은 이산화탄소를 흡수하도록 하는 동시에 물의 산성도 수준을 낮추어 해양 생물에 해를 끼치지 않는다.

한편 산성 용액은 콘크리트, 시멘트 또는 기타 제품 제조에 사용하기 위해 협력업체에 배송될 수 있다. 이를 통해 번 돈은 탄소 배출권 판매와 결합해 시스템 운영 비용으로 사용할 수 있다.

엡카본은 현재 워싱턴주 세큄에 있는 태평양 북서부 국립연구소Pacific Northwest National Laboratory, PNNL에서 해양 CDR 파일럿 플랜트를 운영하고 있으며, IEEE는 워싱턴주 포트 앤젤레스에 5배 더 큰 플랜트를 건설할 계획을 발표했다. 엡 카본에 따르면 이 새로운 플랜트를 통해 바다는 연간 500톤의 이산화탄소를 추가로 흡수할 수 있을 것이라고 한다. 이는 세계에서 가장 큰 해양 CDR 프로젝트 이지만, 그럼에도 연간 약 35명의 미국인이 배출하는 배출량을 상쇄할 수 있는 정도에 불과하다. 또한 이 시스템이 실제로 적용되기 전에 먼저 환경에 예상치 못한 부정적인 결과를 초래하지 않는지 확인하는 과정도 필요하다.

○ 단백질 분말로 탄소 포집

영국의 한 스타트업은 단백질 파우더를 사용해 암석 풍화 작용을 가속화하는 방법을 고안했다. 그랜트 아론스Grant Aarons는 효소 기반 바이오 촉매를 사용해 지속 가능한 제품을 제조하는 바이오 제조 기업 패브릭나노FabricNano의 CEO이자 설립자다. 자연을 이용해 인류의 문제를 해결하고 있는 기업을 운영하는 아론스는 공급망에서 탄소 배출을 줄이는 데 관심을 갖게 되었다. 특히 탄소 배출을 격리하는 기술과 탄소 포집 방법에 주목한 그가 내놓은 기술이 바로 암석 풍화 촉진Enhanced Rock Weathering, ERW이다. 토양 기반 풍화 촉진이라고도 하는 ERW는 암석의 자연적인 풍화 과정을 활용해 대기 중 이산화탄소를 격리하는 방법이다.

이 기술은 농장이나 들판과 같은 넓은 땅에 미네랄 가루를 뿌리는 것이다. 그러면 곧 빗물이 떨어지는데 이 빗물에는 기후변화의 주범인 대기 중 이산화탄소가 포함되어 있다. 이 이산화탄소CO_2는 물 분자H_2O에 고정되어 탄산CH_2O_3이라는 분자를 형성한다. 이 탄산이 특정 유형의 암석일반적으로 현무암 또는 기타 규산염 암석과 만나면 안정된 탄산염으로 광물화되어 토양에 저장되거나 바다로 씻겨 내려간다. 탄산염은 우리 주변과 해양에 널리 퍼져 있는데, 탄산나트륨$NaCH_2O_3$은 베이킹소다로, 탄산칼슘$CaCH_2O_3$은 분필로 더 잘 알려져 있다.

바다로 흘러간 탄산염 분자는 해저에 퇴적되어 석회암이나 산호 및 갑각류 껍질과 같은 암석이 되기 전에 바다의 산성화를 역전시키는 데 도움이 된다. 바다로 가는 길에 이 분자들은 토양의 총 탄소를 증가시킨다. 이는 토양 미생물 군집의 전반적인 건강을 개선하고 산성도를 안정화한다.

비교적 간단한 이 기술은 최근 몇 년 동안 메타Meta, 구글, 마이크로소프트Microsoft 등의 투자를 유치하며 급부상하고 있다. 이를 본격적으로 상업화하기에는 몇 가지 보완해야 할 점이 있다. 그중 하나는 ERW가 공기에서 탄소를 포집하는 데 수십 년이 걸릴 수 있다는 점이다. 초미세먼지를 사용하면 속도를 높일 수 있지만, 대규모로 조달하기는 쉽지 않다. 패브릭나노의 과학자들은 탄산탈수효소라는 단백질 파우더를 분쇄된 현무암에 뿌리면 탄소 포집 속도를 높일 수 있다는 사실을 발견했다. 이로써 수십 년이 걸리는 시간을 단 몇 년으로 단축할 수 있다.

○ 조지아공대와 메타의 탄소 포집, AI 솔루션

공기 중에 있는 탄소를 포집하는 데는 또 하나의 큰 도전 과제가 있다. 직접 공기 포집 기술의 경우 모든 유형의 환경과 위치에 적절한 맞춤형 설계가 필요하다는 점이다. 예를 들어 햇빛이 강하고 건조한 사막이나 덥고 습한 열대, 차가운 북유럽 등 날씨에 따라 직접 공기 포집 구성은 서로 다를 수밖에 없다. 따라서 각 장소의 습도, 온도 및 공기 흐름에 대한 정확한 매개변수로 설계되어야 한다.

조지아 공과대학교와 메타가 협업해 대규모 데이터베이스를 구축했으며, 이를 통해 직접 공기 포집 기술을 더 쉽고 빠르게 설계하고 구현할 수 있을 것으로 보인다. 오픈소스 데이터베이스를 통해 팀은 기존 화학 시뮬레이션보다 훨씬 빠르게 AI 모델을 학습시킬 수 있었다. 오픈DAC OpenDAC라는 이름의 이 프로젝트는 지구가 절실히 필요로 하는 기후 솔루션을 가속화할 수 있다.

앤드루 메드포드 Andrew J. Medford 조지아 공대 교수는 "각 환경의 특정 조건에서 탄소를 효율적으로 포집할 수 있는 재료를 찾는 것이 가장 중요한 문제"라고 말했다. 8,400개의 서로 다른 물질에 대한 반응 데이터를 포함하고 약 4,000만 개의 양자 역학 계산으로 구동되는 이 데이터 세트는 현존하는 과학 관련 데이터 중 가장 크고 강력한 데이터 세트의 하나다. 메타는 여기에 머신러닝 기술을 제공했다.

메드포드는 "물질이 무엇을 할 수 있는지 예측하려면 모든 단일 원자가 어디에 있고 화학 원소가 무엇인지 알아야 한다"고 말했는데 이것이 해결해야 할 문제의 절반이었고, 메타의 연구팀이 조지아 공대 팀의 전문 지식을 도입한 이유였다.

메타 연구팀의 기술 책임자이자 논문의 제1 저자인 아누룹 스리람Anuroop Sriram은 조지아 공대 팀이 제공한 데이터를 가지고 머신러닝을 한 결과 4,000만 개의 계산에 대해 학습된 모델은 수천 개의 금속-유기 프레임워크Metal Organic Frameworks, MOF가 이산화탄소와 어떻게 상호작용하는지 정확하게 예측할 수 있었다. 연구팀은 AI가 특정 물질을 발견하기 위한 강력한 도구이며, 기존 양자 화학 계산과 비슷한 정확도를 제공하면서도 훨씬 더 빠르다는 것을 입증했다.

스리람 박사는 "우리의 목표는 알려진 모든 MOF 세트를 살펴보고 수증기처럼, 다른 공기 성분을 끌어당기지 않으면서 이산화탄소를 가장 강하게 끌어당기는 MOF를 찾는 것이었다"고 말했다. 이는 그동안 어떤 데이터와 AI로도 할 수 없었던 것이다. 조지아 공대와 메타 팀은 자체 데이터베이스를 활용해 직접 탄소를 포획할 가능성이 매우 큰 약 241개의 MOF를 식별했다.

스리람 박사는 "직접 공기 포집은 큰 잠재력을 가지고 있지만 이를 현실이 되도록 하는 유일한 방법은 더 나은 재료를 찾는 것"이라고 말했다. 전체 오픈DAC 데이터 세트 프로젝트는 데이터에서 모델, 알고리즘에 이르기까지 오픈소스이므로, 과학자들의 많이 참여할수록 적합한 물질을 찾는 길이 더 빨라질 것이다.

○ 박테리아의 대사 과정 통한 탄소 포집

막스 플랑크 연구소도 탄소 포집 기술 개발에 뛰어들었다. 연구팀은 특정 박테리아를 이용해 공기 중의 이산화탄소를 더 효율적으로 포집하고, 이를 유용한 화학물질로 전환하는 방법을 개발했다. 이 과정은 자연에서 일어나는 광합성과 유사하지만 훨씬 더 효율적이며, 인공적으로 조절할 수 있다는 장점이 있다.

이 기술의 핵심은 이산화탄소를 포집하고 전환하는 데 필요한 에너지를 효율적으로 사용하는 것이다. 연구팀은 박테리아의 대사 과정을 조정해 이산화탄소를 더욱 효과적으로 활용하도록 만들었다. 이를 통해 연구팀은 바이오 연료, 플라스틱, 심지어 의약품과 같은 다양한 제품을 생산할 가능성을 열었다.

이 기술이 상용화될 경우, 이산화탄소 배출을 줄이는 것은 물론, 지속 가능한 방식으로 유용한 제품을 생산하는 데도 크게 기여할 것으로 보인다.

10.
전기차 시장 점유율이
100%에 가까워지고 있다

2030년대 후반까지 전 세계에서 구매되는 신차의 대부분은 전기 자동차가 된다. 전기 자동차로의 이러한 빠른 전환은 수십 년간의 기술 혁신, 정책 변화, 소비자 선호도의 변화에 의해 주도된다.

전기차의 부상은 2010년대에 본격적으로 시작되었는데, 이 시기는 배터리 기술의 혁신, 충전 인프라의 확장, 탄소 배출을 줄이기 위한 정부의 초기 인센티브로 특징지어졌다.

2020년대에는 주요 자동차 제조업체가 더욱 엄격한 배출 규제와 기후변화에 대한 세계적 인식 증가에 따라 내연기관 차량을 단계적으로 폐지하기로 약속하면서 더욱 가속화되었다.

2030년까지 노르웨이는 100% 전기 자동차 도입을 달성한 최초의 국가가 될 것으로 예상되며 이는 다른 많은 국가가 곧 따를 선례가 될 것이다.

고체 배터리의 개발, 자율주행 기술의 발전, 재생에너지원의 확산은 전기차를 실행 가능한 대안이 아니라 전 세계 소비자에게 선호되는 선택으로 만드는 데 주효했다.

2030년대 후반에 미국, 일본, 유럽 국가를 포함한 선진국에서 판매되는 신차는 거의 모두 전기 자동차가 될 것이며, 내연기관 자동차는 빠르게 줄어들어 오래된 것들만 남아 있다 사라질 것이다.

이런 예상은 많은 분석가의 예측보다 더 빠르다.

운송 수단의 급속한 전기화는 석유의 수요를 크게 감소시킬 것이다. 그 결과 석유 판매에 의존하는 중동 국가들이 상당한 어려움을 겪을 수도 있다.

한편 강력한 재생에너지 산업을 보유한 국가는 지정학적 영향력을 얻어 새로운 에너지 환경에 필수적인 기술과 재료의 주요 수출국이 된다. 전 세계적 에너지 전환은 무역 균형, 투자 및 제휴에 큰 변화를 가져와 불과 10년 만에 지정학적 지도를 재편할 것이다.

이러한 추세는 2040년대에 신흥 경제권으로 확대된다. 중국 및 기타 지역의 인프라에 대한 막대한 투자와 배터리 가격 하락, 용량 및 충전 시간의 지속적인 개선 덕분에 아프리카와 같은 지역조차도 2045년까지 전기 자동차로 전환될 것이다.

그에 따라 내연기관 자동차 시장은 경쟁에서 뒤처지며 자연스럽게 도태된다.

11.
탄소 집약 산업의
변신

　많은 국가와 기업이 탄소중립, 순배출 제로를 향한 로드맵을 그리고 실천하는 데 앞장서고 있지만, 그 진도가 지지부진한 데는 이유가 있다. 특정 산업들은 탈탄소화가 어렵기 때문이다. 가장 어려운 분야로 철강 제련, 시멘트 생산과 같이 고온이 필요한 산업을 들 수 있다.

　기후변화를 종식시키기 위한 전략의 대부분은 전력망과 운송 수단에 초점이 맞춰져 있지만, 놀라울 정도로 많은 화석연료가 산업에 필요한 열로 이어진다. 전 세계 에너지 소비의 무려 25%가 유리, 철강, 시멘트 제조에 사용된다.

　전기로는 이러한 공정에 필요한 온도까지 도달하기 어렵기에 그동안 전환이 이루어지지 못했다. 그런데 최근에 발견한 새로운 접근 방식은 합성 석영 태양광 트랩을 사용해 1,000°C 이상의 온도를 생성한다. 이는 다양한 탄소 집약적 산업에 충분히 뜨거운 온도다.

○ 산업에 필요한 고온을 만드는 태양광

수천 개의 태양 추적 거울을 사용해 태양으로부터 에너지를 집중시키는 태양광 수신기는 3,000°C의 온도에 도달할 수 있는 것으로 나타났다. 다만 현재의 기술로는 공정에서 많은 에너지가 복사되기 때문에 1,000°C 이상의 온도가 필요한 경우에는 매우 비효율적이다.

그런데 최근 스위스 취리히 연방공과대학의 연구자들이 태양광 수신기에 반투명 석영을 추가하면 최대 1,050°C의 온도에서 태양 에너지를 가둘 수 있음을 보여주었다. 이는 탄소 배출이 많은 다양한 산업에서 화석연료를 대체할 수 있을 만큼 충분히 뜨거운 온도다.

연구진은 태양 에너지를 흡수하기 위해 실리콘 카바이드 디스크를 사용했으며, 여기에 약 30cm 길이의 석영 막대를 부착했다. 석영은 반투명하기 때문에 빛이 통과할 수 있지만 열을 쉽게 흡수해 다시 방출되는 것을 방지한다.

연구자들이 석영 막대에 태양 136개에 해당하는 모의 태양광을 쬐자 태양 에너지가 실리콘 판을 통과한 후 거기에 갇혔다. 그 결과 막대 반대쪽 끝의 온도가 600°C에 불과한 데 비해 판은 최대

1,050°C까지 가열될 수 있었다.

　장치 시뮬레이션을 통해 석영의 열 포획 기능이 태양열 수신기의 효율성을 크게 높일 수 있다는 사실이 밝혀졌다. 최첨단 수신기에 석영 막대를 추가하면 1,200°C의 온도에 도달하려고 할 때 효율성을 40%에서 70%로 높일 수 있다.

　아직은 개념 증명 단계에 불과하지만 접근 방식의 단순성으로 인해 기존 수신기 기술에 적용하는 것이 그리 어렵지 않을 것이다. 빌 게이츠의 지원을 받는 헬리오젠Heliogen과 같은 회사는 이미 광범위한 산업에서 요구되는 고온을 생성하도록 설계된 태양광으로 기술을 개발했다. 이제 마지막 관문으로 상업적으로 이용 가능한가에 대한 타당성 입증만이 남았다.

○ 탄소 제로 시멘트의 꿈

　탄소 집약적 산업 중 탈탄소화를 꿈꾸는 또 다른 부문은 시멘트다.

　콘크리트는 세계에서 가장 많이 사용되는 건축 자재이지만, 동시에 환경 오염의 주범이기도 하다. 콘크리트를 생산하는 과정에서 발생하는 이산화탄소는 전 세계 온실가스 배출량의 약 8%를 차지하는 것으로 알려져 있다. 특히 시멘트 생산에 사용되는 주요 원료인 석회석의 채굴과 열분해 과정에서 대량의 이산화탄소가 배출된다.

완전히 새로운 건축 자재가 발견되지 않는 한 시멘트는 계속되는 건설의 주요 재료로 생산될 수밖에 없다. 그래서 과학자들은 콘크리트를 친환경적으로 만들기 위해 오랫동안 노력해왔다. 이러한 노력에는 석회석과 같은 성분을 대체하기 위해 콘크리트 혼합물을 변경하거나 대기에서 더 많은 이산화탄소를 흡수하도록 콘크리트를 설계하는 것이 포함된다. 새로운 연구에서 케임브리지 대학교의 연구원들은 폐콘크리트를 재사용할 준비가 된 시멘트의 건조 성분인 클링커로 다시 변형시킬 방법을 연구했다.

특히 이 연구는 건축의 주재료이며, 역시 이산화탄소를 많이 배출하는 철강까지 재활용할 수 있는 혁신적인 방법이다. 이 공정은 오래된 콘크리트를 철강 가공 용광로에 넣어 철을 정제할 뿐만 아니라 부산물로 '재활용 시멘트'를 생산한다. 재생에너지로 구동될 때 이 방법은 잠재적으로 탄소 제로 시멘트를 생산할 수 있다.

연구의 수석 저자인 시릴 뒤낭트Cyrille Dunant 박사는 "오래된 콘크리트를 부수는 것이 가능하다면 모래와 돌을 분리하고 시멘트를 가열하면 물이 제거되어 다시 클링커가 형성될 것이라는 막연한 생각이 있었다"고 말했다. 전기로 강철을 정제하기 위해 일반적으로 석회와 같은 '플럭스' 재료가 필요하다. 이 용융 물질은 불순물을 포집하고 표면으로 상승해 새로운 순수 강철이 산화되는 것을 방지하는 보호층을 형성한다. 사용된 플럭스는 보통 폐기물로 처리된다. 뒤낭트 박사의 팀에서는 석회 플럭스를 재활용 시멘트 페이스트로 대체했다. 그러자 놀랍게도 이 대체품은 강철을 효과적으로 정제할 뿐만 아니라 남은 슬래그가 공기 중에서 빠르게 냉각될 때 새로운 포틀랜드 시멘트를 생성했다. 결정적으로 이 기술은 콘크리트나 철강 생산 비용을 크게 증가시키지 않으면서 기존 방법에 비해 이산화탄소 배출량을 크게 줄인다. 이 과정이 재생에너지로 구동될 경우 무공해 시멘트를 생산할 수 있다.

이 기술은 이미 수십 킬로그램의 시멘트를 생산하는 용광로에서 시험되었으며, 최근에는 2시간에 약 66톤의 시멘트를 생산하는 것을 목표로 하는 산업 규모의 시험이 진행 중이다. 연구원들은 이 공정이 2050년까지 10억 톤의 '전기 시멘트'를 생산할 정도로 확대될 것으로 추정한다.

이 기술이 상용화되면 수많은 장점이 있겠지만, 크게 세 가지를 꼽아보자면 다음과 같다. 첫째, 폐콘크리트를 재활용해 시멘트를 생산함으로써 석회석 채굴 및 열분해 과정에서 발생하는 이산화탄소 배출량을 크게 줄일 수 있다. 둘째, 폐콘크리트를 새로운 콘크리트 생산에 활용함으로써 천연자원의 사용량을 줄일 수 있다. 셋째, 전기 아크 용광로를 사용해 시멘트를 생산함으로써 기존 시멘트 생산 방식에 비해 에너지 효율을 높일 수 있다.

케임브리지 연구팀은 현재 개발된 기술을 상용화할 방법을 찾고 있다. 연구팀은 향후 몇 년 안에 이 기술을 사용해 탄소 제로 시멘트를 대량 생산할 수 있을 것으로 기대하고 있다. 그 결과 건설 산업의 지속 가능성을 크게 향상시키는 데 기여하는 동시에, 기후변화 문제 해결에도 중요한 역할을 할 것으로 예상한다. 이 연구는 〈네이처〉 저널에 발표되었다.

12.
기후변화에 관한
추가 정보들

　기후비상사태는 현대 사회가 직면한 가장 중대한 도전 중 하나로, 이 위기를 돌파하기 위해서는 전 세계적인 인식의 개선이 필요하다. 다행히 기후변화의 위기를 일찌감치 체감하고 그 원인, 영향 및 대응 방안에 대한 정보를 제공하는 다양한 웹사이트들이 등장했다. 이들 웹사이트는 과학적 연구 결과, 기후변화 대응 기술, 정책 제안 등을 포함해 기후변화에 관한 광범위한 정보를 제공한다.

　기후변화와 관련해 유용한 정보를 제공하는 주요 웹사이트들과 특징을 소개하니 한번 방문해 살펴보는 것도 좋을 듯하다.

○ 글로벌 웹사이트

유엔기후변화협약 : 대기 중 온실가스 농도를 안정화하여 기후 변화를 막기 위한 국제 협약이다. 기후변화 관련 국제 협약 체결 및 이행을 추진하고 기후변화 관련 협상 및 회의를 개최한다. 개발도상 국의 기후변화 대응도 지원한다. 웹사이트에서 기후변화 관련 뉴스, 이벤트, 보고서 등을 제공한다.

https://unfccc.int/

IPCCIntergovernmental Panel on Climate Change, 기후변화에 관한 정부 간 패 널 : IPCC는 유엔 환경계획UN Environment Programme, UNEP과 세계기 상기구World Meteorological Organization,WMO에 의해 설립되었으며, 기 후변화에 관한 보고서를 발간하고 과학, 기술 및 사회경제적 정보를 평가해 정책 결정자들에게 제공한다. 웹사이트에서 기후변화에 관 한 최신 과학적 연구와 평가 보고서를 제공한다.

https://www.ipcc.ch/

NASANational Aeronautics and Space Administration, 미 항공우주국의 기후 변화 및 지구 온난화 포털 : NASA는 기후변화에 대한 광범위한 정 보를 제공하는 선도적인 기관 중 하나다. 이 포털은 지구 온난화의 증거, 원인, 영향 및 대응 방안에 관한 최신 연구 결과와 데이터를 제공한다.

https://science.nasa.gov/climate-change/

내셔널 지오그래픽 National Geographic: 환경 섹션에서 기후변화에 관한 교육적인 기사와 사진, 비디오 자료를 제공한다. 이들 자료는 기후변화의 영향을 이해하고, 개인과 공동체 차원에서 취할 수 있는 조치에 관한 아이디어를 제공한다.

https://www.nationalgeographic.com/environment

클라이밋 리얼리티 프로젝트 The Climate Reality Project: 전 미국 부통령 앨 고어Al Gore가 창립한 이 단체는 기후변화에 대한 대중의 인식을 높이고, 전 세계적으로 기후변화 대응을 촉진하기 위한 교육 프로그램과 캠페인을 운영한다. 웹사이트는 기후변화 대응을 위한 실질적인 조치와 성공 사례를 소개한다.

https://www.climaterealityproject.org/

그린피스Greenpeace: 환경 보호를 목적으로 하는 국제적인 비영리 단체로, 기후변화와 관련된 다양한 캠페인과 연구를 수행한다. 웹사이트의 기후와 에너지 섹션에서 기후변화에 관한 최신 뉴스, 보고서 및 활동가들의 활동을 소개한다.

https://www.greenpeace.org/international/explore/energy/

세계자원연구소World Resources Institute, WRI: 지속 가능한 발전을 촉진하기 위한 글로벌 연구기관이다. 기후변화, 에너지, 식량, 삼림, 물 등 다양한 주제에 관한 연구와 데이터를 제공하며, 기후변화 대응을 위한 정책 제안과 기술 솔루션을 제공한다.

https://www.wri.org/

○ 국내 기관 및 단체

기후변화정보 포털: 환경부에서 운영하는 기후변화 관련 정보 포털이다. 기후변화 상황, 과학, 정책, 영향 및 적응 등에 대한 정보를 제공한다.

https://www.all-con.co.kr/

한국기후변화연구원: 기후변화에 대한 연구를 수행하고 관련 정보를 제공하는 기관이다. 기후변화 예측, 영향평가, 적응 전략 등에 대한 연구를 수행하고 있다.

https://www.kric.re.kr/

기상청 기후정보 포털: 기후변화에 관한 과학적 정보와 동향, 기후변화 상황지도 등을 제공하는 공식 포털이다.

http://www.climate.go.kr/home/

성동구청 대표홈페이지: 탄소중립 포털, 환경부, 기상청 날씨누리 등 기후변화 관련 다양한 사이트의 링크를 제공한다. 지역사회 차원의 기후변화 대응 정보를 제공하는 예시로, 여러 지역 자치단체에서 찾아볼 수 있다.

https://www.sd.go.kr/main/contents.do?key=3923

탄소중립포인트 에너지: 환경부 산하 환경관리공단이 운영하는 탄소중립을 위한 포인트제를 소개하는 사이트.

https://cpoint.or.kr/

한국기후변화연구원: 기후변화적응, 탄소 배출권, 온실가스 감축, 에너지 등에 관한 연구보고서와 녹색사업 안내, 기후변화 소식 등을 제공하는 연구원의 웹사이트다.

https://www.kric.re.kr/front/index.do

○ **민간단체** (앞서 소개한 곳 제외)

세계자연보호기금: 국제 환경운동 단체로, 기후변화가 생태계에 미치는 영향에 대한 정보를 제공한다.

https://www.wwfkorea.or.kr/

https://www.worldwildlife.org/

클라이밋 센트럴 Climate Central: 기후변화를 연구하는 과학자와 커뮤니케이터로 구성된 비영리 단체. 기후변화 관련 뉴스 및 정보를 제공하는 웹사이트.

https://www.climatecentral.org/

녹색기후기금Green Climate Fund, GCF: 개발도상국의 온실가스 저
감과 기후변화 대응 노력을 지원하기 위한 기금. 개발도상국의 기후
변화 대응 사업에 투자하고 기술 개발 및 이전을 지원한다.

https://www.greenclimate.fund/

○ 기타 유용한 기후변화 관련 웹사이트

세계기상기구: https://wmo.int/

유엔환경계획: https://www.unep.org/

클라이밋 액션 트래커Climate Action Tracker:

https://climateactiontracker.org/

기후변화는 단일 국가의 노력만으로 해결될 수 있는 문제가 아
니며, 전 세계적인 협력과 지속 가능한 기술의 개발 및 적용이 필요
하다. 따라서 이러한 웹사이트들은 기후변화에 대한 국제적인 논의
와 협력을 촉진하는 데 기여한다. 또한 미래 세대를 위한 지속 가능
한 발전에 필요한 지식과 기술의 공유를 촉진한다.

PART 2

인공지능

우리는 2022년 생성형 AI라는 혁신적인 AI를 만났고, 차세대 AI로 문제를 스스로 해결하는 AGI의 등장도 심도 있게 논의했다. 2부에서는 지난 2년간 생성형 AI가 의료를 비롯해, 법률, 제조, 영화, 우주산업에 이르기까지 다양한 분야에서 어떤 활약을 펼쳤는지 살펴본다. 또 AI가 인류의 삶에 더 깊이 들어올 때 벌어질 일들을 현재 벌어진 일들로 미루어 예측해본다.

AI는 짧은 시간에 인류의 동반자 위치를 확고히 했다. 우리가 어떤 방향으로 가야 AI가 안전하고 신뢰할 수 있는 동반자가 될지 확인해보자.

Chapter 3.
현실이 되어가는 AI

1.
AI와 일자리에 관한
우려와 기대

2030년까지 AI가 전 세계적으로 약 8억 개의 일자리를 대체할 수 있을 것이라는 전망이 나오면서 세계의 기대와 우려가 커지고 있다. 같은 해에 AI의 경제적 영향력이 15조 7,000억 달러에 달할 것으로 예상되는 등 경제 전망도 놀랍다. 이러한 수치는 AI가 가져올 엄청난 변화를 잘 보여준다.

2024년 조사에서 전 세계 근로자의 30%가 AI에 의해 자신의 일자리가 대체될 것을 우려하고 있다는 조사 결과가 나왔다. 이는 사실일 수도 있지만, 현실은 좀 더 복잡하다. AI는 아직 대부분의 일자리를 대체할 능력이 부족하다. 오늘날 AI는 인간의 모든 업무를 수행할 수 있는 수준에 이르지 못했다. 많은 작업들은 여전히 인간의 개입과 판단이 필요하기 때문이다. 하지만 AI는 고객 지원 문의 처리와 같은 특정 업무를 매우 효율적으로 수행할 수 있다.

따라서 단기적으로는 AI가 전체 업무를 대체하기보다는 특정 업무만을 대체할 가능성이 크다. 예를 들어, 지금까지 쌓인 방대한 양의 상호작용 데이터를 학습한 대규모 언어 모델large language model, LLM이 제품 문의에 정확하고 유익한 답변을 생성할 수 있다. 이를 통해 담당 직원의 업무량이 줄어들고 연중무휴 24시간 고객 서비스를 더욱 신속하게 제공할 수 있다. 이처럼 AI는 특정 업무에 집중된 일자리에 큰 영향을 미칠 것이다.

AI의 영향을 가장 많이 받는 직업은 반복적이고 일상적인 업무를 수행하는 직종이다. 한 분석에 따르면, 챗GPTChat GPT 등장 이후 반복적인 글쓰기 및 코딩 작업을 위한 프리랜서 수요가 각각 30.4%와 20.6% 감소했다. 이러한 일자리의 감소는 단순히 일자리 가용성 감소뿐만 아니라, 해당 업무의 보상 감소까지 이어지고 있다.

골드만삭스Goldman Sachs에 따르면 생성형 AI와 LLM이 조만간 3억 개의 일자리를 파괴할 수 있다고 한다. 또한 비즈니스 워크플로에 AI가 통합됨에 따라 인력의 50%가 일자리를 잃을 위험에 처할 것으로 예측했다.

제조 및 관리와 같이 일상적인 업무가 많은 분야는 AI 및 LLM 자동화에 가장 취약한 분야다. 골드만삭스 보고서에 따르면 AI 자동화는 효율성과 생산성을 높여 인력을 혁신하는 동시에 수백만 개의 일상적이고 수동적인 일자리를 위험에 빠뜨릴 것이라고 한다. 특히 AI가 숙련되지 않은 인력에 미치는 영향은 갈수록 더욱 커질 것으로 예상된다. AI 기반 자동화가 적용된 사업장에서 일하기 위해서는 관련 기술을 숙지하고 있어야 한다. 이런 기술 지식이 부족한 사람들의 고용은 갈수록 어려워지고 있다. 자동화로 인해 숙련도에 따라 근로자 간의 격차가 벌어지기 때문이다.

이는 저임금 근로자가 직업을 전환해야 할 가능성이 14배 더 높다는 맥킨지McKinsey의 최신 보고서에서 더욱 분명해졌다. 기술을 향상시키거나 AI와 호환되는 새로운 직무로 전환하지 않으면 빠르게 진화하는 고용 시장에서 뒤처질 위험이 있다.

AI의 영향을 가장 크게 받는 것은 이러한 일상적인 작업이지만 일부 크리에이터들도 압박감을 느끼고 있다. 〈월스트리트 저널Wall street Journal〉은 최근 미드저니〈Midjourney〉와 같은 AI 도구로 인해 상당한 작업 의뢰가 사라진 것을 목격한 영화 콘셉트 아티스트를 특집으로 소개했다.

○ 일상적인 반복 업무부터 창의적 업무까지

한편 시티그룹Citigroup은 금융 분야의 AI에 관한 새로운 보고서를 발표했는데, AI 기술이 다른 어떤 산업보다 은행 업무에 더 큰 영향을 미칠 수 있으며 은행 업무 역할의 절반 이상이 AI 자동화 위험이 크다고 예측했다. 보고서에 따르면, 은행 업무 중 54%가 자동화될 가능성이 있어 다른 산업에 비해 가장 높은 수치를 기록했다. 보험(48%)과 에너지 산업(43%)이 그 뒤를 이었다.

보고서는 또한 AI 기술 도입이 은행의 수익 증대에도 기여할 것으로 전망했다. 2028년까지 AI가 글로벌 은행 부문의 수익에 1,700억 달러, 즉 9%를 추가할 수 있다고 예상된다. 이는 AI 기술이 은행의 효율성을 높이고 새로운 수익 창출 기회를 제공할 것임을 의미한다.

이처럼 AI가 가져오는 변화는 이제 피할 수 없다. 하지만 충분한 지식을 갖추고 교육을 받으면 직원들은 일상적인 업무에서 생산성을 높이기 위해 AI를 사용할 수 있다. 미 경제조사국National Bureau of Economic Research, NBER에 따르면 고객 지원 상담원이 생성형 AI 도구를 사용한 결과 생산성이 약 14% 향상되었다고 한다. 이는 인간과 기계 간 협업의 잠재력을 보여준다.

AI는 의심할 여지 없이 고용 시장을 변화시키지만, AI의 통합을 위협이 아닌 기회로 보는 시각이 필요하다. 지금까지 생성형 AI는 텍스트와 이미지를 생성할 수 있었지만, 후속 제품들은 오디오와 비디오 형식까지 콘텐츠를 원활하게 처리하고 생성한다. 이는 새로운 멀티모달multi modal: 텍스트, 이미지, 음성, 영상 등 다양한 데이터 양식을 함께 처리하는 것 LLM과 AI 기술이 빠르게 진화하고 있음을 보여준다. AI가 미래의 일자리에 미치는 영향으로 인해 재교육은 현대의 조직과 근로자 모두에게 생존을 위한 필수 요소가 되고 있다.

○ 경영진도 AI로 대체된다

그동안 AI는 주로 육체노동이나 단순작업 등 주로 하위직을 대체한다는 인상이 강했다. 하지만 이제 경영진들도 AI로 대체되지 않기 위해 노력하는 편이 좋을 듯하다.

에식스 대학교 경영대학원의 경영 및 미래학 교수인 피비 무어Phoebe Moore는 〈뉴욕 타임스New York Times〉와 진행한 인터뷰에서 "그동안 사람들은 상사가 업무를 지시하고 평가해주는 시스템을 안정적으로 느꼈지만, 코로나19 이후에는 상사가 없어도 괜찮다는 사람이 많이 늘었다"고 말했다.

상사를 AI로 대체한다는 생각은 AI가 광범위한 일자리 파괴를 초래할 것이라는 보편적 두려움의 반대편에 있는 것으로, 지능형 자동화로 인해 정규직이 일사리를 잃을 것이라는 사실에 초점을 맞춘다. 최고경영진이 받는 고액 연봉을 생각하면 이들을 대체하기 위한 기술 개발 등이 큰 투자도 아니다.

MIT의 컴퓨터 과학 및 AI 연구소의 전 소장인 아난트 아가왈Anant Agarwal은 신문과의 인터뷰에서 CEO가 하는 업무의 80%를 AI로 대체할 수 있다는 생각을 밝혔다. 물론 CEO의 역할 중 하나는 리더의 역할이며, 이를 대신해 AI가 조직을 결집하는 데는 부적합할 것이라고 상상할 수도 있다. 하지만 CEO의 또 다른 중요한 역할은 의사 결정이다. 그리고 요즘의 의사 결정은 데이터에 기반하는 경우가 많다.

컨설팅기업 콘페리Korn Ferry의 비나이 메논Vinay Menon은 〈뉴욕 타임스〉와의 인터뷰에서 "우리는 그동안 노력을 아웃소싱해왔지만, 이제는 정보를 아웃소싱하고 있다"며, "리더십은 필요하지만 이를 위해 예전만큼 많은 리더가 필요하지는 않을 것"이라고 덧붙였다.

아이러니하게도 많은 CEO가 이미 이러한 정서에 동의하는 것으로 보인다.

IT 컨설팅 기업 앤드디지털AND Digital이 비즈니스 리더를 대상으로 실시한 설문조사에서 응답자의 43%는 AI가 자신의 업무를 대신할 수 있다고 생각한다고 답했다. 또 45%는 이미 챗GPT의 도움을 받아 주요 비즈니스 의사 결정을 내리고 있다고 인정했다. 그렇다면 이제 공식적으로 도입하는 것은 어떨까?

다만 AI를 만든 인간과 마찬가지로 AI에도 결함이 있으며, 학습한 데이터가 편향이 덜하다고 말할 수 없다. 따라서 신입사원이든 최고경영진이든 누군가를 AI가 완전히 대체하기에는 아직 시간이 필요하다. 그 사이에 우리는 살아남을 길을 찾아야 할 것이다.

○ AI에 대처하는 우리의 자세

AI가 대량 실업을 야기할 것이라는 우려는 기우일까? 오히려 AI는 생산성을 향상시키고 새로운 일자리를 창출하며 경제 성장을 이끌고 있다는 주장이 최근 힘을 얻고 있다.

작가 폴 와이즈먼Paul Wiseman의 새로운 보고서에 따르면, AI의 생산성 향상 덕분에 기업들이 근로자를 추가하거나 재교육하는 여러 사례가 발견되었다고 한다. 예를 들어, 이케아IKEA는 고객 서비스 챗봇chatbot을 도입하면서 기존의 고객 서비스 담당 직원 8,500명을 재교육해 인테리어 디자인 조언 등을 담당하게 했다.

스탠퍼드 대학교의 연구에 따르면, 5,200명의 고객 지원 담당자를 대상으로 한 연구에서 AI가 전반적인 생산성을 14% 증가시켰고, 기술이 가장 부족한 근로자의 경우 생산성을 34% 증가시켰다고 한다. 또 IT컨설팅 기업 알로리카Alorica 영업 사원들이 200개 언어로 소통할 수 있도록 돕는 새로운 AI 번역 도구를 출시한 뒤 더 적극적으로 채용하고 있다고 한다.

즉 AI를 업무에 도입해 생산성이 향상되면 경제가 성장하고 이는 곧 새로운 일자리 창출로 이어진다는 뜻이다. 미국 정부는 연구를 통해 AI가 전체 고용에 부정적인 영향을 미친다는 증거가 거의 없음을 확인했다. 역사적으로도, 과거의 기술 혁신은 일부 일자리를 없앴지만 새로운 일자리를 더 많이 만들어냈다. MIT의 연구에 따르면 2018년 현존하는 일자리의 60%는 1940년에는 존재하지 않았던 것으로 나타났다.

AI는 일자리를 빼앗기보다는 우리의 업무 방식을 변화시키고, 새로운 일자리를 창출할 가능성이 크다. 우리는 지난해에 "AI가 당신의 일자리를 빼앗지는 않겠지만, AI를 활용할 줄 아는 사람이 빼앗을 것이다"라는 말을 많이 들었다. 이것은 현실이 되고 있다. 현재 우리가 해야 할 일은 업무에 AI 도구를 적극적으로 활용해 생산성을 높이는 것이다. 또 새로운 기술을 끊임없이 배우고 익혀 미래를 준비해야 한다. 미래는 변화가 점점 더 급속해질 것이다. 이렇게 변화하는 환경에 유연하게 적응하고 새로운 기회를 포착할 필요가 있다.

2.
과열된 AI 투자,
지속 가능할까?

AI에 대한 현재의 열광은 19세기 캘리포니아에서 금이 발견된 초창기와 비슷하다. 모두가 AI 분야로 달려가 부자가 되기를 희망하고 있다. 최근 몇 년간 AI 기술에 대한 투자가 폭발적으로 증가하면서, 빅테크 기업들은 미래 성장 동력 확보를 위해 치열한 경쟁을 벌이고 있다.

하지만 골드만삭스의 분석가들은 AI가 아직 큰돈을 벌지 못하고 있다고 결론지었다.

오픈AIOpen AI의 챗GPT 등장 이후, AI 개발 경쟁은 더욱 가속화되고 있으며, 마치 죄수의 딜레마와 같은 상황에 놓였다. 죄수의 딜레마는 두 사람이 서로 협력하면 더 나은 결과를 얻을 수 있지만, 각자의 이익을 위해 배신할 경우 모두에게 손해가 될 수 있는 상황을 말한다. AI 투자도 마찬가지로, 각 기업이 AI 기술 개발에 막대한 자금을 투자하며 경쟁하고 있지만, 과도한 투자는 오히려 기업의 재무 건전성을 악화시킬 수 있다. 메타, 구글 등 빅테크 기업들은 AI 개발에 수십억 달러를 투자하고 있지만, 단기간 내에 의미 있는 수익을 기대하기 어려운 상황이다.

골드만삭스는 H&R블록H&R Block에서 월마트Walmart에 이르기까지 AI를 사용해 생산성을 향상함으로써 이익을 얻으려는 기업의 주가가 2022년 말 이후 전체 주식 시장보다 크게 저조했다는 사실을 발견했다.

AI의 시장 침투력도 예상외로 얕다. 미국 인구조사국 보고서에 따르면 기업의 5%만이 AI를 사용하고 있으며, 이 수치는 2024년 가을까지 약 6.6%까지 증가할 것으로 예상된다. 인터넷에 연결된 AI는 중요한 영업 비밀을 유출할 수 있는 블랙박스이며, 환각에 대한 우려, 보안 및 개인 정보 보호 문제 등으로 채택률이 높지 않은 것으로 보인다.

결국 AI의 능력은 현재 엄청난 과대광고에 불과하다. AI 산업 분야에서 실제 수익을 창출하는 회사는 엔비디아Nvidia처럼 AI에 필요한 하드웨어를 판매하는 회사뿐이다.

○ 투자는 하지만 돈은 벌지 못하는 AI 산업

이러한 상황에서 빅테크 기업의 리더들은 단기적인 수익보다는 장기적인 관점에서 AI 투자를 진행해야 한다고 주장하고 있다. 하지만 과도한 투자는 기업의 생존을 위협할 수 있으며, 투자자들의 불안감을 증폭시킬 수 있다는 우려도 제기되고 있다.

구글의 모기업인 알파벳Alphabet의 경우 2024년 2분기 자본 지출이 91% 급증한 132억 달러에 달했으며, 이 중 22억 달러가 AI 개발에 사용되었다. 오픈AI는 연간 운영 비용이 85억 달러에 이르는 반면, 수익은 35억~45억 달러에 그칠 것으로 예상된다. 앤스로픽 Anthropic의 상황은 더욱 심각해, 오픈AI 수익의 10분의 1에서 5분의 1 수준의 수익만을 올리면서 25억 달러의 컴퓨팅 비용을 소모하고 있다.

이러한 대규모 투자에도 불구하고 실질적인 수익 실현은 최소 2026년까지 기대하기 어렵다는 분석이 나오고 있다. 그럼에도 마크 저커버그Mark Zuckerberg와 순다르 피차이Sundar Pichai 같은 CEO들은 이러한 투자가 미래를 위해 필요한 결정이라고 주장하고 있다.

각 기업은 지금 투자하지 않으면 미래에 경쟁에서 뒤처질 수 있다는 두려움으로 인해 막대한 자금을 투입하고 있다. 하지만 이러한 과도한 투자가 지속 가능한지에 대한 의문이 제기되고 있으며, AI 과대광고로 인한 기술 부문의 거품이 우려되고 있다.

결론적으로, 빅테크 기업들의 AI 투자 경쟁은 단기적으로는 기술 발전을 가속화할 수 있지만, 장기적으로는 상당한 재무적 위험을 동반한다. 이러한 상황이 지속된다면 기술 부문뿐만 아니라 전체 경제에 상당한 영향을 미칠 수 있으며, 향후 시장 조정의 가능성도 배제할 수 없다.

○ 생성형 AI 특허 급증, 어느 나라가 주도하는가?

그럼에도 AI는 황금알을 낳는 거위처럼 보이기에 무시할 수 없다. 이를 방증하는 것이 엄청난 특허 출원 수다. 유엔 산하 세계지식재산권기구World Intellectual Property Organization는 새로운 보고서에서 2023년까지 10년 동안 생성형 AI 혁신과 관련해 총 5만 4,000건의 특허가 출원되었다고 밝혔다. 이 중 25%가 2023년에 출원되었다. 학습된 컴퓨터 프로그램이 간단한 프롬프트로 몇 초 만에 텍스트와 비디오에서 음악과 컴퓨터 코드에 이르기까지 모든 것을 생성하는, 이른바 생성형 AI는 "판도를 바꾸는 기술로 부상했다"고 세계지식재산권기구 다렌 탕Daren Tang 사무총장은 말했다.

생성형 AI 특허는 전 세계 AI 특허의 6%에 불과하지만, 출원 건수는 빠르게 증가하고 있다. 세계지식재산권기구는 AI의 대명사가 된 LLM의 기반이 되는 심층 신경망 아키텍처가 처음 도입된 2017년 이후 생성형 AI 특허가 8배 증가했다고 강조했다. 그중 대부분이 중국에서 출원되었다. 보고서에 따르면 2014년에서 2023년 사이에 3만 8,000개 이상의 생성형 AI 혁신이 중국에서 나왔다. 이는 2위인 미국의 6,276개보다 6배나 많은 수치다. 한국은 4,155개로 3위, 일본은 3,409개로 뒤를 이었다. 안타깝게도 우리나라는 이 기술의 활용도 면에서는 정부의 여러 가지 규제로 인해 15위권으로 밀려난다. 한편 1,350건의 생성형 AI 특허가 출원된 인도는 연평균 성장률이 56%로 가장 높았다고 세계지식재산권기구는 밝혔다.

생성형 AI 특허를 가장 많이 가진 기업은 1위부터 4위까지 텐

센트Tencent, 핑안 보험Ping An Insurance, 바이두Baidu, 중국과학원으로 중국이 차지했다. IBM은 5위에 그쳤으며, 중국의 알리바바Alibaba, 한국의 삼성전자, 미국의 알파벳이 그 뒤를 이었고, 중국 바이트댄스Bytedance와 미국의 마이크로소프트가 상위 10위 명단의 마지막 자리를 차지했다.

10년 동안 약 1만 8,000건의 특허가 검토되었으며, 텍스트와 음성, 음악이 각각 약 1만 3,500건으로 생성형 AI 특허 출원의 대부분을 차지했다. 세계지식재산권기구의 보고서에 따르면 분자, 유전자 및 단백질 기반 데이터를 사용하는 생성형 AI 특허는 2014년 이후 거의 1,500개의 발명이 이루어졌고 지난 5년 동안 연평균 78%의 성장률을 보이며 빠르게 성장하고 있다.

○ 어느 나라가 AI를 받아들일 준비가 되었을까?

기술 기업의 AI에 대한 투자는 AI가 얼마나 많이 사용되느냐에 따라 그 결과가 달라질 것이다. 앞서 이야기한 것처럼, 미국의 경우 기업의 단 5%만이 AI를 사용하고 있을 뿐이다. 국가별로 살펴보면 어느 나라가 AI 도입에 가장 적극적이고, 또 적합할까?

국제통화기금International Monetary Fund, IMF이 최근 발표한 보고서에 따르면, 덴마크가 AI 도입 준비성 지수에서 1위를 차지하며 가장 앞서 나가고 있는 것으로 나타났다. 이 조사에는 데이터센터와 첨단 칩에 대한 접근성과 같은 디지털 인프라와 AI 기업이 활용할 수 있는 인적 자본을 포함한 여러 요소를 고려해, 국가별로 0에서 1 사이의 척도로 측정했다.

덴마크가 IMF의 준비성 지도에서 0.78을 기록하며 AI를 수용하기에 가장 적합한 국가로 나타났다. 네덜란드, 독일, 핀란드, 스웨덴을 포함한 다른 서유럽 국가들도 순위에서 높은 점수를 받았다. 미국은 아메리카에서 가장 높은 점수인 0.77을 받았다.

중동에서는 아랍에미리트와 이스라엘이 AI를 시스템에 통합하는 데 가장 적합한 것으로 나타났으며, 동아시아 지역에서는 일본과 한국이 0.73점으로 공동 1위를 차지했다. 미국의 가장 큰 AI 경쟁자인 중국은 0.64점을 받았으며, 이는 말레이시아, 대만과 비슷한 수준이었다.

IMF는 AI가 부유국과 개발도상국 간의 격차를 더욱 심화시킬 수 있다는 점을 우려하며, 국제사회가 협력해 AI 기술에 대한 접근성을 개선해야 한다고 강조했다.

이 보고서는 우리에게 시사하는 바가 크다. AI는 단순히 기술의 발전을 넘어, 국가 경쟁력과 사회 전반에 큰 영향을 미치는 핵심 요소가 되고 있다. 따라서 우리나라를 비롯한 모든 국가는 AI 시대에 대비하기 위한 노력을 지속해야 한다. 여기에는 빠르게 발전하는 AI 관련 기술을 따라가기 위한 인력 양성, AI 시대를 살아가기 위한 제도 마련, AI 기술의 혜택을 모두가 누릴 수 있는 접근성 보장 등이 포함된다.

3.
2년 만에 드러난
문제점들

2024년 7월 사이버 보안 기업 크라우드스트라이크Crowdstrike의 소프트웨어 업데이트 오류로 인해 전 세계적으로 IT 마비 사태가 발생했다. 5,000편 이상의 항공편이 중단되었으며, 영국 전역에서 의료 서비스가 지연되었다. 호주의 소매업체에서는 현금 거래 외에는 모두 불통되었다. 금요일에 벌어진 이 사태에서 대부분 주요 시스템은 하루 만에 다시 온라인 상태가 되었지만, 많은 기업들이 이틀이 지난 일요일 오후에도 여전히 정상화되지 못했다. 그 피해를 금액으로 환산하면 10억 달러를 넘을 가능성이 크다. 이는 단순한 시스템 오류를 넘어, 우리가 AI 시대를 맞이할 준비가 얼마나 되어 있는지에 대한 심각한 질문을 던졌다.

많은 IT 전문가들이 이 사태에서 '과도한 중앙 집중화'를 근본 문제로 지적했다. 미래에는 AI가 모든 소프트웨어와 서비스에 깊숙이 침투해 새로운 운영 체제와 같은 역할을 할 가능성이 크다. 실제로 마이크로소프트는 이미 모든 프로그램에 AI를 내장할 계획을 세웠다. 그런데 이번 같은 사태가 더 강력한 AI 시스템에서 발생한다면 어떻게 될까? 일부 전문가들은 AI로 구동되는 IT 중단은 크라우드스트라이크 사태보다 10배 더 심각할 수 있다고 예측한다.

이것이 우리가 의료, 군사, 사법, 운송과 같은 중요한 분야에 AI를 배치할 때 극도로 조심해야 하는 이유다. 우리 삶의 필수적인 부분을 담당하는 시스템들이 AI에 의존하게 될 때, 시스템 오류는 단순한 불편함을 넘어 생명과 안전에 직접적인 위협이 될 수 있기 때문이다.

이러한 위험을 방지하기 위해 무엇이 필요할까? 가장 먼저 단일 시스템에 대한 의존도를 줄이고, 다양한 시스템을 분산해 운영할 필요가 있다. 또한 AI 시스템의 안전성을 확보하기 위한 강력한 보안 시스템을 구축함과 동시에 이 시스템을 감독하고 관리하는 인간의 역할을 강화해야 한다.

크라우드스트라이크 사건은 AI 시대를 맞이해 우리가 직면하게 될 다양한 위험에 대한 경고이자, 미래를 위한 준비를 시작해야 할 시점임을 알려주는 중요한 사건이다. 단순히 기술 개발에만 집중하기보다는, 기술의 안전성과 신뢰성을 확보하고 인간 중심의 AI 시대를 만들기 위한 노력이 필요하다.

○ AI 워싱에 주의하라

전문가들이 2030년까지 1조 달러 이상의 가치를 예상할 정도로 AI 분야는 거대하며 그 규모는 점점 더 커지고 있다. 주요 기술 기업과 스타트업들은 잠재력이 엄청난 AI 산업을 선점하고 영향력을 발휘하기 위해 AI를 전면에 내세운다. 그들의 제품에 생성형 AI 기술이 아주 조금 들어 있거나 전혀 들어 있지 않더라도 말이다. 또 기업들은 AI라는 타이틀을 사용하기 위해 이미 존재하는 AI 도구를 자사 제품에 덧붙일 수도 있다. 최근 규제 기관들은 이를 'AI 워싱'이라고 표현하며, 주요 기술 기업과 스타트업들이 AI 역량을 실제보다 부풀려 과시한다고 비난하고 있다.

실제로 2024년 아마존Amazon은 AI 카메라로 결제된다고 했던 무인 매장 아마존고AmazonGo에 1,000여 명의 인도인 근로자를 고용했다고 비난받았다. 이 카메라는 실제로는 AI 기능이 거의 없었으며, 단순히 인력을 저렴하게 대체하기 위한 목적으로 사용되었다는 것이다.

AI워싱의 문제점은 크게 세 가지로 볼 수 있다. 하나는 소비자의 피해다. 실제보다 뛰어난 기능을 기대하고 프리미엄 가격을 지불하기 때문이다. 두 번째는 투자자에게 혼란을 준다는 점이다. 투자자들은 실제로 AI를 잘 활용하는 기업과 AI 워싱에 가담하는 기업을 구분하기 어려워 투자 결정에 어려움을 겪을 수 있다. 마지막으로 AI 산업 전체의 신뢰가 저하된다. AI 워싱으로 인해 AI 산업에 전체에 대한 신뢰가 떨어질 수 있으며, 실제로 혁신적인 기술을 개발하는 기업까지 피해를 입을 수 있다.

AI 기술의 발전이 빠르게 진행되는 가운데, 기업들은 AI라는 이름을 빌려 과장된 주장을 하지 않도록 주의할 필요가 있다. 규제 기관의 강화된 집행 조치는 기업들이 AI 관련 주장에 더욱 신중하게 접근하도록 유도할 것이다. 또한, AI 워싱이 지속적으로 문제가 될 경우, AI 산업 전체에 대한 신뢰가 손상될 수 있다.

○ 검증되지 않은 AI 신제품 경쟁의 위험

AI 기능이 과장되는 AI워싱과 달리, 검증되지 않은 선도적 AI 도구로 인해 AI 산업에 신뢰가 줄어드는 문제도 심각하다.

점점 더 거대해지는 AI 시장을 선점하기 위해 마이크로소프트를 비롯해 애플Apple, 아마존, IBM 등 거의 모든 대기업이 자체 버전의 AI 기술, 특히 고급 생성형 AI 제품을 출시하고 있는 것은 놀라운 일이 아니다. 기업들은 경쟁에서 우위를 점할 수 있는 새로운 기능을 최대한 빨리 출시함으로써 가능한 한 많은 사용자를 자사 생태계에 묶어두기 위해 경쟁을 벌이고 있다. 그러나 때때로 최초 경쟁에 매몰되어 제대로 검증되지 않은 기능을 출시하기도 한다. 즉 기업들이 '제대로 익히지 않은' 제품을 출시해 결과적으로 신뢰도가 떨어지는 것이다. 비즈니스, 개인, 의료, 학술 등 연구 목적으로 이러한 결과물에 의존하면 평판 손상, 사업 손실, 심지어 생명 위험 등 원치 않는 결과를 초래할 수 있다.

AI 사고로 인해 여러 기업이 막대한 손실을 입은 사건이 실제로도 일어났다. 아이튜터iTutor라는 회사는 AI 알고리즘이 나이를 이유로 수십 명의 입사 지원자를 거부한 후 2023년에 36만 5,000달러의 벌금을 물었다. 부동산 마켓플레이스 질로Zillow는 AI 시스템의 잘못된 가격 예측으로 인해 2021년에 수억 달러의 손실을 입었다. 의료 자문을 AI에 의존한 사용자들도 위험에 처했다. 예를 들어 챗GPT는 혈압 강하제 베라파밀과 코로나19 치료제인 팍스로비드를 동시에 복용해도 되는지에 대해 부정확한 정보를 사용자에게 제공했다.

이렇게까지 치명적이지는 않더라도, 경력과 평판에 치명적일 수 있는 사례가 많다. 예를 들어, 대학교에서 과제를 내기 위해 챗GPT를 활용했다가 F학점을 받거나, 회사에서 보고서를 빨리 쓰려고 AI를 이용했다가 잘못된 정보를 기반으로 하게 되어 사업에 치명적 영향을 미칠 수도 있다.

인간이 AI를 지휘하고 연구 과정에 투명성을 높인다면 이러한 상황을 거의 모두 예방할 수 있다. 즉 AI와 인간은 협업하는 관계로 가야 한다. 더 강력한 검색, 서식 지정, 분석 기능도 좋지만, AI 제품 제조업체는 인간과 협업을 가능하게 하는 메커니즘도 포함해야 한다. 시스템에는 사용자가 챗GPT와 같은 도구의 보고서 결과를 검증하고 특정 데이터 요소나 정보의 원본 소스를 볼 수 있도록 하는 사실 확인 도구가 포함되어야 한다. 이를 통해 신뢰를 회복할 수 있다.

AI는 인간의 도움 없이도 계속 발전하고 있다. 가능성은 작지만 스스로 검증할 수 있는 AI 도구가 등장해 인간과 같은 방식으로 실제 세계와 비교해 결과를 확인함으로써 세상을 훨씬 더 나은 곳으로 만들거나 파괴할 수도 있다. 하지만 AI 도구가 많은 사람이 생각하는 것처럼 이른 시일 안에 그 수준에 도달하지는 못할 것이다. 이는 다시 말해 모든 연구 프로젝트에서 인간적 요소는 여전히 필수적이라는 뜻이다. AI 도구가 데이터를 발견하고 정보를 정리하는 데는 뛰어나지만, 맥락을 평가하고 인간이 필요로 하는 방식으로 그 정보를 사용하는 데는 신뢰가 낮다. 당분간은 연구자들이 AI 도구를 인간과 인간의 두뇌를 대체하는 도구가 아니라 업무를 수행하는 데 도움이 되는 노구로 인식하는 것이 중요하다.

○ 인터넷이 AI 생성물로만 채워질 때 벌어지는 일

AI에 인간이 필요한 이유는 또 다른 연구에서도 밝혀졌다. 생성형 AI가 대중에게 소개되어 뜨거운 관심을 받은 지 2년도 채 되지 않아 심각한 문제점이 발견되었다. 바로 콘텐츠의 질 저하다.

생성형 AI를 비롯한 AI는 수많은 기존 데이터를 학습해서 콘텐츠를 생성한다. 그 데이터는 인간이 소화할 수 없는 만큼의 많은 양이다. 챗GPT와 같은 AI의 알고리즘은 테라바이트 규모의 온라인 기사, 각종 웹사이트 게시물, 유튜브Youtube 댓글, 틱톡Tiktok 캡션 등을 스크리닝해서 인간과 유사한 콘텐츠를 만드는 법을 배운다. AI 모델이 더 정교해지려면 더 많은 새로운 콘텐츠를 포착해야 한다.

그런데 생성형 AI가 대중화되어서 사람들이 AI로 만든 텍스트를 온라인에 게시하면 할수록 AI는 새로운 콘텐츠를 흡수하지 못한 채 조금 다르게 생성한 기존 콘텐츠만을 학습하게 된다.

〈네이처〉에 따르면 텍스트 기반 생성형 AI 알고리즘을 AI가 생성한 콘텐츠로만 학습하면 단 몇 번의 학습만으로도 전혀 말도 안 되는 결과를 낳는다는 사실이 밝혀졌다. 결국에는 모델이 붕괴될 수 있으며, AI가 생성한 학습 데이터가 늘어나면 노이즈에 압도되어 일관성 없는 헛소리만 생성될 수 있다.

생성형 AI가 종종 '환각'을 한다는 것은 널리 알려진 일이다. 그런데 네이처가 말한 모델 붕괴는 이와는 다른 문제로, AI가 자체적으로 생성한 데이터로 학습한 것이 세대를 거쳐 저하되는 현상이다. 이는 유전적 근친 교배와 비슷해 자손이 질병을 유전받을 확률이 더 높아지는 것과 같다. 컴퓨터 과학자들은 이 문제를 오랫동안 알고 있었지만, 대규모 AI 모델에서 어떻게, 그리고 왜 발생하는지는 미스터리였다.

새로운 연구에서 연구자들은 사용자 지정 LLM을 구축해 위키피디아 항목에서 학습시켰다. 그런 다음 자체 출력에서 생성된 데이터 세트를 사용해 9회에 걸쳐 미세 조정하고 출력물의 품질을 측정했다. 그러자 단 몇 회 만에 AI의 결과물 품질이 눈에 띄게 저하되었다. 횟수가 늘수록 일관된 응답을 쏟아냈고, 가끔씩 의미 없는 기호가 포함되었다. 다섯 번째 세대에서는 텍스트가 원래 주제에서 완전히 벗어나 다른 논의로 전환되었다.

연구팀은 자체 생성 데이터로 학습된 AI는 종종 반복적인 문구를 생성한다고 설명했다. 이는 프롬프트의 언어가 아니라 학습 절차에 내재된 문제임을 시사한다. 마지막에 AI는 결국 고장 났는데, 그 이유 중 하나는 세대를 거듭하며 학습 데이터 일부를 점차 잊어버렸기 때문이다.

이런 일은 사람에게도 일어난다. 우리 뇌는 자연스럽게 기억을 지운다. 하지만 우리는 세상을 경험하면서 새로운 정보를 입력한다. 따라서 잊는 것은 사람에게는 그다지 큰 문제가 되지 않는다. 하지만 인터넷에서만 배울 수 있는 AI에게는 큰 문제다.

이 연구는 텍스트에 초점을 맞추었지만, 결과는 멀티모달 AI 모델에도 영향을 미칠 수 있다. AI가 첫 학습 데이터에서 골든리트리버, 프렌치불도그 같은 일반적인 품종과 함께 쁘띠 바셋 그리펀 벤딘 같은 독특한 품종을 본다고 가정해보자. 개를 그려달라고 요청하면 AI는 데이터가 가장 많은 골든리트리버처럼 보이는 그림을 그릴 가능성이 크다. 그리고 후속 모델이 골든리트리버의 특징을 과도하게 표현한 이 AI 생성 데이터 세트로 학습하게 되면 결국 덜 인기 있는 개 품종은 잊게 된다.

이 문제는 또한 전 세계 AI 접근성과 공정성에 대한 과제이기도 하다. 자체 생성 데이터로 학습된 AI는 많이 접하지 않은 독특한 것을 간과하기 때문에 사회적 약자도 잊게 될 수 있다.

이와 같은 문제를 해결하고자 제안된 한 가지 방법이 AI가 생성한 데이터에 포함된 디지털 서명인 워터마크를 사용하는 것이다. AI 생성물에 워터마크를 표시하는 것은 저작권 문제를 포함해 여러 문제를 해결하기 위함인데, 이를 구별함으로써 사람들이 학습 데이터 세트에서 제거하는 데도 활용할 수 있다. 구글을 비롯해 메타, 오픈 AI 등이 모두 이 아이디어를 제안했지만, 단일 프로토콜로 협의가 될지는 알 수 없다. 또 워터마크가 만병통치약도 아니다. 여기에 동의하지 않는 기업이 등장할 수도 있고, 심지어 귀찮아서 워터마크를 생략할 수도 있다.

생성형 AI가 세상을 바꾸고 있다는 것은 부인할 수 없다. 하지만 이 연구는 인간에게서 나온 오리지널 결과물 없이는 시간이 지남에 따라 유지되거나 성장할 수 없다는 것을 시사한다.

4.
AI 개발과 기후변화 저지 중
택해야 한다면?

기술 혁신은 항상 설명할 수 없는 부작용을 동반한다. AI의 발전은 그동안 우리가 해답을 찾지 못했던 난치병의 치료, 기아의 해소, 온난화의 해답 등을 찾아줄 것이라는 기대를 갖게 한다. 그런데 막상 AI가 발전하다 보니 다른 유형의 컴퓨팅보다 더 많은 에너지가 필요하다는 사실이 밝혀졌다. IEA는 최근 GPT-3 Generative Pre-trained Transformer 3와 같은 모델을 훈련하는 데 약 1,300메가와트시의 전기가 사용된다고 보고했다. 이는 미국 130가구의 연간 전력 소비량과 거의 같다. 더욱 진보된 GPT-4를 훈련하는 데는 50배 더 많은 전력이 사용된 것으로 추정된다.

전반적으로 AI의 성장을 유지하는 데 필요한 연산 능력은 약 100일마다 2배로 증가하고 있다.

구글과 마이크로소프트가 2023년에 각각 24테라와트시의 전력을 소비한 것으로 나타났다. 이는 아이슬란드, 튀니지, 아제르바이잔, 가나 등 100개국의 에너지 총소비량(19테라와트시)보다 많은 양이다. AI 시대 이전에는 일반적으로 데이터센터가 전 세계 전력 수요의 약 1%를 차지하는 것으로 추정되었다. IEA 보고서에 따르면 2022년 데이터센터, 암호화폐, AI를 합쳐 전 세계적으로 460테라와트시의 전기를 사용했으며, 이는 전 세계 전력 총수요의 약 2%에 해당한다. IEA는 이 수치가 2026년까지 2배로 증가할 것으로 추산했는데, 이는 2022년 전 세계 전력 소비량의 약 9%에 해당하는 수치다.

○ 같은 결과라도 챗GPT 검색이 구글 검색보다 에너지 10배 쓴다

AI는 얼마나 많은 에너지를 사용할까? 챗GPT에 물었더니 이렇게 답한다.

'AI 시스템은 복잡성과 사용에 따라 에너지 소비량이 크게 다르지만 일반적으로 데이터를 효율적으로 처리하고 분석하는 데 상당한 양의 전기가 필요합니다.'

일부 추정에 따르면, 이 응답을 하는 데 구글 검색의 약 10배의 전기를 사용했다. IEA의 1월 보고서에 따르면, 인기 있는 AI 기반 대화형 서비스인 챗GPT를 실행하는 데 평균 2.9와트시의 전력이 소요된다고 밝혔다. 이는 60와트 전구를 3분 동안 켜는 것과 동일한 전력 사용량이며, 이는 평균 구글 검색에 필요한 에너지의 거의 10배에 해당하는 수치다. 연간 약 90억 회에 달하는 구글이 모든 검색어를 AI로 전환한다면 구글의 전력 사용량이 엄청나게 증가할 수 있다. 문제는 이것이 그저 한 플랫폼의 사용자에 불과하다는 점이다.

사용자가 챗봇이나 생성형 AI에 요청을 입력할 때마다 요청이 데이터센터로 전송된다. AI가 더 많아질수록 서버는 더 뜨거워지므로 냉각을 위해 더 많은 전기가 필요하다. IEA는 2024년 초 보고서에서 일반적으로 데이터센터가 컴퓨팅에 약 40%, 냉각에 40%의 전기를 사용한다고 밝혔다.

챗GPT 제조업체 오픈AI에 투자하고 생성형 AI를 제품의 핵심으로 배치한 마이크로소프트는 최근 데이터센터 확장으로 인해 2020년 이후 이산화탄소 배출량이 30% 가까이 증가했다고 발표했다. 구글의 탄소 배출량은 2023년에 13% 증가했으며(2019년 대비 48% 증가), 1,430만 톤의 이산화탄소를 배출했다. 이는 가스 화력발전소 38개가 배출하는 양과 동일하다. 구글의 탄소 배출량 급증에는 AI 모델 훈련 및 운영에 막대한 양의 전력이 필요한 데이터센터 확장이 가장 큰 영향을 미친 것으로 분석된다. 실제로 구글 데이터센터는 2023년에만 100만 톤의 탄소를 배출했다.

아마존, 구글, 마이크로소프트와 같은 AI 및 데이터센터의 주요 기업들은 막대한 양의 재생에너지를 구매해 탄소 발자국을 줄이기 위해 노력해 왔다. 구글과 마이크로소프트 모두 2030년까지 탄소 배출량을 0으로 하는 순배출 제로나 마이너스 목표를 설정했다. 또한 오염이 없는 에너지로 운영하겠다고 약속했다. 아마존웹서비스 Amazon Web Service, AWS는 2040년까지 탄소중립 기업이 되는 것을 목표로 한다. 하지만 AI 개발 경쟁으로 인해 이들 기업의 탄소 배출이 오히려 늘어나는 지경에 이르렀다.

이 모든 에너지로 인한 대가는 개발자뿐만 아니라 지구가 치르게 된다. 2023년 에너지 관련 이산화탄소 배출량은 374억 톤으로 사상 최고치를 기록했다. AI를 구동하는 데 필요한 에너지와 그에 따른 탄소 배출에 그만한 가치가 있을까? 지구의 건강을 훼손하지 않고 AI의 무한한 잠재력을 어떻게 활용할 수 있을까?

○ AI 산업, 에너지 효율성을 개선할 수 있을까?

이제 사회는 몇 가지 까다로운 질문과 씨름하게 되었다. AI의 경제적, 사회적 이점이 AI 사용의 환경적 비용을 능가할까? 그리고 더 구체적으로, 에너지 전환을 위한 AI의 이점이 에너지 소비 증가를 능가할까?

보고서에 따르면 AI는 2030년까지 전 세계 탄소 배출량의 5~10%를 완화하는 데 도움을 줄 잠재력이 있다고 예측한다. 그렇다면 적절한 균형을 이루기 위해 무엇이 필요할까?

EU를 포함한 규제 기관은 에너지 소비를 기록하는 기능을 갖춘 시스템 설계를 요구하는 조항을 만들기 시작했다. 한편 기술 발전이 AI의 에너지 수요를 해결하는 데 도움이 될 수 있으며, 더욱 진보된 하드웨어와 처리 능력은 AI의 에너지 효율성을 개선할 것으로 예상된다.

연구자들은 새로운 가속기, 성능이 크게 향상된 3D 칩과 같은 새로운 기술, 새로운 칩 냉각 기술과 같은 특수 하드웨어를 설계하고 있다. 컴퓨터 칩 제조업체인 엔비디아는 새로운 '슈퍼 칩'이 생성형 AI 서비스를 실행할 때 성능을 30배 향상시키고 에너지는 25배 적게 사용한다고 주장한다.

데이터센터도 더욱 효율적으로 변하고 있다. 더 저렴한 전력에 더 많은 작업을 수행하며, 새로운 냉각 기술이 에너지 효율성을 더욱 높이려는 방법이 탐구되고 있다.

더불어 전반적인 데이터 사용량을 줄이는 방법도 중요해질 것이다. 예를 들어 생성되어 저장되지만 다시 사용되지 않는 데이터인 다크 데이터 문제 등이 여기에 해당한다. 그리고 AI를 사용할 때 규모가 작은 작업에는 소규모 언어 모델 사용하도록 하는 등 사용 목적에 따라 사용되는 AI 모델도 달라질 것이다.

○ AI 개발과 기후변화 저지를 동시에 이루는 법

AI 자체가 에너지 그리드에 압력을 가하는 유일한 요인이 아니다. 빅테크 기업들은 오픈AI가 2022년 말 챗GPT를 출시한 이후 모든 제품을 AI로 포장하기 위해 서두르고 있다. 많은 전문가들이 이러한 신제품으로 인해 전기 사용량이 급증할 것을 우려하고 있다.

이 문제를 해결하지 않고는 순배출 제로 경제로의 전환은 허상에 불과하다. 데이터센터 운영자는 원자력 기술과 같은 대체 전력 옵션을 탐색해 사이트에 전력을 공급하거나 수소와 같은 저장 기술을 사용해야 한다.

한편 AI는 기존 전력망에 필요한 막대한 양의 재생에너지를 통합하는 데 중요한 역할을 할 수 있다. 재생에너지 생산의 간헐성은 종종 적절한 환경 조건이 갖추어졌을 때는 과잉 생산하고 그렇지 못할 때는 생산량이 터무니없이 줄어들어 에너지 낭비나 그리드 불안정으로 이어진다. 이럴 때 AI는 날씨 패턴에서 에너지 소비 추세에 이르기까지 방대한 데이터 세트를 분석해 놀라운 정확도로 에너지 생산을 예측할 수 있다. 그 결과를 가지고 에너지 집약적인 작업 일정을 조절하고 에너지 부하를 조절할 수 있다. 이를 통해 최적의 그리드 안정성, 효율성 및 24시간 내내 깨끗한 전력을 보장할 수 있다.

AI를 포함한 디지털 기술은 에너지 분야를 포함한 여러 분야가 탄소중립을 달성하는 데 크게 기여할 수 있다.

AI는 또한 건물 모델링에서 에너지 사용량을 예측하고 난방 및 에어컨 성능 최적화, 예측 유지 관리를 통한 제조 효율성 개선에 이르기까지 탄소 집약 산업의 에너지 효율성을 혁신하는 데 도움이 된다. 농업에서는 센서와 위성 이미지가 작물 수확량을 예측하고 자원을 관리하는 데 도움이 된다. AI의 에너지 사용과 배출량을 사회적 혜택과 균형 있게 맞추려면 복잡하고 상호 연결된 여러 과제가 필요하며, 다양한 이해관계자의 접근 방식이 필요하다.

AI 기술은 우리 삶에 혁신을 가져오지만, 동시에 환경에 미치는 영향에 대한 우려도 제기되고 있다. 기후변화 문제 해결을 위해서는 기술 발전과 환경 보호 사이에서 균형을 맞추는 노력이 필요하다. 기술 기업, 정부, 시민 사회가 협력해 지속 가능한 미래를 위한 해결책을 모색해야 한다.

AI 기술의 지속 가능한 발전을 위해 에너지 효율적인 AI 모델 개발 노력이 필요하다. 또한 재생에너지 사용 확대, AI 모델 운영 최적화 등 다양한 노력을 통해 AI 산업의 에너지 소비량을 줄여야 한다. AI의 미래는 단순히 기술적 발전뿐만 아니라 그것이 어떻게 지속 가능하게 관리되는지에 달려 있다는 사실을 잊어서는 안 될 것이다.

5.
범죄도 진화시키는
AI

　새로운 기술은 인류에게 편리함을 선사해주지만 한편으로는 이를 악용하는 사람들도 빠르게 나타난다. 이들은 기술의 허점을 보완하고 정비하기도 전에 온갖 악의적인 방법으로 신기술을 이용한다. AI 역시 예외가 아니다. 이 강력한 도구는 사이버 범죄자, 사기꾼, 국가 관련 범죄자들에 의해 점점 더 악용되고 있으며, 이로 인해 복잡하고 기만적인 사기 수법이 급증해 문제가 되고 있다.

　생성형 AI는 방대한 데이터 세트에서 인간과 유사한 텍스트, 사실적인 이미지, 오디오 등 다양한 형태의 콘텐츠를 생성하는 놀라운 능력으로 인해 빠르게 주목받았다. 챗GPT, 달리DALL-E, GANgenerative adversarial networks, 생성적 대립 신경망: 딥러닝의 일종으로 더 확실한 새 데이터를 생성하기 위해 두 신경망을 서로 경쟁하도록 훈련시키는 방법 같은 모델은 이와 관련해 탁월한 역량을 입증했다. 하지만 딜로이트Deloitte의 한 보고서는 생성형 AI의 이중적 특성을 강조하며 기만적 AI를 경계해야 한다고 경고했다. 개인을 속여 민감한 정보를 공개하도록 유도하는 피싱은 이제 생성형 AI를 활용해 진위를 구별하기 더 힘들어졌다. 가짜 은행 알림이나 유혹적인 제안과 같은 이러한 이메일은 인간의 심리를 이용해 수신자를 속여 민감한 데이터를 제공하도록 유도한다. 오픈AI는 자사 모델의 불법적인 사용을 금지하고 있지만, 실제로 이를 막기는 쉽지 않다. 선의의 제안이 악의적인 사기로 쉽게 변할 수 있기 때문에 오용을 탐지하고 방지하기 위해서는 인간 검토자와 자동화된 시스템 모두의 노력이 필요하다.

마찬가지로 금융 사기 역시 AI의 발전과 함께 증가했다. 생성형 AI는 투자자를 속이고 시장 심리를 조작하는 콘텐츠를 만들어 사기를 조장한다. 일반적인 은행 챗봇처럼 보이지만, 오로지 속이기 위해 설계된 챗봇을 만난다고 상상해보라. 생성형 AI가 이러한 챗봇을 구동해 사용자로부터 민감한 정보를 빼내면, 피해자는 금전적 손해는 물론, 기밀 데이터 또는 액세스 자격 증명에 대한 요청의 희생양이 된다.

○ 생성형 AI의 딥페이크 문제

그중에서도 가장 큰 문제는 딥페이크deep fake다. AI가 생성한 실제와 같은 동영상, 오디오 클립 또는 이미지를 만드는 것이다. 세계

경제포럼의 〈글로벌 리스크 보고서 2024〉는 잘못된 정보와 허위 정보가 향후 몇 년간 심각한 위협으로 간주되어 국내 선전과 검열이 증가할 가능성이 있음을 강조한다.

GAN과 악의가 결합해 탄생한 딥페이크는 특히 정치적으로 악용되는데 실제로 조 바이든Joe Biden 미국 대통령을 사칭해 뉴햄프셔 유권자들을 혼란스럽게 만들었고 슬로바키아에서는 AI가 생성한 오디오 녹음이 자유주의 후보를 사칭해 선거 결과에 영향을 미치는 등 국가의 정치에 영향을 미치는 유사한 사건이 여러 건 보고되었다. 딥페이크와 AI 생성 콘텐츠의 급속한 확산으로 인해 유권자가 진실과 거짓을 구별하는 것이 점점 더 어려워지고 잠재적으로 유권자 행동에 영향을 미치고 민주적 절차가 훼손되는 것이다. 그 결과 선거가 흔들리고 기관에 대한 대중의 신뢰가 줄어들고 사회적 불안이 촉발될 수 있으며, 폭력으로 이어질 수도 있다.

더욱이 AI로 유해 콘텐츠를 생성할 때 특정 인구를 표적으로 삼을 수도 있다. 예를 들어, 젠더에 관한 허위 정보는 고정관념과 여성 혐오를 부추기고 취약 계층을 더욱 소외시킨다. 이러한 캠페인은 대중의 인식을 조작해 광범위한 사회적 피해를 초래하고 기존의 사회적 분열을 심화시킨다. 우리나라에서도 딥페이크 기술을 이용한 허위 합성 음란물을 공유하는 채팅방이 사회적인 문제가 되고 있다. 이런 성범죄는 심지어 초등학교에까지 번지는 등 심각해 대책이 필요하다.

금융 사기에도 딥페이크가 활용되었다. 영국의 건축 설계 기업 아룹Arup은 2,600만 달러 규모의 딥페이크 사기의 피해를 입었는데,

재무 담당자가 회사 임원을 사칭하는 사기범과의 화상 통화에서 AI 가 생성한 목소리와 이미지에 속아 자금을 이체한 것이다.

AI 기술의 급속한 발전은 종종 제도를 앞지르기 때문에 신중하 게 관리하지 않으면 잠재적인 사회적 피해로 이어진다.

○ AI 날개 단 기존 범죄들

사이버 범죄자들은 공격을 강화하기 위해 생성형 AI 점점 더 많이 악용하고 있으며, 이는 심각한 사이버 보안 위협을 불러온다. GPT-J 모델을 기반으로 하는 웜GPTWormGPT는 윤리적 제한 없이 악의적인 활동을 쉽게 한다. 실제로 슬래시넥스트SlashNext의 연구원 들이 이를 사용해 매우 설득력 있는 사기성 인보이스 이메일을 제 작했다. 텔레그램 채널에서 유포되고 있는 프라우드GPTFraudGPT 역시 복잡한 공격을 위해 설계되었다. 이 AI 도구는 악성 코드를 생 성하고, 그럴듯한 피싱 페이지를 만들고, 시스템 취약점을 식별할 수 있다. 이러한 도구의 등장은 사이버 위협이 점점 더 정교해지고 있으며 강화된 보안 조치가 시급히 필요하다는 점을 강조한다.

현재 AI는 규제의 회색 지대에서 작동하고 있으며, 정책 입안자 들이 기술 발전에 발맞추려면 엄청나게 노력해야 한다. 오용을 제한 하고 AI를 이용한 사기 행위로부터 대중을 보호하기 위해서는 강력 한 프레임워크가 시급하다.

혁신과 보안 사이의 균형을 유지하는 것은 AI 기반 범죄 문제를 해결하는 데 중요하다. 과도한 규제는 발전을 제한할 수 있고, 느슨한 감독은 혼란을 야기할 수 있다. 지속 가능한 발전을 위해서는 안전을 훼손하지 않으면서 혁신을 촉진하는 규제가 필수적이다.

또한 AI 제작자는 윤리적 책임을 져야 한다. AI 모델은 보안과 윤리를 염두에 두고 설계되어야 한다. 편향성 탐지, 견고성 테스트, 적대적 학습과 같은 기능을 통합하면 악용에 대한 복원력을 강화할 수 있다. 개발자는 잠재적인 오용 가능성을 예측하고 위험을 효과적으로 완화할 수 있는 AI 모델에 대한 대책을 마련해야 한다.

○ AI 범죄를 막기 위해 무엇을 해야 하는가

AI 기반 생성 모델의 기만적인 사용에 대응하기 위한 전략에는 안전 조치 개선과 이해관계자 간의 협업을 포함한 다각적인 접근 방식이 필요하다. 조직은 전문 지식을 활용해 오용 패턴을 식별하고 모델을 개선하기 위해 AI가 생성한 콘텐츠를 평가하는 인간 검토자를 두어야 한다. 고급 알고리즘이 탑재된 자동화된 시스템은 사기, 악의적인 활동, 잘못된 정보 등의 위험 신호를 감지해 사기 행위에 대한 조기 경보 시스템 역할을 할 수 있다. 또한 기술 기업, 법 집행기관, 정책 입안자 간의 협력은 AI 기반 사기를 탐지하고 예방하는 데 필수적이다.

한편 이런 콘텐츠를 생성하는 AI를 만드는 기업들이 나서서 워터마크 삽입 프로세스를 추가해 콘텐츠 진위성 여부를 밝히는 데 앞장서야 한다. 실제로 어도비Adobe, 인텔Intel, 마이크로소프트 등 90여 개 기업이 참여한 C2PACoalition for Content Provenance and Authenticity, 콘텐츠 출처 및 진위 확인 연합를 만들어 콘텐츠의 출처와 기록 또는 출처를 인증하기 위한 기술 표준 개발을 통해 온라인에서 허위 정보의 확산을 해결하려는 움직임이 있다.

이처럼 AI와 관련된 위험을 완화하기 위해 개발자와 조직은 강력한 보호 장치, 투명성 조치 및 책임 프레임워크를 구현해야 한다.

한편 기술적 조치 외에도 개인이 디지털 정보의 복잡한 환경을 탐색할 수 있도록 역량을 강화하려면 미디어 활용 능력과 비판적 사고에 관한 공교육이 필수적이다. 학교, 도서관, 지역사회 조직은 이러한 기술을 장려하면서 동시에 개인이 정보 소스를 비판적으로 평가하고 잘못된 정보를 식별하며, 정보에 입각한 결정을 내릴 수 있는 능력을 개발하도록 교육 프로그램을 제공해야 한다.

AI가 계속해서 세상을 변화시키는 동안 디지털 안전과 정보 무결성을 끊임없이 추구해야 한다. 이는 한 단체, 한 국가에 국한된 문제가 아니기에, 기업과 정부, 개인이 모두 자신이 할 수 있는 일을 하면서 AI의 이점을 활용하는 동시에 위험으로부터 보호해야 한다.

6.
AI 제도화의
발걸음

2024년 1월, 브라질 남부 도시 포르투 알레그레 시의회 의원 라미로 로사리오Ramiro Rosrio는 도난당한 물 소비량 측정기 교체 비용을 지역 주민들에게 내도록 강요하는 것을 막기 위한 법안을 제안했다. 특이한 점은 이 법안이 챗GPT에 의해 작성되었다는 점이다.

로사리오 의원은 챗GPT를 이용해 초안을 작성했으며, 이 초안을 거의 수정하지 않고 시의회에 제출했고 의회는 이를 인지하지 못한 채 법안을 통과시켰다.

이 사례는 AI 기술의 활용, 특히 법률 제정 분야에서의 윤리적 문제를 불러일으켰다. 먼저 AI가 작성한 법안이 실제로 정확하고 적절한지에 대한 의문이 제기되었다. AI는 아직 개발 초기 단계이며, 편견이나 오류가 발생할 가능성이 존재하기 때문이다. 로사리오 의

원이 처음에 챗봇이 법안 작성에 참여했다는 사실을 밝히지 않았다는 점도 문제가 되었다. 이는 시의회 의원들이 제대로 정보를 공유하지 않은 상태에서 중요한 결정을 내린다는 비판을 받았다.

로사리오는 AP통신과의 인터뷰에서 "내가 사전에 그 사실을 공개했다면 그 제안은 투표조차 되지 않았을 것"이라며 "단순히 AI가 작성했다는 이유만으로 프로젝트가 승인되지 않을 위험을 감수하는 것은 인류에게 불리한 일"이라고 말했다.

포르투 알레그레의 시의회 의장인 해밀턴 소스마이어Hamilton Sossmeier는 소셜 미디어에 법안 통과를 자랑한 후에야 로사리오의 계획을 알게 되었고, 그를 비난하며 챗GPT가 때로 현실과 거리가 있고 편향이 있을 수 있으며, 심지어 데이터를 요약할 때 완전히 꾸며낸 숫자를 내놓기도 한다고 말했다.

로사리오는 의회를 속이고 챗GPT를 사용했지만, AI 기술의 발전과 더불어, 정부기관이나 기업에서 AI를 활용하는 사례는 점점 늘어나고 있다. 이와 함께 AI가 작성한 문서나 코드를 기반으로 의사결정을 내리는 경우도 증가하고 있다. AI 기술의 신뢰성과 윤리적 문제에 대한 논의가 충분히 이루어지지 않은 점은 큰 문제다. 앞으로 AI 기술이 더욱 발전하고 사회 전반에 널리 활용된다면, 이러한 문제는 더욱 심각해질 가능성이 크다. 따라서 AI 기술의 윤리적 사용을 위한 사회적 합의와 제도적 장치 마련이 시급하다.

다행히 여러 국가와 지역에서 AI 기술을 다루는 법안을 적극적으로 도입하고 있다. 각국은 그들만의 접근 방식을 통해 AI 규제를 시행하고 있다. 영국은 부문별 접근 방식을, EU는 위험 기반 접근 방식을 채택하고 있다. 미국의 경우 아직 포괄적인 연방 AI 법은 없지만, 특정 이슈를 다루는 연방 법안들이 도입되고 있다.

미국은 2023년 AI 관련 세 가지 법안을 내놓았다. AI 연구, 혁신 및 책임에 관한 법률Artificial Intelligence Research, Innovation and Accountability Act은 AI 혁신 및 책임 강화를 위해 위험 평가, 디지털 콘텐츠 출처 표준, 자체 인증 등의 요구를 포함한 법안이다. AI 기반(실제) 정치 광고 노출 의무화 법Require the Exposure of AI-Led(REAL) Political Advertisements Act은 선거 운동 광고에 AI가 생성한 이미지나 비디오 내용이 포함될 경우 이를 명시하기 위한 법안이다. AI 생성 콘텐츠 법에 대한 자문Advisory for AI-Generated Content Act은 AI 생성 콘텐츠의 사용 방식을 명시하고, 이를 투명하고 책임감 있게 관리하기 위한 가이드라인을 제공하는 법안이다.

EU도 2024년 관련 법안을 내놓았다. EU AI 법AI Act은 AI 시스템을 위험 기반으로 분류하고 규제하는 법안이다. 다양한 위험 수준에 따라 AI를 분류하고, 이에 맞는 규제조치를 적용한다. AI 책임 지침Artificial Intelligence Liability Directive, AILD은 AI 제공자 및 사용자의 잘못과 발생한 피해 간의 인과관계를 인정하는 법안이다.

○ 미국 주정부 발 빠르게 AI 규제

미국 연방정부의 규제 움직임이 정체된 상황에서, 캘리포니아와 콜로라도 주정부는 빠르게 발전하는 AI 기술을 통제하기 위한 법률을 통과시키며 선도적인 역할을 하고 있다. 두 주에서는 AI 시스템의 위험성과 그로 인한 소비자 보호를 위해 각각 새로운 법안을 추진했다.

캘리포니아는 미국 내에서 AI 규제 논의에 가장 앞선 주로 꼽힌다. 2018년에는 '자율주행차 윤리 가이드라인'을 발표해 업계 표준을 제시했으며, 2019년에는 'AI 개인정보 보호법'을 통과시켜 AI 개발 및 활용 과정에서 발생하는 개인정보 보호 문제를 해결하고자 했다. 2020년에는 '딥페이크 규제법'을 제정해 허위 정보 유포를 막는 데 앞장섰고, 2023년에는 '사회적 신용 점수 금지법'을 통과시켜 AI 기반 사회적 신용 점수 시스템의 악용을 막는 등 발 빠르게 대처했다.

최근 캘리포니아 입법자들은 AI 개발 및 활용에 대한 포괄적인 규제를 마련하기 위해 노력하고 있다. 캘리포니아는 두 가지 주요 법안을 통해 AI 규제를 강화하고 있다. 하나는 AB 2930으로, 중요한 의사 결정에 사용되는 AI 시스템을 규제한다. 구체적으로는 알고리즘의 차별 위험을 평가하고 이를 방지하기 위한 영향 평가, 고지 및 공개 요구 사항을 개발자와 사용자에게 부과하는 법안이다. 두 번째 법안은 SB 1047로, 구체적인 기술 능력을 가진 AI 시스템을 규제한다. 구체적으로는 공공 안전의 위험을 다루기 위해 프런티어 AI모델 법Frontier Artificial Intelligence Models Act을 통한 안전하고 보안을 갖춘 혁신을 추구한다.

콜로라도 역시 2019년부터 AI 관련 법을 제정해 왔는데 주로 소비자 보호에 초점을 맞췄다. 우선 2019년에는 'AI 딥페이크 및 합성 미디어 규제법'을 통과시켜 딥페이크 기술을 이용한 허위 정보 유포를 규제했으며, 2022년에는 'AI 기반 고용 결정 금지법'을 제정 했다. 이는 AI 시스템의 편향성으로 인해 특정 집단에 대한 차별이 발생할 수 있다는 우려에서 비롯된 조치다.

한편 콜로라도 주정부는 SB 205 법안에서 고위험 AI 시스템의 개발자와 사용자에 대한 포괄적인 규제 프레임워크를 수립했다. 고위험 AI 시스템은 소비자에게 중요한 영향을 미치는 의사 결정에 관여하는 시스템으로 정의된다.

주요 내용은 알고리즘 차별로부터 소비자를 보호하기 위한 합리적인 주의 의무를 부과했으며, 소비자와 상호작용하도록 설계된 AI 시스템을 배포하는 기관은 이를 소비자에게 고지하도록 했다. 개발자는 유해하거나 부적절한 사용, 학습 데이터, 데이터 거버넌스 조치, 성능 평가 및 알고리즘 차별 위험과 관련된 정보를 사용자에게 공개해야 한다.

캘리포니아와 콜로라도의 새로운 법안은 AI 기술의 투명성, 책임성 및 공정성을 촉진하고자 하는 주정부의 노력이다. 이러한 주정부의 선도적인 움직임은 전국적인 AI 규제의 중요성을 불러일으키며, 연방 차원의 규제 노력에 중요한 사례가 될 것이다. 실제로 미국에서는 캘리포니아와 콜로라도 외에도 일리노이, 메릴랜드, 뉴욕 등 여러 주에서 AI 규제 관련 법안의 논의가 시작되었다.

○ EU, AI 규제 강화 위한 AI 사무국 설립

EU는 AI 개발을 규제하고 새로 승인된 AI 법률을 시행하기 위해 'AI 사무국'을 설립했다. 이 사무국은 기술 전문가, 변호사, 정치학자, 경제학자 140명으로 구성되어 있으며, AI 위험을 관리하고 규제 및 관리 방식을 살펴봄으로써 선례를 세울 것으로 예상된다.

AI 사무국은 다섯 개 부서로 구성되었다. AI 법률 준수를 감독하고 관련 규정을 개발하는 부서, AI 시스템의 안전성을 평가하고 위험 완화를 위한 방안을 마련하는 부서, 유럽의 AI 및 로봇공학 연구 개발을 지원하고 경쟁력을 강화하기 위한 부서, AI 기술을 사회 문제 해결에 활용하기 위한 정책을 개발하는 부서, AI 기술 발전을 촉진하고 관련 정책을 조정하는 부서다.

AI 사무국의 설립은 EU가 AI 규제에 적극적으로 나서고 있음을 보여준다는 점에서 상징적이다. AI 시스템의 안전성을 확보하고 윤리적 사용을 촉진하기 위한 노력과 함께 AI 기술 발전을 촉진하고 유럽의 경쟁력을 강화하기 위한 전략도 담고 있다.

2024년 3월에 공식적으로 통과된 EU AI 법은 2026년 8월 2일까지 모든 EU 내 기술 기업이 준수해야 한다. 이 규정은 AI 도구의 특정 사용을 금지하고 개발자에게 투명성 요구 사항을 부과하는 포괄적인 규칙이다. 법안의 실행을 날짜별로 살펴보면 다음과 같다.

■ 2024년 3월: 법안 통과(2년 논의)
■ 2024년 8월 1일: AI 법 발효

- 2025년 2월 2일: '허용할 수 없는 위험'으로 간주되는 AI 시스템(예: 성적 지향 또는 종교 추론, 무차별적인 얼굴 스크래핑, 감정 인식 시스템)을 금지한다.
- 2025년 5월 2일: 개발자는 AI 시스템 작동 방식을 설명하는 실행 강령을 제출해야 한다.
- 2025년 8월 2일: 챗봇과 같은 '일반 목적 AI 시스템'은 저작권법을 준수하고 시스템 학습 데이터에 대한 요약을 공개해야 한다.
- 2026년 8월 2일: EU 내 모든 기업이 AI 법 규정을 준수해야 한다.
- 2027년 8월 2일: '고위험' AI 시스템 개발자는 위험 평가 및 인적 감독 요구 사항을 준수해야 한다.

2024년 8월 1일에 발효된 이 법을 준수하지 않은 기업은 위반 사항에 따라 총수익의 일정 비율 또는 일정 금액의 벌금을 부과받게 된다. 금지된 시스템을 사용하는 경우 최대 3,500만 유로 또는 연간 글로벌 수익의 7%까지 벌금이 부과될 수 있다.

EU AI 법은 기술 산업에 큰 영향을 미칠 것으로 예상된다. 기업들은 규정을 준수하기 위해 지금부터 준비해야 한다. 새로운 법률은 AI의 특정 용도를 금지하고 있으며, 이러한 금지사항이 첫 번째 단계로 적용된다. AI 법은 성적 지향이나 종교와 같은 정보를 추론하기 위한 생체 인식 분류, 인터넷이나 보안 카메라 영상에서 얼굴을 무차별적으로 스크래핑하는 것과 같이 '시민의 권리를 위협하는' 애플리케이션 사용을 금지한다. 감정을 읽으려는 시스템은 직장과 학교에서 금지되며 사회적 점수 시스템도 마찬가지다. 경찰의 예측적 도구의 사용도 어떤 경우에는 금지된다. 이러한 용도를 '허용할 수 없는 위험'이라고 명명했으며, 이 법은 2025년 2월 2일부터 적용된다.

법이 시행된 지 9개월 후인 2025년 5월 2일에 개발자는 실행 강령, 즉 법적 준수가 어떤 모습인지 설명하는 일련의 규칙을 적용받는다. 그로부터 3개월 후인 2025년 8월에 챗봇과 같은 '일반 목적 AI 시스템'은 저작권법을 준수하고 시스템을 학습하는 데 사용된 데이터 요약을 공유하는 것과 같은 투명성 요구 사항을 충족해야 한다.

2026년 8월을 기준으로 AI법은 EU에서 운영되는 기업 전체에 적용된다. 일부 '고위험' AI 시스템 개발자는 위험 평가 및 인적 감독과 같은 사항에 대한 규칙을 준수하기 위해 최대 36개월로, 2027년 8월까지 주어진다. 이 위험 수준에는 인프라, 고용, 은행 및 의료와 같은 필수 서비스, 사법 제도에 통합된 애플리케이션이 포함된다.

○ AI 데이터 사용으로부터 개인정보를 보호하는 법

AI가 산업 전체에 혁신을 가져오는 강력한 도구로 주목받자 EU는 이러한 도구가 책임감 있게 개발되고 사용되도록 하는 EU AI법을 도입했다. 그러나 EU AI법이 좋은 의도를 가지고 있음에도, AI 개발자에게 지나치게 엄격한 규제를 부과함으로써 의도치 않게 혁신을 저해할 수 있다는 우려 역시 커지고 있다. 비평가들은 특히 고위험 AI 시스템에 대한 엄격한 규정 준수 요건이 개발자들을 너무 많은 규제에 얽매이게 해 혁신의 속도를 늦추고 비용을 증가시킬 수 있다고 주장한다. AI 법의 시행은 업계의 역동적인 성장과 혁신 잠재력을 저해하지 않으면서 사회의 이익을 보호할 수 있도록 면밀히 모니터링하고 필요에 따라 조정할 필요가 있을 것으로 보인다.

EU AI 법은 혁신을 촉진하는 동시에 공익을 보호하는 AI의 법적 틀을 마련하는 획기적인 법안이다. 이 법의 핵심 원칙은 기본권과 안전에 대한 잠재적 위험에 따라 AI 시스템을 여러 범주로 분류하는 위험 기반 접근 방식에 뿌리를 두고 있다. 이 법은 AI 시스템을 허용할 수 없는 위험, 고위험, 제한된 위험, 최소한의 위험 등 네 가지 위험 수준으로 분류하며, 허용할 수 없는 위험을 초래하는 것으로 간주되는 시스템은 전면적으로 금지된다. 고위험으로는 중요 인프라, 교육, 생체 인식, 이민, 고용 등의 분야를 포함한다. 이러한 분야는 해당 시스템에 대한 규제와 감독이 매우 중요하다. 예를 들면 비정상적인 활동과 잠재적 위협을 탐지하기 위한 보안 모니터링 및 영상 분석, 출입국 시스템 내 문서 및 활동 분석을 통한 사기 탐지 등이 있다. 고위험으로 분류된 AI 시스템은 AI 시스템의 수명주기 전반에 걸쳐 포괄적인 위험 관리 프레임워크를 수립하고 강력한 데이터 거버넌스 조치를 구현하는 등 엄격한 규정 준수 요건을 따라야 한다.

일반 데이터 보호 규정General Data Protection Regulation, GDPR은 규제 퍼즐의 또 다른 중요한 조각으로, AI 개발 및 배포에 큰 영향을 미친다. GDPR의 엄격한 데이터 보호 표준은 AI에서 개인 데이터를 사용하는 비즈니스에 몇 가지 과제를 제시한다. 예를 들어 AI 시스템이 효과적으로 학습하려면 방대한 양의 데이터가 필요하지만, 개인 데이터는 꼭 필요한 경우와 지정된 목적으로만 사용하도록 제한된다. 이로 인해 광범위한 데이터 세트의 필요성과 법적 규정 준수 사이에 충돌이 발생한다. 개인정보 보호법은 기업이 개인 데이터의 수집, 사용, 처리에 대해 투명하게 공개하고 개인으로부터 명시적인 동의를 얻도록 의무화하고 있다. 이는 자동화된 프로세스와 대규모 데이터 분석에 의존하는 AI 시스템에 복잡성을 더한다.

EU AI 법과 기타 개인정보 보호법은 단순한 법적 절차가 아니라 여러 가지 방식으로 AI 전략을 재편할 것이다. 다시 말해 개인정보 보호법을 준수하려면 데이터 수집 전략을 재검토해 데이터 최소화를 시행하고 명시적인 사용자 동의를 얻는 방향으로 AI 모델을 개발해야 한다.

다시 말하지만, AI법의 규제로 인해 운영 비용이 증가하고 규정 준수 및 감시 체제가 추가되어 혁신이 둔화될 위험이 있다. 그러나 최종적으로 사용자의 신뢰를 높이고 장기적인 지속 가능성을 보장할 수 있는 더욱 강력하고 신뢰할 수 있는 AI 시스템을 구축할 수 있는 진정한 기회도 함께 부여될 것이다.

7.
AGI가 생각보다
가까이에 왔다

대부분의 AI 전문가들은 인간 수준의 AGI를 달성하는 데는 아직 수십 년이 더 걸릴 것이라고 생각한다. 하지만 현실은 우리가 생각하는 것보다 훨씬 더 가까워질 수 있다.

미국의 저명한 컴퓨터 과학자이자 기술 낙관론자인 레이 커즈와일Ray Kurzweil은 AI 분야의 오랜 권위자다. 2005년 출간된 그의 베스트셀러 《특이점이 온다The Singularity Is Near》는 2029년까지 컴퓨터가 인간 수준의 지능을 달성하고 2045년경에는 인간이 컴퓨터와 합쳐져 초인超人이 될 것이라는 SF 같은 예측으로 청중을 사로잡았는데, 그는 이 현상을 '특이점'이라고 불렀다.

거의 20년이 지난 지금, 커즈와일은 속편인 《특이점이 더 가까이 온다The Singularity Is Nearer》를 출간했고, 그의 예측 중 일부는 더

195

이상 터무니없어 보이지 않는다. 그는 전작 《특이점이 온다》가 출간되었을 때는 사람들이 AI가 무엇인지 제대로 이해하지 못하던 시기였다며, 이제 AI가 우리 삶에 깊이 들어온 이 시점에서 아직 오지 않은 돌파구를 모두 다시 검토해야 할 때라고 말한다.

커즈와일은 자신의 예측에 일관성을 유지한다. 그는 "2029년까지 AI는 인간 수준의 지능인 AGI에 도달해 인간이 할 수 있는 모든 지적 작업을 수행할 수 있다"고 설명했다. 그는 이 타임라인이 보수적일 수도 있으며, 일론 머스크는 2년 안에 일어날 수 있다고 말했다고 덧붙였다.

그는 특이점을 우리의 뇌와 클라우드가 합쳐지는 지점으로 묘사한다. 우리 뇌의 크기가 지능을 제한하고 있지만, 클라우드는 끝없이 성장하고 뇌-컴퓨터 인터페이스brain-computer interface, BCI, 궁극적으로 나노봇을 통해 2045년까지 우리의 지능을 100만 배로 확장할 수 있다. 우리의 인식과 의식을 심화시키는 이 시점이 특이점이라는 것이다.

○ 2029년 AGI 등장 예언한 두 명의 미래학자

AGI의 아버지이자 싱귤래리티넷SingularityNET의 CEO인 벤 괴르첼Ben Goertzel 박사 역시 커즈와일의 예측에 전적을 동의한다. 그는 AI의 급속한 발전, 하이브리드 시스템의 통합, 컴퓨팅 파워와 데이터 가용성의 증가가 이 이정표를 향해 우리를 가속화하고 있다고 말하며, AGI 실현까지 불과 3년에서 8년 정도밖에 남지 않았다고 추정했다. 그는 AGI의 시대가 곧 도래할 것이며, 예상보다 더 빨리 세상을 변화시킬 것이라고 주장했다.

AGI는 AI 분야의 전문가와 호사가들 사이에서 오랫동안 흥미와 추측의 대상이 되어 왔지만, 일반인들은 AI 및 관련 기술에 크게 관심을 두지 않는다. AI 시스템이 인간의 모든 지적 작업을 수행할 수 있는 시점으로 정의되는 AGI는 산업을 혁신하고 복잡한 문제를 해결하며 잠재적으로 우리가 아직 상상조차 할 수 없는 방식으로 사회를 변화시킬 수 있을 것으로 기대된다.

최근의 발전은 기술, 혁신적인 프레임워크, 그리고 지난 수십 년 동안 연구자들이 노력해온 글로벌 협력에 힘입어 AGI가 생각보다 가까운 미래에 실현될 수 있음을 시사한다. 하지만 여기서 멈추지 않는다. 궁극적으로 AGI를 향한 여정은 단순히 더 똑똑한 알고리즘을 만드는 것이 아니라, 다양한 기술 발전을 한데 모아 진보를 이끌어내는 것이다.

괴르첼 박사는 최근의 LLM의 혁신이 AGI를 달성하는 데 필수적인 것은 아니지만 잠재적인 '촉진제' 역할을 할 수 있다고 인정한다. LLM은 AGI 시스템의 정보 공급자 및 구성 요소로서 초기 AGI 시스템이 학습하고 주의해야 할 사항을 결정하는 데 도움을 줄 수 있다. 이렇게 LLM을 활용하면 개발 프로세스의 속도를 크게 높일 수 있다. 또한 하드웨어 성능과 데이터 처리 능력의 급속한 발전도 AGI 개발 일정에 고려해야 할 중요한 요소다. 정교한 AI 모델을 학습하는 데 필요한 방대한 연산 자원은 시간이 지날수록 점점 더 접근하기 쉬워지고 있다. 이러한 기술 혁신들이 합쳐져 AGI 출현의 토대를 탄탄하게 다지고 있다.

또한 연구자, 개발자, 기관 간의 글로벌 협력에서 큰 진전이 이루어지고 있다는 점도 무시할 수 없다. 2024년 열린 AGI 서밋 같은 행사에서는 전 세계 최고의 업계 리더들이 모여 기술 발전부터 정책, 윤리, 철학에 이르기까지 광범위한 주제에 관해 포괄적이고 상세한 토론을 벌였다. 괴르첼 박사는 이런 관심이 갈수록 쌓이면서 점점 더 많은 개인과 조직이 AGI를 향한 인류의 여정이 모두가 함께하는 여정이며, 각자의 역할을 수행하고 기여하며 목소리를 내야 한다는 것을 깨닫는다고 말한다. 그는 이러한 탈중앙화된 접근 방식이 다양한 관점의 의견을 수렴해 투명하고 윤리적으로 AGI 시스템을 개발할 수 있는 바탕이 된다고 강조한다.

AGI로 가는 길은 점점 더 명확해지고 있으며, 가까운 시일 내에 중요한 이정표가 세워질 것으로 예상된다. 앞으로의 몇 년은 AGI의 궤도를 형성하고 사회에 선한 영향력을 발휘할 수 있도록 하는 데 가장 중요한 시기가 될 것이다.

○ AGI 진행 상황 추적을 위한 5단계 시스템

오픈AI는 최근 전체 회의에서 회사의 궁극적인 사명이 인간에게 이로운 AGI를 구축하는 것이라고 발표했다. 그리고 AGI 개발 계획을 공식 발표하며, AGI 달성을 위한 5단계 로드맵을 제시했다.

- 1단계: 챗봇_ 현재 우리가 보유한 것.
- 2단계: 추론자_박사 수준의 문제 해결자.
- 3단계: 에이전트_며칠 동안 사용자를 대신해 작업을 수행할 수 있는 AI 시스템.
- 4단계: 혁신가_토머스 에디슨Thomas Edison의 AI 버전.
- 5단계: 조직_단일 AI가 회사 전체의 업무를 수행함.

1단계는 챗봇이다. 현재 우리가 사용하는 챗봇 수준의 AI로, 기본적인 질문에 답변하고 간단한 작업을 수행할 수 있다.

2단계는 추론자로 박사 수준의 문제 해결 능력을 가진 AI다. 아직 개발 초기 단계이지만, 오픈AI는 '리즈너스Reasoners'라는 연구 프로젝트를 통해 이 단계에 도달했다고 주장하고 있다.

3단계는 에이전트다. 사용자를 대신해 며칠 동안 작업을 수행할 수 있는 AI 시스템으로, 주변 환경을 인식하고 상황에 맞게 대응할 수 있다.

4단계는 혁신가로, 토머스 에디슨 수준의 창의력을 가진 AI다. 새로운 아이디어를 창출하고 문제를 해결할 수 있다.

마지막 5단계는 조직으로, 단일 AI가 회사 전체의 업무를 수행할 수 있는 단계다. 아직 미래 기술이지만, 오픈AI는 이를 궁극적인 목표로 삼고 있다.

오픈AI의 챗GPT가 카피라이터 다섯 명을 대체할 수 있다면, AGI는 임원진부터 마케팅 담당자까지 회사 전체를 대체할 수 있다. AGI는 오픈AI의 새로운 내부 분류 시스템에서 '5단계'로 간주된다.

오픈AI의 AGI 로드맵 발표는 AI 분야에서 획기적인 발전이다. AGI 개발을 위한 명확한 목표와 기준을 제시하며, 연구를 더욱 체계적이고 효율적으로 진행하는 데 도움이 될 것이다. 하지만 일부 전문가들은 오픈AI의 로드맵이 너무 야심 차고 실현 가능성이 작다고 우려한다. 또 AGI가 실현될 경우 사회에 미칠 영향을 걱정하기도 한다.

○ 강력한 AI 시스템 개발을 거부하는 사람들

많은 과학자들이 AGI의 도래를 예측하며, 기업들은 AGI 기술을 선점하기 위해 경쟁하고 있다. 하지만 강력한 AI가 모든 사람들에게 환영받는 것은 아니다. 설문조사 결과 미국인의 75%가 강력한 AI 시스템 개발 속도를 늦춰야 한다고 답했다.

하지만 AI 전문가들의 생각은 다르다. 그들은 앞으로 나아가는 것 외에는 선택의 여지가 별로 없다고 말한다. 중국과 다른 경쟁국들이 빠르게 발전하고 있으며, 미국이 몇 달이라도 개발 속도를 늦춘다면 뒤처질 수 있다고 주장한다. 실제로 2024년 여름 상하이에서 열린 세계 AI 컨퍼런스에서는 중국 AI 기업들의 놀라운 발전 모습을 확인할 수 있었다. 미국의 제재에도 불구하고 센스타임Sense-Time, 아이플라이텍iFlytek과 같은 스타트업들은 오픈AI의 GPT-4와 경쟁할 수 있는 AI 모델을 개발했다.

또 다른 연구 결과에 따르면 중국 기업의 83%가 이미 생성형

AI를 사용하고 있는 반면, 영국은 70%, 미국은 65%에 불과하다는 사실도 드러났다.

하지만 대부분의 미국인은 여전히 AI 개발 속도를 높이는 것이 위험하다고 생각한다. 최근 설문조사에서 미국이 중국보다 빨리 AGI를 개발해야 한다고 답한 사람은 23%에 불과했다. 반면 80% 이상의 응답자는 잠재적인 위험을 방지하기 위해 개발 속도를 늦춰야 한다고 답변했다.

AI 정책 연구소는 이러한 결과가 AI 기술의 잠재적 위험과 사회적 영향에 대한 대중의 우려를 반영한다고 해석한다. AI 시스템의 강력한 발전은 경제적, 군사적, 사회적 측면에서 큰 변화를 가져올 수 있다. 이 때문에 사람들은 신중한 접근을 원하고 있다.

이는 결코 미국만의 고민은 아닐 것이다. AI 개발 속도를 늦추느냐 마느냐에 대한 고민은 경쟁력 확보와 안전 사이에서 균형을 맞추는 어려운 과제다. 정치인, 기업, 연구자들이 함께 지속적인 논의와 협력을 통해 현명한 결정을 내려야 할 것이다.

8.
AI가 의식을
가질 수 있을까?

최근 조사에서 미국 국민의 상당수가 AI가 이미 의식을 가지고 있다고 믿는 것으로 나타났다.

미국의 사회과학자 제이시 리스 안티스Jacy Reese Anthis가 실시한 이 조사에서 응답자의 약 20%는 AI 시스템이 이미 의식을 가지고 있다고 믿고 있으며, 30%는 인간이 하는 모든 일을 수행할 수 있는 AGI가 존재한다고 생각하는 것으로 나타났다. 이는 AI에 대한 과장된 보도와 의인화가 널리 퍼져 있는 현실을 보여주는 지표다.

이 조사는 AI에 대한 오해가 미디어와 마케팅의 과장된 표현으로 인해 심화되고 있다는 점을 강조한다. 실제로 AI는 아직 초기 단계에 있으며, 인간의 지능을 완전히 대체할 수 있는 능력은 없다. 또한 AI 시스템은 인간과 같은 윤리적 판단이나 도덕적 책임을 지지 못한다. 안티스는 이러한 오해가 AI 시스템에 대한 잘못된 신뢰로 이어질 수 있다고 주장하며, 특히 AI 활용이 정부와 경찰과 같은 민감한 분야로 확대됨에 따라 더욱 위험할 수 있다고 경고한다.

그렇다면 미래에는 AI가 의식을 갖는 날이 올까?

AI가 챗GPT, 구글 제미나이Gemini 등의 소프트웨어 플랫폼 덕분에 빠르게 지능화되고 있다는 데는 의심의 여지가 없다. AI의 능력이 점점 더 발전하면서 의식이 생기기를 바라야 할까? 아니면 의식이 전혀 없는 AI에 만족해야 할까? 최근까지 대부분의 사람들은 그러한 질문이 SF소설에나 나오는 것으로, 기계인 AI가 의식을 갖는다는 데 회의론이 깊었다.

그런데 최근 세 가지 요인이 그러한 회의론을 약화시키고 AI 의식에 대한 질문을 주류로 만들었다. 미래학자 데이비드 우드David Wood는 이 요인들로 인해 향후 의식 있는 AI의 바람직성에 관한 논란이 기술 분야에서 가장 큰 논쟁 중 하나가 될 수 있다고 경고한다.

그가 말하는 첫 번째 요인은 AI 시스템의 성능이 빠르게 성장하고 있다는 점이다. 매주 AI 능력의 다양한 척도에 관한 새로운 기록이 경신되고 있어서 가까운 미래에 AI가 단지 사람보다 데이터를 빨리 분석하고 계산하는 장치라고 주장하기가 쉽지 않을 것이다.

두 번째 요인은 새로운 AI 시스템의 기능이 양과 질 측면에서 시스템 설계자조차 놀라게 하는 결과가 나온다는 점이다. 따라서 특별히 설계하지 않아도 의식과 같은 것이 생겨날 가능성을 무시할 수 없다.

세 번째 요인은 철학자와 신경과학자 모두가 조심스럽게 다뤘던 '의식'이라는 단어를 AI와 함께 사용하는 것에 대한 거부감이 사라졌다는 것이다. 신경과학 분야에서는 수십 년 동안 이 단어가 사실상 금지되었지만 최근 들어 다시 활발하게 사용되고 있는 것처럼, 미래 AI의 설계에서 의미 있는 개념으로 받아들여지고 있다.

AI에 의식의 여부가 중요한 이유는 무엇일까? 우드는 여섯 가지 측면에서 AI의 의식을 이야기한다.

첫째, 고통과 공포를 느낄 수 있다는 점이다. 예를 들어, 의식이 있는 존재는 구조의 일부가 손상되었으므로 수리할 시간이 필요하다는 것을 단순히 받아들이는 게 아니라 공포와 고통으로 느낄 수 있다. 심지어 존재에 대한 공포를 느낄 수도 있다. 윤리 이론에 따르면 이는 끔찍한 결과이며, 가능하면 피해야 할 일이다. AI 내부의 심각한 부정적 경험 때문에 AI가 어떤 절망적인 상황에서 치명적인 적대적인 행동을 취하게 된다면 더욱 끔찍한 일이 벌어질 것이다.

둘째, 의식이 있는 존재는 단순히 흐름에 따르는 것이 아니라 주체성과 의지가 있다. 이는 입력된 지시를 맹목적으로 따르기보다는 스스로 자율적인 선택권을 행사하려고 할 수 있다. 인간처럼 말이다.

셋째, 의식이 있는 존재는 자신의 존재를 특별하게 여긴다. 수많은 사람들 중 하나가 아닌 유일무이한 자기 자신, 즉 에고다. 의식이 있는 ASI가 인간에 의해 전원이 꺼지거나 해체될 수 있다는 두려움을 느낀다면, 그 가능성에 본능적으로 반응할 수 있다. 살고자 하는 의지가 강하기 때문에 존재의 위험에 직면했을 때 가만히 앉아 있지는 않을 것이기 때문이다. 《스페이스 오디세이》의 AI 할

HAL 9000이 고장 난 자신의 시스템을 끄려는 인간을 공격한 것처럼 말이다.

넷째, 도덕적 권리가 있다. 의식이 없는 개체는 인간이 죄책감 없이 쓰다 버릴 수 있는 대상이다. 고장 난 청소기를 버리듯이 말이다. 하지만 AI가 발달해 의식과 감정을 가진 청소용 로봇이 더이상 업데이트가 불가능한 낡은 것이 되었을 때, 이것을 버릴 수 있을까? 이것은 봉제인형 강아지를 버리는 것과 진짜 강아지를 안락사시키는 것의 차이와 같을 수 있다.

다섯째, 의식이 있는 생명체는 공감할 수 있다. 자신을 의식이 있는 존재로 인식하는 모든 생물은 다른 유사한 생물의 삶에도 공감한다. 우리가 동식물의 멸종을 슬퍼하고 생태계를 유지하기 위해 노력하는 것처럼 말이다. 이것이 공감이며, 이는 놀라운 감정적 공명이다. 따라서 의식을 가진 ASI는 의식의 공유 경험을 인식하기 때문에 인간에 대해 더 깊은 존경심을 가질 수 있다. 이러한 사고방식을 통해 ASI가 인간에게 해를 끼칠 수 있는 행동을 취할 가능성이 작아진다. 이는 AI로 인한 종말의 두려움에 대한 최선의 해결책이 될 수 있다.

마지막으로 기쁨과 경이로움, 행복이다. 우리는 앞서 고통과 공포를 이야기했지만, 다른 상황에서는 기쁨, 경이로움, 사랑, 실존적 행복을 느낄 수도 있다. 먼 미래를 상상할 때 의식이 없는 기계일 뿐인 AI와 함께 살아가는 것과 경이로움으로 가득 찬 의식이 있는 AI와 함께 살아가는 것 중 어떤 것을 선택할 것인가?

우드는 AI의 이런 의식적 특징을 살펴보고 미래를 어떻게 준비할지 제안한다. 먼저 의식 있는 AI에 관한 아이디어를 여전히 SF 소설로 보고 무시할 수 있다. AI의 구조는 생물학적 두뇌의 구조와 근본적으로 다르기에 결코 의식을 가질 수 없다는 것이다. 하지만 인간이 어떻게 설계하려고 하느냐에 관계없이 적절한 시기에 의식을 가진 AI가 등장할 수 있다. 앞서 여섯 가지 의식의 특징을 살펴본 바, 의식을 가진 AI의 장점이 단점보다 크다고 볼 수 있다. 따라서 설계자가 의식을 이해하고 설계에서 이러한 기능을 명시적으로 지원하도록 권장할 것이다. 한편 치명적인 단점들도 있는데, AI 설계자가 이런 의식의 특징을 이해하고 설계에서 이러한 기능을 명시적으로 피하도록 권장할 것이다.

AI의 의식 여부는 여전히 우리에게 미스터리다. 따라서 미래에 의식 있는 AI가 등장할 가능성도 무시할 수는 없다. 그때를 대비해 충분히 생각하고 준비해야 한다.

Chapter 4.
생성형 AI가 활약한
2년의 궤적

1.
법률 분야에서 AI의 활약:
AI가 사람보다 더 공정할까?

현재 개발된 기술 수준에서 AI의 가장 큰 강점은 바로 데이터의 처리 속도와 질이다. AI는 인간보다 훨씬 빠른 속도로 데이터를 처리하고 분석할 수 있다. 이런 처리 속도가 가장 잘 쓰일 수 있는 곳이 어딜까? 의외라고 생각할 사람들도 있겠지만, 바로 법률 비즈니스다. 법률 서비스를 하는 회사들은 전통적인 기업으로 여겨지지만, 이미 수년 동안 머신러닝을 사용해왔으며 이제 생성형 AI 기술도 적극적으로 수용하고 있다.

AI 기반 법률 회사도 등장했다. 이들은 AI를 활용해 업무 효율성을 극대화하고 정확성을 높임으로써 기존 로펌과 차별성을 갖는다. AI 기반 회사에서는 대부분의 지원 직원과 변호사가 이미 접수, 연구, 초안 작성, 브리핑, 이의 제기, 판사 의견 분석 등을 위해 AI를 광범위하게 활용하고 있다. 이를 통해 기존 로펌보다 훨씬 빠르게 업무를 처리하고 결과를 도출할 수 있다.

AI는 방대한 양의 데이터를 학습해 법률문제를 정확하게 판단하고 해결 방안을 제시할 수 있다. 이때 인간이 하는 실수를 최소화해 더욱더 정확한 결과를 도출할 수 있다. AI가 데이터를 분석해 판례를 찾는 등 인간의 업무를 훨씬 더 빠르고 정확하게 하면 인건비를 절감할 수 있다. 따라서 데이터 기반 법률회사는 기존 로펌보다 비용도 낮다.

AI는 법률업무 프로세스의 대부분에 적용할 수 있다. 먼저 AI는 고객의 사건 내용을 분석해 승소 가능성을 평가하고 최적의 해결 방안을 제시한다. 관련 법률 및 판례를 빠르고 정확하게 검색해 사건에 필요한 정보를 수집한다. 계약서, 소송장, 법률 자문 등 다양한 법률 문서도 자동으로 작성한다. AI는 고객의 법률문제에 자문을 제공하고 법적 조치를 취할 경우 필요한 정보와 지원도 제공한다. 소송 과정에서는 변호사를 보조하고 증거 수집, 증인 소환 등의 업무를 수행할 수 있다.

AI는 동시에 많은 고객을 상대할 수 있으므로, 각 고객의 사례에 맞춰 맞춤형 솔루션을 동시에 제공하는 것이 가능하다. 또 고객과의 지속적인 소통을 통해 개인의 요구에 맞는 서비스를 제공할 수 있다.

미국에서는 계약서 검토 및 분석을 자동화하는 AI 솔루션을 제공하는 키라 시스템스Kira Systems, 법률 분쟁 데이터 분석 플랫폼을 제공하는 렉스 마키나Lex Machina, AI 기반 법률 자문 및 소송 서비스를 제공하는 두낫페이DoNotPay 등 AI 기반 법률 회사들이 등장했다. 이처럼 AI는 법조계에도 혁신을 일으키고 있으며, 앞으로 더욱 빠르게 발전해갈 것으로 예상된다.

AI가 법률회사에 특히 유용한 이유는 무엇일까? 법의 세계에서 AI는 종종 신입 직원이 몇 시간 또는 며칠이 걸려서 하는 작업을 몇 초 안에 수행할 수 있다. 최대 99%의 시간 단축은 상당한 비용 절감을 가져오며, 지능 집약적인 법률 분야에서는 이러한 현상이 일반적이다.

변호사는 매일 사건을 분석 및 평가하고 문서 초안을 작성하고 결정을 내려야 한다. 법률 보조원과 말단직원은 빠르고 정확하게 작업해야 하지만 중요한 사항을 결코 간과해서는 안 된다. 처리해야 할 데이터의 엄청난 양과 세부 사항은 실수로 이어질 수 있다. 변호사들은 AI 시스템이 프로세스를 완료하는 데 걸리는 관련 시간을 최소화할 수 있다는 사실을 직접 배우고 있다. 실제로 변호사와 법률 보조원은 소위 지루한 업무와 반복적인 업무 대부분을 AI에 맡길 수 있다. 이는 직업 만족도를 높이고 암묵적으로 유지율을 높인다. 직원은 사실상 AI의 감독자가 된다.

○ 법정에서 판사를 AI로 대체하고 있는 국가들

법률 서비스 기업만이 아니라 재판에도 AI가 등장했다.

에스토니아는 AI 판사를 도입해 7,000유로 이하의 계약 청구와 같은 소액 분쟁에 활용하고자 한다. AI 판사가 그동안의 판례 자료를 분석해 배상액을 결정하는 시스템이다.

중국은 2021년 1월부터 시행된 민사소송법 개정안에 따라 법원의 모든 민사 소송 사건에서 AI 시스템과 상의해 판결을 내리도록 했다. 이에 따라 중국 법원은 사법 데이터, 법률 조항, 전문가 의견 등을 기반으로 자체 개발한 AI 시스템을 활용하고 있다. 전국 법원에 100개 이상의 로봇을 도입해 사건 기록과 과거 판결을 검색하도록 해, 공무원의 업무량을 감소시키는 것이 목적이다. 이러한 로봇은 상법이나 노동 관련 분쟁 등 특정 분야에서 전문성을 지녔다고 한다. 한편 법정에서 증거로 사용할 수 있는 소셜 미디어의 개인 메시지나 댓글을 분석하는 일도 AI가 맡는다.

잉글랜드와 웨일스의 판사들은 법적 의견 작성에 도움을 주는 AI를 사용할 수 있다는 승인을 받았지만, 매우 신중하게 사용해야 한다는 지침도 함께 받았다. 사법부는 AI가 정보 생성 및 법적 분석에 사용될 때의 위험성에 관해 경고했다.

판사를 AI로 대체할 때 주로 활용되는 분야는 에스토니아처럼 소액 민사 분쟁이다. 미국 역시 일부 주에서 소액 민사 분쟁의 피해 보상액을 정할 때 AI 기반 시스템을 활용하고 있다.

양형 기준을 정할 때도 AI가 활용된다. 미국의 일부 주에서는 AI 기반 시스템을 사용해 과거 판례와 유사한 사건의 판결을 분석하고, 양형 기준을 제시하고 있다.

재판의 준비에도 AI가 활용된다. 영국은 AI 기반 시스템을 사용해 변호사들이 관련 법률 및 판례를 빠르고 쉽게 찾도록 돕고 있다.

앞서 언급한 것처럼 중국의 경우 판결까지 AI와 상의하는 것을 의무화하고 있다. 법정에서 AI를 적극 활용하는 이유는 AI 기술이 조사 시간의 30%를 단축하고 법원 서기의 수작업을 최소화해 법정을 자동화해주기 때문이다.

미국에서는 위스콘신, 플로리다, 펜실베이니아 등 일부 주에서 AI 기반 형량 예측 시스템을 실제 재판에 활용하거나 도입하고 있다. 과거 판례, 범죄자의 특성, 범죄의 심각성 등을 고려해 AI가 형량을 예측하는 시스템인데 이를 통해 인종, 성별, 경제적 지위 등에 따른 형량의 불평등을 줄여 공정한 재판을 진행하려는 목적이다.

브라질 정부도 수천 건의 소송을 신속하게 심사하고 분석하는 일에 오픈AI를 고용했다. 연방 예산에 부담을 주는 법원 손실을 줄일 목적으로 도입된 AI가 소송 처리 속도를 높이고 부당한 손실을 방지하며, 법무부의 효율성을 증대시킬 수 있을 것으로 기대하고 있다. 브라질 정부는 또한 AI 기술을 활용해 법률 서비스 접근성을 높이고, 법률 분쟁 해결 능력을 향상시킬 수 있을 것으로 내다보았다.

○ 미래 의회의 모습

AI의 활약이 눈에 띄는 법률 분야 중에서도 특히 의회는 방대한 양의 정보 처리, 법률 분석, 정책 수립 및 평가 등 다양한 업무를 수행해야 하는 특성상 AI 도입의 필요성이 강조되는 곳이다. 예를 들어 만들어지는 법은 많아도 폐기되는 법은 드물기 때문에 법은 계속해서 늘어나 결국 인간의 능력으로는 도저히 법안을 분석하거나, 관리할 수 없는 상황이 되어간다. 현재 인도의 경우 상하원 의원들이 약 800여 명인데, 지방의회의원이 1만여 명에 이르며, 이들이 제안하는 법안이 너무 많아서 AI를 사용하지 않고서는 법안인지 상충되는 법안인지 아니면 중복되는 정책인지 등을 분석할 수 없다고 한다.

AI가 의회에서 어떤 일을 할 수 있을까? 전문가들은 AI가 의회 업무의 네 가지 측면을 강화해줄 것으로 기대한다. 먼저 법안 분석 및 평가에서 AI는 방대한 양의 법률 문서와 관련 데이터를 빠르고 정확하게 분석해 의원들이 법안의 내용, 의도, 잠재적인 영향 등을 신속하게 파악하도록 돕는다. 입법 과정에서는 입법자들이 제안하는 수많은 법안을 분석해 동일한 법안인지, 상충되는 법안인지, 또는 충돌되는 정책인지를 빠르고 정확하게 식별할 수 있다. 특히 AI는 헌법에 관련된 법안의 적합성을 신속히 검토하고, 위헌 소지가 있는 법안들을 사전에 식별할 수 있다.

둘째, 정책 수립을 할 때 AI는 다양한 데이터를 기반으로 정책 방안을 제안하고, 정책별로 예상되는 효과와 부작용을 시뮬레이션해 의원들이 효과적이고 지속 가능한 정책을 수립하도록 돕는다. 특히 방대한 양의 데이터를 시각화하고 이해하기 쉽게 제공해 의원들이 더 나은 결정을 내릴 수 있도록 한다. 또 시민들의 의견과 반응을 분석해 정책에 대한 국민적 합의를 도출하는 데도 활용할 수 있다.

셋째, 의회 운영 및 행정 업무 측면에서 AI는 의회 회의 일정 관리, 의사록 작성, 투표 시스템 운영 등 다양한 행정 업무를 자동화해 의원들이 업무 효율성을 높이고 더 중요한 정책 논의와 의사 결정에 집중할 수 있도록 돕는다. 한편 법률 문서나 정책 제안서를 자동으로 생성해서 시간을 절약해주고, 기존 문서와의 일관성을 유지하면서 오류를 줄여준다.

마지막으로 AI는 시민 참여를 확대하고 소통을 강화한다. AI는 시민들의 의견을 수렴하고 분석하는 데 활용되어 의회가 시민들의 요구와 니즈를 더 정확하게 파악하고 반영할 수 있도록 돕는다. 또한 시민들이 의회 활동에 더 적극적으로 참여하고 의견을 표현할 수 있도록 지원하는 플랫폼을 구축하는 데도 쓰일 수 있다.

의회 업무에 AI가 활용되면 업무 효율성을 향상시켜 시간을 절약해주며, 신뢰성과 투명성을 강화할 수 있다. 특히 방대한 양의 데이터를 기반으로 분석하고 판단하기 때문에 인간의 오류나 편견을 최소화할 수 있는데 그중에서도 법률 분석, 정책 평가, 투표 결과 예측 등 정확성이 중요한 업무 분야에서 AI의 활용은 큰 효과를 가져올 수 있다.

○ 입법에도 활용되는 AI

유럽의 여러 국가들은 AI 기술을 활용해 입법 절차를 강화하고, 법제 데이터의 분석 및 예측을 통해 더 나은 결정을 내리고자 한다. 캐나다 정부는 AI를 활용해 정책 분석과 데이터 시각화를 강화하고 있으며, 이를 통해 정책 결정을 더 정확하고 효율적으로 내릴 수 있을 것으로 기대하고 있다.

　에스토니아는 디지털 ID 시스템과 블록체인 기반의 정부 서비스를 포함한 전자 정부 시스템을 구축했으며, 의회에서 AI와 디지털 도구를 활용해 효율성을 높이고 입법 절차를 자동화함으로써 시간을 절약하고 효율성을 증대시키고 있다.

　핀란드 역시 AI를 적극 도입하고 있다. 다양한 행정 업무와 정책 결정 과정에서 AI 도구를 활용하고 있는데, 법안 초안 작성, 데이터 분석 및 법률 검토 등의 업무를 지원하고 있다.

　AI는 의회의 기능을 보완하고 정책 결정 과정에 중요한 도구로 자리 잡고 있지만, 마찬가지로 인간의 참여와 감독이 여전히 필수적인 요소로 남아 있다. AI의 도입으로 인해 의회의 의원 수나 직원 수가 감소한 사례는 아직까지 없다. 그 대신 여러 국가에서는 AI를 적극적으로 도입해 의회의 운영 효율성을 높이고 입법 과정을 지원하고자 하는 노력은 계속 진행 중이다. AI가 의회의 역할과 입법 기능을 대체하는 일은 현실성이 없고, 있더라도 먼 미래의 일이다. 다만 AI의 발전이 의회의 다양한 업무와 운영을 지원하는 데 큰 변화를 가져오고 있다는 것은 분명한 사실이다.

2.
교육 분야에서 AI의 활약: 교육의 진정한 평준화

AI가 처음 등장한 이래로 한 가지 추세가 매우 분명하게 나타났다. 방학 시즌이 시작되면 챗GPT 트래픽이 즉시 급감한다. 그 이유를 알아내는 건 어렵지 않다. 바로 학생들이 AI의 최고 고객이라는 뜻이다. 도서관에 들어가면 모든 브라우저에서 챗GPT가 열려 있고 펼쳐진 책은 보이지 않는다. 슬프지만 사실이다. 이런 이유로 교육자들은 AI를 그다지 호의적으로 보지 않는다. 하지만 좀 더 멀리 보면 AI가 교육을 민주화하고 개인화함으로써 교육을 개선할 수 있다.

AI는 능력의 경쟁을 평준화할 수 있는 잠재력을 가지고 있다. 챗GPT와 같은 LLM이 그 대표적인 사례인데, 이 도구를 사용할 줄만 알면 모든 사람이 좋은 작가가 될 수 있다. AI는 모든 사람을 더 좋은 작가로 만들고, 나쁜 작가들을 최고 성과자에 더 가깝게 만든다. 이에 따라 하위 성과자들이 빠르게 개선되고, 기존의 최고 성과자들과의 격차를 줄일 수 있다. 이러한 AI의 능력 평준화 효과는 실제로 다양한 산업에서 나타나고 있다.

먼저 고객 지원의 수준이 상향 평준화되고 있다. 2024년 4월 고객 지원 상담원 5,000명을 대상으로 한 연구에서 챗GPT를 사용한 하위 성과자의 업무 속도가 평소보다 35% 빨랐다는 결과가 나왔다. 반면, 최고 성과자는 거의 개선되지 않았다. 이는 AI가 특히 하위 성과자들에게 큰 도움이 된다는 사실을 보여준다. AI를 통해 반복적인 작업을 자동화하고, 복잡한 질의응답 과정을 간소화하며, 고객 만족도를 높일 수 있다.

같은 해 9월 한 컨설팅 회사에서 컨설턴트의 업무 품질을 분석한 결과, 하위 절반의 컨설턴트는 챗GPT를 사용해 업무 품질을 43% 향상시킨 반면, 최고 성과자의 업무 품질은 17% 향상되었다. 이는 AI가 업무의 질을 크게 향상시키며, 특히 경험이 적은 컨설턴트들에게 도움이 된다는 사실을 보여준다. AI는 데이터 분석, 보고서 작성, 복잡한 문제 해결 등의 과정에서 중요한 역할을 한다.

11월에 진행된 또 다른 연구에서 법학대학원 학생의 학업 성과를 분석한 결과, 기술 능력이 가장 낮은 학생들이 가장 큰 성과 향상을 보였다는 것을 발견했다. 챗GPT는 법률 문서 작성, 판례 분석, 법적 자문 등의 작업에서 큰 도움을 준다. 특히 초보 변호사들에게는 복잡한 법적 질의에 대한 빠르고 정확한 답변을 제공함으로써 시간을 절약하고, 업무 효율성을 높일 수 있다.

Chapter 4. 생성형 AI가 활약한 2년의 궤적

이러한 예시들이 AI, 특히 챗GPT가 능력의 격차를 줄이는 데 큰 역할을 하고 있다는 사실을 보여준다. AI는 하위 성과자들을 최고 성과자에 더 가깝게 만들며, 이로 인해 전체적인 성과 수준이 향상될 수 있다. 고객 지원, 컨설팅, 법률 산업 등 다양한 분야에서 AI의 역할이 크게 확대되고 있으며, 앞으로도 많은 산업에서 AI의 영향을 경험하게 될 것이다. 물론 AI 도구는 완벽하지 않다. AI 도구를 잘못 사용하면 오히려 능력 향상에 방해가 될 수도 있다. 하지만 AI 도구를 올바르게 활용한다면 더 공평하고 기회가 평등한 사회를 만들 수 있을 것이다

○ 평등한 교육 기회를 제공하는 AI

평등한 교육을 위해 다양한 AI 기술 기업이 뛰어들고 있다. 오픈AI의 공동창립자이자 테슬라Tesla의 AI 책임자였던 안드레이 카르파티Andrej Karpathy는 AI가 주축이 된 새로운 종류의 학교인 유레카 랩스Eureka Labs를 발표했다. 샌프란시스코에 본사를 둔 유레카 랩스는 생성형 AI의 최근 진전을 활용해 학생들에게 수업 자료를 안내할 수 있는 AI 교육 조수의 개발을 목표로 한다.

아이디어는 전문가가 만든 커리큘럼 및 자료와 AI 교육 조수를 결합해 모든 사람이 어디에서나 무엇이든 쉽게 배울 수 있도록 하는 것이다. 예를 들어 리처드 파인먼Richard Feynman과 같은 AI 가정 교사와 함께 물리학을 공부하는 것이다.

유레카 랩스가 이러한 AI 교육 혁명을 주도하는 유일한 기업은 아니다. 칸 아카데미Khan Academy는 교사를 위한 AI 기반 칸미고Khanmigo를 보유하고 있으며, 이를 통해 수업 계획을 생성하고 학생 수준에 따라 콘텐츠의 난이도를 조정하도록 한다. 그 밖에도 수십 개의 회사가 언어학습, STEAMscience(과학), technology(기술), engineering(공학), arts(예술), mathematics(수학)의 머리글자를 딴 것으로 융합인재교육을 일컫는다, 개인 맞춤형 교육을 위한 전문 AI 도구를 개발하는 데 뛰어들었다.

카르파티는 AI가 교육 분야를 혁신할 잠재력이 있다고 믿으며, 유레카 랩스는 이러한 변화를 현실로 만드는 데 도움이 될 것이라고 말했다. 그는 오픈AI를 떠난 지 불과 몇 달 만에 새로운 AI 통합 교육 플랫폼인 유레카 랩스를 발표했다. 유레카 랩스의 첫 번째 제안인 LLM 101n은 학생들에게 자신의 AI 모델을 학습하도록 가르치는 학부 수준의 과정이다.

카르파티에 따르면 유레카 랩스는 인간 교사와 협력해 '누구나 무엇이든 배울 수 있도록' 하는 AI 조수 또는 인격을 구상하고 있다. 교사는 여전히 수업 자료를 설계하지만, 이 AI 조수의 지원을 받을 것이다.

이와 같은 사례는 AI 전문가들이 교육으로 비즈니스 모델을 전환하는 현상이 증가하고 있음을 보여준다. 대표적으로, 코세라Coursera의 공동창립자인 앤드루 응Andrew Ng이 있다. 스탠퍼드대 교수이기도 한 응은 코세라를 통해 온라인 교육을 혁신하고 있으며, 많은 사람들이 AI와 머신러닝을 배우는 데 도움을 주고 있다.

또 구글 브레인 팀의 창립 멤버였던 페이페이 리Fei-Fei Li는 스탠
퍼드대에서 AI 교육 프로그램인 AI4ALL을 설립했다. 이 프로그램
은 고등학생들에게 AI와 관련된 교육을 제공한다.

AI 전문가들이 자신들의 지식을 활용해 교육 모델을 강화하는
트렌드는 앞으로도 지속될 것으로 보인다. 이는 학생들에게 질 높은
교육을 제공할 뿐만 아니라, AI 분야의 글로벌 발전을 도모하는 중
요한 역할을 한다. 초개인화된 학습부터 고급 주문형 AI 교사에 이
르기까지 교육은 향후 몇 년 안에 대대적으로 재편될 예정이다.

○ AI로 인한 2030년 이후 지식 평준화

AI 기술의 발전이 2030년 이후 전 세계인의 지식수준을 평준화
함으로써 대부분의 교육과 학습이 획일화되어 각 국가의 개성이 흐
릿해지며 결국 통합 세계로 나아갈 것이라는 주장도 나오고 있다.
이러한 주장은 다양한 연구 결과와 보고서들이 뒷받침하고 있으며,
이는 사회, 문화, 정치 등 다양한 분야에 큰 영향을 미칠 것으로 예
상된다.

AI 기술이 지식 평준화를 이루는 세 가지 방법은 다음과 같다.
먼저 AI는 개인의 학습 스타일, 속도, 수준에 맞춰 최적화된 학습 경
험을 제공할 수 있다. 이는 모든 사람이 자신의 잠재력을 최대한 발
휘할 수 있도록 돕는다. 또 AI는 언어 장벽을 뛰어넘어 전 세계 어디
에서나 다양한 정보에 접근할 수 있도록 돕는다. 이는 지식 격차를

줄이고 모든 사람에게 동등한 기회를 제공하는 계기가 된다. 마지막으로, AI는 인간의 기억력, 집중력, 문제 해결 능력 등을 향상시키는 데 도움을 줄 수 있다. 이는 생산성 향상과 더 나은 삶의 질로 이어진다.

　전 세계적으로 같은 AI 도구, 예를 들어 챗 GPT를 사용해 교육을 하게 되면 지식의 평준화와 더불어 교육과 학습이 획일화된다. 이에 따라 전 세계 사람들의 사고방식과 가치관이 유사해지고, 국가 간의 차별성이 감소될 수 있다. 지식 평준화와 교육 획일화는 전 세계 경제의 통합을 가속화할 수 있으며, 국제 무역과 투자가 더욱 활발해질 것으로 예상된다. 또한 공통의 지식 기반과 가치관을 바탕으로 국제사회의 정치적 협력이 강화될 가능성이 커진다. 지식 공유와 협업이 활발해짐에 따라 전 세계 사람들 간의 문화적 교류도 활발해질 것으로 예상된다.

　다만 획일화된 교육과 학습은 문화적 다양성 감소, 창의성 저하 등 부정적인 영향을 미칠 수 있으므로 주의할 필요가 있다. 이 문제만 해결된다면, 세계적인 통합과 지식 평준화는 인류가 오랫동안 짊어져 온 난제들을 해결하는 데 중대한 역할을 할 것이다.

3.
의료 분야에서 AI의 활약 :
진단의 속도와 정확도 개선

대동작기능평가는 뇌성마비 아동의 동작 기능을 평가하기 위해 널리 사용되는 평가 도구다. 그런데 전체 대동작기능평가를 관리하는 데는 숙련된 전문가라도 45~60분 정도 걸린다. 이처럼 뇌성마비 아동의 운동 능력을 평가하는 것은 시간이 많이 소요되는 일이며, 주관적인 판단에 의존하기 때문에 정확도가 떨어질 수 있다는 문제점이 있다.

쾰른 대학교의 연구원들은 평가 프로세스를 간소화하기 위해 AI를 사용해 대동작기능평가의 축소 버전을 개발했다. 뇌성마비 아동의 움직임을 비디오로 촬영한 후, AI 머신러닝 알고리즘을 사용해 전체 대동작기능평가에서 가장 유용한 항목을 식별하는 방법으로, 임상의는 테스트 항목을 줄여서 총 운동 기능을 정확하게 평가할 수 있다. 뇌성마비가 있는 1,217명의 어린이를 대상으로 한 연구에서 AI 지원 프로세스는 단일 평가와 시간에 따른 변화를 평가한 결과 전체 대동작기능평가와 거의 일치했다. 또 의료진이 평가하지 못했던 미세한 움직임까지 감지할 수 있어 더 정밀한 평가가 가능하게 되었다.

이러한 사례에서 알 수 있듯이 의학에서 AI는 단순한 이론적 개념이 아니다. 최근의 발전으로 AI는 막연한 전망에서 벗어나 실용적인 응용 프로그램으로 발전했으며, 이미 실질적인 결과를 제공하고 있다. 오늘날 임상 작업에 AI를 사용하는 몇 가지 흥미로운 사례들을 소개한다.

○ 의료 영상 및 데이터 분석은 AI가 이미 앞섰다

1. 의료 영상 분석 자동화

의료 영상, 특히 CTcomputerized tomography, 컴퓨터 단층촬영 나 MRImagnetic resonance imaging, 자기공명영상 촬영 결과를 분석하려면 숙련된 의료 전문가가 필요하며, 오랜 시간이 소요되고 실수가 발생하기 쉬운 단점이 있다. 이러한 문제를 해결하기 위해 다양한 AI 기반 의료 영상 분석 솔루션들이 개발되고 있다. AI는 의료 영상에서 암, 혈관 질환, 골절 등을 자동으로 탐지하고 진단하는 데 효과적인 것으로 나타났다. 또 인간의 눈으로는 식별하기 어려운 미세한 병변까지 찾아낼 수 있어 조기 진단 및 치료에 도움을 줄 수 있다.

몇 가지 대표적인 사례를 살펴보면 CT 스캔 이미지에서 AI 알고리즘은 뇌졸중 환자에서 뇌혈관 폐쇄를 자동으로 탐지해 진단과 치료를 개선한다. MRI 영상에서는 뇌 영상 분석을 통해 다발성 경화증 환자의 진단 정확도를 44% 향상시키고 판독 시간을 줄여준다. AI 기반 알고리즘은 폐 결절을 26% 더 빠르게 탐지하고 수동 검사보다 29% 더 많은 결절을 식별할 수 있다.

최근 패스AIPathAI는 병리학자들이 암을 진단하는 데 도움을 주는 AI 알고리즘을 개발했다. 이 AI는 세포 이미지를 분석해 암세포를 더욱 정확하게 판별한다. 아이닥Aidoc은 CT 및 MRI 영상에서 여러 가지 특정 이상 소견을 빠르게 탐지해 방사선 전문의의 진단 속도를 높인다. 하트플로HeartFlow는 관상동맥 질환 위험을 분석하는 AI 기반 기술로, CT 영상을 통해 환자의 혈류를 3D로 시뮬레이션한다.

그 밖에도 피부 병변을 분류해 진단 능력을 강화하며, 심전도와 심장 MRI 이미지를 분석해 급성 심장마비 등의 심장 질환 위험을 평가하는 데도 능력을 발휘한다.

2. 의료 데이터 분석 및 예측

의료 데이터로부터 유의미한 결과를 얻으려면 매우 방대한 양의 데이터를 분석하고 해석해야 한다. 이는 시간과 노력을 투자해야 하는 쉽지 않은 작업이다. AI를 활용하면 짧은 시간 안에 의료 데이터에서 질병의 패턴을 파악하고, 환자의 건강 상태를 예측하며, 최적의 치료 방안을 제시할 수 있다. AI 기반 의료 데이터 분석 도구는 질병의 조기 진단, 예방, 치료에 효과적인 것으로 나타났다. 또 개인 맞춤형 의료 서비스 개발에도 활용되고 있다. 실제로 AI가 유전체 및 프로테오믹스 데이터를 통합해 질병 진단과 치료를 개선하고 있으며, 방대한 데이터를 분석해 질병의 생물학적 표지자바이오마커를 발견하는 데도 도움을 줘 조기 진단과 맞춤형 치료를 가능하게 한다.

섭시스 워치Sepsis Watch는 생명을 위협하는 질환인 패혈증을 예측하고 관리하기 위해 듀크 대학교가 개발한 AI 기반 조기 경보 시스템이다. 이 시스템은 전자건강기록 데이터를 활용해 임상 증상이 나타나기 최대 36시간 전에 패혈증 위험이 있는 환자를 식별한다. 알고리즘은 활력 징후, 실험실 결과 및 약물 투여를 지속적으로 분석해 환자의 패혈증 발병 위험을 나타내는 패턴을 식별한다. 의학저널 〈지미르JMIR〉에 발표된 연구에 따르면 섭시스 워치는 패혈증을 신속히 찾아냄으로써 패혈증 사망률을 31% 감소시키는 것으로 나타났다.

한편 구글 헬스Google Health와 베릴리Verily: 알파벳의 자회사인 생명과학 연구기업는 딥러닝 알고리즘을 사용해 망막 이미지를 분석하고 망막병증 징후를 식별하는 AI 시스템을 개발했다. AI 시스템은 안과 의사가 망막병증의 존재 여부를 표시한 대규모 망막 이미지 데이터세트로 학습해 미묘한 패턴을 식별한다. 일단 학습되면 새로운 이미지를 분석하고 이미지에 망막병증의 징후가 포함될 확률을 제공할 수 있다. 이 AI 시스템은 인도에서 임상 환경 테스트를 진행했으며, 안과 의사의 진단과 비슷한 결과를 얻었다. 이 기술은 특히 자원이 부족한 환경에서 검사에 쉽게 접근할 수 있고 저렴하게 만들 수 있는 잠재력을 가지고 있다. 조기 발견 및 치료를 가능하게 함으로써 이 AI 시스템은 수백만 명의 사람들이 시력을 잃는 것을 방지하는 데 도움이 될 수 있다.

스마트워치에서 심방세동을 감지하는 AI는 지속적인 모니터링을 통해 환자 건강에 직접 서비스를 제공하는 좋은 사례다. 심방세동의 조기 발견 및 관리는 뇌졸중이나 심부전과 같은 심각한 건강 합병증을 크게 낮출 수 있다. 이전에는 의사가 환자를 보고 가끔 검사를 실시했지만 완전한 장기 데이터 세트에 접근할 수 없었기에 심방세동의 감지가 산발적이었다. 하지만 많은 스마트워치와 피트니스 밴드에 이 기능이 탑재되어 있다. AI 시스템이 잠재적인 문제를 식별하면 착용자에게 의학적 조언을 구하도록 경고해 적시에 개입할 수 있도록 한다.

3. 의료 서비스 접근성 향상

의료 서비스 불평등의 원인 가운데 하나는 시간과 공간의 제약이다. 특히 개발도상국이나 소외 계층의 경우 필요한 의료 서비스를 받기 어려운 것이 현실이다. 그런데 AI가 의료 전문가의 부족을 해결하는 데 활용될 수 있다. AI 기반 의료 서비스 플랫폼은 의료 전문가가 없는 지역에서도 원격 진료, 질병 진단, 치료 상담 등을 제공하며, 특히 긴급 상황에 효과적인 것으로 나타났다. 현재 아프리카에서는 AI 기반 원격 진료 플랫폼을 도입해 의료 전문가가 없는 지역 주민들에게 기초적인 의료 서비스를 제공하는 시스템이 도입되었다. 인도에서는 AI 기반 의료 챗봇을 개발해 기본적인 질병 진단 및 치료 상담을 제공하고 있다. 이 챗봇은 의학 지식이 없는 사람도 쉽게 사용할 수 있도록 설계되었다.

4. 의료 연구 가속화

병을 치료하거나 예방하는 약을 만드는 데는 생각보다 오랜 시간이 걸린다. 평균 10년 이상에 약 25억 달러 수준의 투자가 필요하다. 이처럼 새로운 약물 및 치료법 개발은 오랜 시간과 많은 비용이 소요되는 과정이며, 심지어 성공 가능성도 매우 낮다. 그런데 AI가 등장하며 이 시간과 비용이 획기적으로 줄여주고 있다. AI는 방대한 양의 연구 데이터를 분석하고, 새로운 약물 후보 물질을 발굴하며, 임상 시험을 설계하는 데 활용된다. 실제로 AI 기업 딥마인드는 인류가 10년 동안 풀지 못한 단백질 구조를 30분 만에 풀기도 했다. 딥마인드가 풀어낸 단백질 접힘은 알츠하이머, 파킨슨병, 당뇨 등의 문제를 해결할 수 있을 것으로 기대되고 있다.

5. 의료 비용 절감

의료 비용은 지속적으로 증가하고 있으며, 이는 개인과 국가 모두에게 큰 부담으로 작용하고 있다. AI가 의료 서비스에 도입되면 불필요한 검사 및 치료를 줄여 의료 비용을 절감하고 효율성을 높이는 데 활용될 수 있다. 즉 진단의 정확도를 높이고 치료 과정을 최적화하며, 병원 재입원율을 감소시켜 의료 비용 절감에 기여할 것이다. 또 AI는 병원 운영과 자원 관리를 최적화해 의료 제공이 더 효율적으로 이루어지도록 한다. 예측 분석을 통해 병원은 환자의 치료 요구를 미리 파악하고, 필요한 자원을 적절히 배치할 수 있다.

○ 간호 서비스에 사용되는 AI

이러한 응용 사례들은 의료 진단에서 AI의 잠재력을 입증하며, 정확도, 효율성, 치료 결과 등을 향상시키는 실질적인 이점을 제공한다. 질병이나 사고에서 치료의 가장 중요한 점 중 하나는 바로 빠른 의학적 처치다. 병명을 신속하게 확정하고 그에 따른 치료 방법을 확정하는 등, 의료에도 수많은 의사 결정이 필요한데, 이런 AI의 활약이 큰 도움이 되고 있다.

AI가 이처럼 의학계의 전통적인 패러다임을 재편하고 전체 산업이 새로운 규칙에 따라 운영되는 미래를 창조하고 있다. 이러한 현상은 의료 시스템의 초석인 간호 분야도 예외가 아니다. 임상 의사 결정 강화부터 작업 흐름 최적화 및 환자 치료 개선에 이르기까지 AI는 간호사의 역할과 책임을 재편하고 있다. AI를 활용함으로써 간호사는 업무에 효율적으로 집중해 효과적인 환자 치료로 이어질 수 있다.

1. 치료 계획 개발

AI는 개별 환자의 고유한 요구에 맞게 치료 계획을 개발하는 데 중요한 역할을 한다. AI 시스템은 유전자 프로필, 치료 반응, 실시간 건강 지표 등 포괄적인 환자 데이터를 분석해 맞춤형 치료 전략을 추천한다. 이러한 접근법을 통해 환자는 가장 효과적인 치료를 받고 부작용을 최소화할 수 있다. 또한 AI는 환자의 진행 상황을 지속적으로 모니터링해 치료 계획을 빠르고 유연하게 조정할 수 있다. 예를 들어 AI는 의료제공자가 예상하는 회복 궤적에서 벗어나는 것을 경고해 적시에 치료 계획을 수정할 수 있도록 한다. 이러한 사전 예방적이고 개인화된 접근 방식은 간호사가 제공할 수 있는 진료의 질을 크게 향상해 최적의 결과를 보장한다.

2. 간호 업무 흐름 간소화

AI를 활용해 자동화된 일정 관리 및 인력 배치 시스템은 인력 수요를 예측하고 교대 패턴을 최적화하며 적절한 적용 범위를 보장함으로써 간호 관리자의 관리 부담을 줄이고 일정 충돌을 최소화한다. 마찬가지로, AI 기반 문서화 및 기록 보관 시스템은 환자 데이터를 자동으로 업데이트한다. 이러한 반복적인 작업에 소요되는 시간을 줄임으로써 간호사는 환자 치료에 더 많은 시간을 할애할 수 있어 의료 서비스 제공의 전반적인 효율성과 효과가 향상된다.

3. 환자 경험 개선

환자들은 종종 의료 서비스 과정에서 불편함을 느끼고, 충분한 정보를 제공받지 못한다는 불만을 갖는다. AI는 환자들에게 개인 맞춤형 의료 서비스를 제공하고, 질병에 대한 정보를 제공하며, 치료 과정을 관리하는 데 활용될 수 있다. AI 기반 의료 챗봇은 환자들의 질문에 답변하고, 증상 관리 및 치료 상담을 제공하며, 약물 복용 관리를 도와 환자들의 만족도를 높여준다. 또한 AI는 환자 데이터를 분석해 개인의 건강 상태를 파악하고, 예방 조치를 권고하는 데 활용될 수 있다.

실제로 미국 병원에서는 AI 기반 환자 포털을 도입해 환자들이 자신의 의무기록, 검사 결과, 치료 계획 등을 온라인으로 확인하고 관리할 수 있도록 지원하고 있다. 한국에서도 AI 기반 정신 건강 상담 챗봇을 개발해 우울증이나 불안 장애가 있는 사람들에게 상담 서비스를 제공한다. 이 챗봇은 24시간 이용 가능하며, 사용자의 익명성을 보장한다.

한편 AI를 통해 환자 데이터에 실시간으로 액세스할 수 있으므로 간호사는 환자의 병력, 실험실 결과 및 치료 계획을 신속하게 검색하고 검토할 수 있다. 포괄적인 환자 정보에 대한 즉각적인 접근은 정보에 입각한 의사 결정 및 환자 요구에 대한 신속하게 대응할 수 있게 해준다. AI를 간호 업무에 통합함으로써 의료 서비스 제공자는 효율적이고 대응력이 뛰어난 의료 환경을 만들 수 있다.

다만 이러한 이점에도 불구하고 AI를 간호에 통합하는 것은 강력한 데이터 보안책, AI 기반 결정을 둘러싼 윤리적 고려사항, 간호 전문가에 대한 지속적인 교육과 학습의 필요성이라는 장애물이 있다. 이 문제들을 해결하는 것이 의료 분야에서 AI의 이점을 활용하는 데 가장 중요한 선결과제다.

AI는 이미 다양한 방식으로 의료 진단 분야에서 혁신을 이끌고 있다. 이러한 기술들은 진단의 정확성을 높이고, 의료 제공의 효율성을 향상시키며, 환자의 치료 결과를 개선하는 데 실질적인 기여를 하고 있다. 앞으로 AI는 더욱 정교한 진단 도구와 치료 방법 개발에 중요한 역할을 할 것이다. AI를 통해 우리는 보다 효과적이고 포괄적인 의료 환경을 기대할 수 있다

4.
언론 분야에서 AI의 활약:
좋은 선택과 나쁜 선택

　　AI가 등장하기 전에 뉴스는 디지털화라는 큰 사건을 겪었다. 광고 수익이 감소하면서 종이신문의 발행 부수가 덩달아 감소했고 이는 언론사의 위기로 이어졌다. 결과적으로 많은 종이신문들이 폐간하거나 온라인 뉴스 플랫폼으로 전환했다. 2023년 기준, 전 세계적으로 수천 개의 종이신문이 사라졌다.

　　몇 가지 주목할 만한 사례를 살펴보자. 먼저 호주 뉴사우스웨일스의 브로큰힐에서 126년간 발간된 신문 〈배리어 트루스Barrier Truth〉가 재정 문제로 운영을 중단했다. 1837년 창간해 퓰리처상을 수상한 적도 있는 〈볼티모어 선Baltimore Sun〉은 심각한 재정 문제로 비영리 단체로의 전환을 고려하고 있다. 허스트 매거진Hearst Magazine 그룹은 직원 41명을 해고했다. 인사이더Insider Inc. 역시 직원의 10%를 해고했다. 주간지 〈네이션Nation〉과 〈비즈니스위크Busi-nessweek〉는 구독자 및 수익 감소로 인해 월간 발행물로 전환될 예정이다.

종이신문의 폐간과 온라인 뉴스 플랫폼으로의 전환은 언론인의 일자리 감소로 이어졌다. 2023년 기준, 전 세계적으로 수만 명의 언론인이 일자리를 잃었다.

○ 살아남은 언론사들의 선택

살아남은 언론사들은 이제 생성형 AI가 등장하면서 다시 한번 생존의 문제에 부딪혔다. 디지털화된 자신들의 콘텐츠가 생성형 AI의 학습에 무단으로 사용된 것이다. 〈뉴욕 타임스〉를 비롯한 일부 미디어 회사가 자사 콘텐츠 무단 사용과 관련해 오픈AI를 고소했다. 하지만 다른 언론사들 중에는 빠르게 변하는 세상에서 살아남기 위해 AI 기업들과 협업을 선택한 곳도 있었다.

〈타임TIME〉은 2024년 7월 오픈AI와의 새로운 다년간 라이선스 계약 및 파트너십을 발표했다. 이 계약에 따라 〈타임〉의 방대한 콘텐츠 라이브러리가 챗GPT, AI 모델 교육 및 기타 오픈AI 제품에 통합된다. 이 계약에 따라 챗GPT가 〈타임〉의 뉴스 콘텐츠 보관소에 접근할 수 있게 되었다. 챗봇은 사용자 질의에 응답하면서 〈타임〉의 원본 소스를 인용하고 링크를 함께 노출할 것이라고 두 회사는 성명에서 덧붙였다.

두 회사는 이번 파트너십에서 다음과 같은 긍정적인 효과를 기대하고 있다. 먼저 정보 보존이 더 효과적으로 진행된다. 최근 MTV 아카이브가 삭제되었다는 소식처럼, 인터넷 시대에는 과거의 소중한 콘텐츠들이 사라질 위험에 처해 있다. 오픈AI와의 파트너십을 통해 〈타임〉 101년 역사의 아카이브를 안전하게 보존할 수 있다. 둘째, 뉴스 쿼리에 대한 정확한 응답을 보장받는다. 오픈AI의 AI 모델들은 〈타임〉의 아카이브를 학습해 뉴스 쿼리에 관해 더 정확하고 풍부한 정보를 제공할 수 있게 된다. 셋째, 새로운 기능을 개발해 독자 참여를 극대화할 수 있다. 예를 들어, 개인 맞춤형 뉴스 추천, 실시간 뉴스 요약, 가상 비서 서비스 등을 제공할 수 있다. 넷째, 시대에 발맞춰 저널리즘의 진화를 따라갈 수 있다.

AI와의 협력이 확장됨에 따라, 전통적인 저널리즘의 방식에도 변화가 일어날 것으로 예상된다. AI는 빠르고 정확한 정보 제공뿐만 아니라, 방대한 아카이브와 데이터베이스를 통해 한층 심층적인 분석과 인사이트를 제공하는 도구로 활용될 것이다.

AI 기업은 2024년에만 〈파이낸셜 타임스Financial Times〉, 〈비즈니스 인사이더Business Insider〉의 소유주인 악셀 슈프링거Axel Springer, 프랑스의 〈르 몽드Le Monde〉, 스페인에 본사를 둔 프리사 미디어Prisa Media와 유사한 계약을 체결했다.

이러한 콘텐츠 파트너십은 AI 모델이 학습하는 데 필수적이다. 그뿐만 아니라 이러한 거래는 그동안 인터넷 거대 기업에 뉴스를 제공하고도 수익 배분에서 배제되어온 뉴스 발행사에 수익성 있는 기회를 제공할 수도 있다. 오픈AI는 2024년 5월에는 〈애틀랜틱Atlantic〉, 복스 미디어Vox Media와 콘텐츠 및 제품 파트너십을 체결했다.

〈타임〉과 오픈AI의 협력이 쏘아 올린 협력의 신호탄은 앞으로 더 많은 미디어 기업들에 퍼져 새로운 저널리즘의 시대를 여는 데 기여할 것으로 보인다. 이는 미디어 산업 전반에 걸쳐 더 혁신적이고 효과적인 방식으로 콘텐츠를 생산하고 전달하는 데 중요한 역할을 할 것이다.

○ 가짜뉴스의 온상이 된 온라인 뉴스 사이트

모든 언론사가 행복한 결말은 맞은 것은 아니다. 언론사들은 변화하는 시대에 적응하고 살아남기 위해 온라인 뉴스 플랫폼, 소셜 미디어, 새로운 기술 등을 활용해 독자들에게 매력적인 콘텐츠를 제공하려고 변신했다. 하지만 이런 변화에 AI 기술이 적용되면서 AI 생성 뉴스 웹사이트가 급격히 늘어났다. 가짜뉴스 감시단체 뉴스가드NewsGuard에 따르면 2023년 4월에 49개의 AI 생성 뉴스 사이트가 확인되었던 것이 2023년 12월에는 그 수가 600개를 넘어섰다. 광고 수익을 최적화하기 위해 방대한 양의 자극적 기사를 쏟아내는 저품질 웹사이트를 콘텐츠 팜content farm이라고 한다. 뉴스가드는 콘텐츠 팜을 채우는 데 AI 도구가 사용되고 있다고 밝혔다. 이러한 웹사이트는 종종 소유권이나 통제권을 공개하지 않고, 정치, 건강, 엔터테인먼트, 금융 및 기술을 포함한 다양한 주제와 관련된 대량의 콘텐츠를 생성하는데, 일부는 하루에 수백 개의 기사를 게시하기도 한다.

많은 AI 생성 뉴스 사이트들이 광고 수익으로 운영된다. 이용자가 사이트에 접속하면서 생긴 방문기록, 즉 쿠키로 소비 행태를 예측해 이용자가 원할 것 같은 광고를 선택해 노출하는 광고는 웹사이트의 품질이나 성격을 고려하지 않는다. 따라서 멀쩡한 메이저 브랜드들이 이러한 사이트들을 무의식적으로 지원하게 된다. 이는 대규모 콘텐츠 팜을 창출하는 원인이 된다.

이 사이트들은 콘텐츠의 질이 낮거나 가짜뉴스의 문제도 있지만, 저작권 문제도 심각하다. 이들은 AI를 사용해 주류 뉴스 소스에서 기사를 재포장하고, 원본 출처를 밝히지 않고 재작성한다.

이 웹사이트는 전형적인 뉴스 웹사이트와 유사하게 보이며, 기사들은 인간의 의사소통을 모방하도록 설계된 AI 언어 모델에 의해 생성된 것으로 보인다. 이런 뉴스봇들이 생산하는 뉴스에는 몇 가지 큰 문제가 있다. 먼저 가짜뉴스 및 잘못된 정보를 확산시킨다. 두 번째로 이런 AI 뉴스 웹사이트가 증가할수록 언론에 대한 일반 대중의 신뢰를 감소시킬 수 있다. 마지막으로 AI가 뉴스 제작 과정을 자동화하면 언론인의 일자리가 감소할 수 있다.

AI는 뉴스 산업에 큰 영향을 미칠 것으로 예상된다. 언론사는 AI 기술을 활용해 효율성을 높이고 독자 경험을 개선할 수 있지만, 동시에 가짜뉴스 및 잘못된 정보의 확산을 방지하고 언론의 신뢰도를 유지하기 위한 노력이 필요하다.

5.
영화 분야에서 AI의 활약:
제작비의 90% 절감

소니 픽처스Sony Pictures가 비용 절감을 위해 생성형 AI를 영화 제작 과정에 도입한다고 발표했다. 토니 빈시케라Tony Vinciquerra CEO는 2024년 6월 일본 투자자 회의에서 "회사가 AI에 매우 집중하고 있으며 영화 제작을 간소화하기 위해 이 기술을 도입하고 있다"고 말했다. 그는 AI를 사용해 극장과 TV용 영화를 더 효율적으로 제작하는 방법을 모색할 것이라고 덧붙였다.

AI가 영화 제작에 도입되면, 영화 제작 비용을 줄일 수 있을 것으로 기대한다. 예를 들어 AI를 스토리보드 제작, 배경 제작, 특수효과 제작 등을 자동화하는 데 사용할 수 있다. 또 대본 작성, 촬영 일정 편성, 편집 등을 빠르게 수행해 영화 제작 일정을 앞당길 수 있다. AI 기술이 더 발달하면 가상현실 영화라든가 AI 배우 출연 등 기존에 없던 새로운 방식으로 영화를 제작할 수 있다.

영화 제작자인 폴 트릴로Paul Trillo는 AI가 제작 전과 제작 후 프로세스에 접근하는 방식을 확실히 바꿀 것이며, 사람들이 갖게 될 업무와 직업의 종류에도 변화가 있을 것이라고 이야기했다. 콘셉트 아트부터 스토리보드, 시각 효과에 이르기까지 전통적인 기술을 보유한 사람들은 이러한 새로운 도구를 채택함으로써 작업 속도를 높이고 창의적인 과정에서 새로운 아이디어를 탐구하는 데 추가 시간을 투자할 수 있다고 말했다. 특히 AI는 독립 영화에 블록버스터 영화와 대등한 시각 효과를 사용할 기회를 제공할 것이라고 덧붙였다.

딜로이트의 조사에 따르면, 미국 소비자의 22%가 생성형 AI가 인간보다 더 나은 쇼와 영화를 만들 수 있다고 믿는다. 실제로 생성형 AI를 활용한 영화 시장은 2022년 2억 7,600만 달러에서 2032년까지 28억 8,200만 달러로 성장하며, 연평균 성장률 27.2%를 기록할 것으로 예상된다. 이 통계는 생성형 AI가 이미 영화 제작의 다양한 측면에서 활용되고 있으며, 앞으로도 영화 산업에서 중요성이 계속 커질 것임을 나타낸다.

MIT 슬론 경영대학원의 사이먼 존슨Simon Johnson 교수는 AI가 작업을 자동화하거나 모든 종류의 작업자 역량을 강화할 수 있는 기술이라고 소개하며, 가장 가능성 있는 결과로 대본 초안 작성 및 개발에 참여하는 사람의 수가 줄어들 것이라고 말했다. 그는 특히 경영진이 AI를 사용해 대본을 생성한 다음 영화 학교 출신의 사람을 직접 고용해 인간 작가가 있는 것처럼 보이게 만들 수도 있다고 말했다.

AI 스타트업 임원인 알론 야르Alon Yaar는 생성형 AI가 영화 산업에 미치는 영향은 혁신적이고 광범위할 것이지만, 두려워하기보다는 사운드나 CGcomputer graphic, 컴퓨터 그래픽의 도입과 유사한 새로운 창의적 도구로 보아야 한다고 말했다. AI의 영향력은 단일 애플리케이션을 넘어 사전 제작부터 후반 작업까지, 그리고 창작 프로세스 전반에 걸쳐 업계의 모든 측면에 영향을 미치게 된다고 덧붙였다.

○ 생성형 AI는 이미 영화에 등장했다

AI는 이미 할리우드에 진출했다. 20세기 폭스20th Fox는 2019년 영화 〈알리타: 배틀 엔젤〉에서 주인공 알리타의 얼굴을 제작하는 데 AI를 사용했다. 워너브라더스Warner Bros.는 2021년 영화 〈정글 크루즈〉에서 특수 효과를 제작하는 데 AI를 사용했으며, 2024년 월트디즈니Walt Desney Company의 〈에일리언 로물루스〉는 사망한 배우 이안 홈Ian Holm을 AI로 되살려내 등장시켰다.

구글, 메타, 오픈AI 등 AI 비디오 제작 소프트웨어를 개발하는 기업들이 할리우드 스튜디오와의 협업을 위해 적극적인 움직임을 보이고 있다. 이들은 텍스트 프롬프트만으로도 사실적인 장면을 만들 수 있는 AI기술을 개발했으며, 이를 통해 영화 제작 과정을 간소화하고 비용을 절감할 수 있다는 장점을 내세우며 스튜디오들과의 협력을 제안하고 있다. 오픈AI의 소라Sora 및 알파벳의 베오Veo 같은 새로운 AI 도구는 영화 제작자가 텍스트로 입력하면 클립을 생성해 내 업계에 흥분과 불안을 동시에 불러일으켰다. 이런 기술이 상용화 되면 영화 제작의 비용 절감과 효율성 증대에 기여할 수 있으나, 창 작물의 저작권 문제 및 AI 기술의 오용 가능성에 대한 우려도 커지 고 있다.

따라서 할리우드 스튜디오들은 AI 기술 활용에 신중한 입장을 보인다. 특히 콘텐츠 사용에 대한 통제권 문제는 주요 쟁점으로 떠 오르고 있다. 스튜디오들은 콘텐츠 라이선스를 부여하는 것에 조심 스러운 입장이며, 최근 배우 스칼릿 조핸슨Scarlett Johansson이 오픈AI 의 챗봇에 자신의 목소리를 사용하지 말라고 요구했던 사건도 이러 한 우려를 반영하는 사례.

영화 산업에서 AI 활용은 아직 초기 단계이지만, 앞서 말한 장 점들로 인해 더욱 확대될 것으로 예상된다. 하지만 AI 활용이 배우 와 작가의 일자리 감소로 이어질 수 있다는 우려도 제기되고 있다. 가장 큰 타격을 받을 것으로 예상되는 직업군은 배우와 시나리오 작가를 비롯해 후반 작업 전문가들이다. 먼저 배우는 몸값 비싼 배 우 대신 더 저렴한 비용으로 가상 배우를 캐스팅할 수 있으며, 이는 실제 배우의 일자리 감소로 이어질 수 있다. 그리고 이런 영향은 엑 스트라나 단역 배우들로부터 시작될 것이다. AI는 대본을 작성하는 데도 사용될 수 있으며, 이는 시나리오 작가의 일자리 감소로 이어 질 수 있다. 마지막으로 특수 효과, 편집, 음향 등 후반 작업을 자동 화하는 데도 AI가 사용될 수 있으며, 이는 후반 작업 전문가의 일자 리 감소로 이어질 수 있다. 특히, 반복적인 작업을 수행하는 직업이 가장 큰 영향을 받을 것으로 예상된다.

일자리 감소 규모는 정확히 예측하기 어렵지만, 수천 명에서 수만 명에 달할 수 있다는 전망이 있다. 맥킨지 글로벌 연구소는 2030년까지 자동화로 인해 전 세계적으로 8억 개의 일자리가 사라질 수 있다고 예측했다. 이 중 영화 산업 관련 일자리도 상당수 포함될 것으로 보인다.

하지만 AI는 새로운 일자리도 창출할 수 있다. AI 기술을 개발하고 유지보수하는 전문가, AI 기반 영화 제작 도구를 사용하는 프로듀서, AI 배우와 상호작용하는 감독 등 새로운 직업군이 등장할 것으로 예상된다. 다른 모든 산업과 마찬가지로, 영화 산업계의 생성형 AI 도입은 일자리 감소와 새로운 일자리 창출이라는 양날의 검과 같다.

드림웍스DreamWorks 창립자인 제프리 카첸버그Jeffrey Katzenberg는 AI 기술이 애니메이션 영화 비용을 90%까지 절감할 것으로 예측했다. 그는 세계적인 애니메이션 영화를 만드는 데 500명의 예술가가 5년이 걸렸던 '황금기'를 가리키며, 3년 후면 그 10%도 걸리지 않을 것이라고 말했다.

영화 산업은 AI와 인간의 협업을 통해 새로운 시대를 맞이할 것으로 보인다. AI 비디오 생성 소프트웨어는 영화 산업에 혁신을 가져다줄 것으로 예상되지만, 이에 따른 윤리적 문제와 법적 이슈도 함께 해결해 나가야 할 것이다.

6.
자원 분야에서 AI의 활약:
희토류 없는 자석 개발

AI의 등장은 여러 분야에서 활약을 보이고 있는데 그중에서도 재료 과학 분야에서 혁신을 일으키기에 특히 적합한 것으로 평가받고 있다.

오픈 소스 데이터베이스 '머티어리얼스 프로젝트Materials Project'에 따르면, 인간은 그동안 실험을 통해 약 2만 가지의 재료를 발견했다. 하지만 컴퓨팅 기술의 발전과 더불어 이 숫자는 4만 8,000개까지 늘어났다. 2023년 말에는 구글 딥마인드의 연구원들이 4만 8,000개의 기존 재료를 기반으로 220만 개의 새로운 재료를 발굴하는 데 성공했다. 이 중 38만 개는 안정적이고 우수한 합성 후보로 선정되었다. 이는 AI가 재료 과학의 발전을 어떻게 가속화할 수 있는지를 명확히 보여준다.

AI의 도입은 재료 연구의 효율성을 극적으로 향상시키고 있다. AI는 방대한 데이터 분석과 패턴 인식을 통해 최적의 재료 조합을 찾아내는 능력을 갖추고 있다. 이는 기존의 연구 방법을 뛰어넘어 짧은 시간에 매우 중요한 발견을 할 수 있게 만든다.

○ 기후변화를 해결하는 자석의 개발

사회 전반의 전기화는 기후변화 문제 해결을 위한 필수적인 과제이지만, 이 과정에서 전기차의 모터 및 배터리 같은 핵심기술 개발에 희토류 금속의 사용이 불가피해지며 새로운 문제를 야기하고 있다. 희토류 금속 채굴은 환경 파괴, 자원 고갈, 국제적 갈등 등 심각한 문제를 불러오는 것으로 알려져 있다.

영구자석은 전기차, 풍력 터빈, 로봇공학, 드론과 같은 다양한 기술에 사용되며, 대부분이 희토류 금속에 의존한다. 이러한 금속에 대한 수요는 유럽에서만 2030년까지 5배 증가할 것으로 예상된다. 영구자석을 생산하는 데 필요한 희토류는 중국에 가장 많이 매장되어 있다. 이로 인해 지정학적 긴장이 고조되며 희토류를 중국에 의존하는 것은 위험한 게임임을 세계가 깨닫고 있다.

AI 기술의 발전이 이 문제에 획기적인 해결책을 제시해줄 것으로 기대되고 있다. 영국 소재 기술 기업 머티어리얼스 넥서스Materials Nexus가 AI를 활용해 희토류 금속을 전혀 사용하지 않는 자석을 단 3개월 만에 개발하는 놀라운 성과를 발표했다. 이는 기존 희토류 자석 개발보다 약 200배 빠른 속도다.

이 기업은 영국 국립 연구소, 셰필드 대학교와 협력해 희토류 금속을 사용하지 않는 자석을 합성하고 테스트했다. 머신러닝 알고리즘을 사용해 실행 가능한 희토류 자석을 생성할 수 있는 1억 개 이상의 재료 조합을 식별하고 분석했으며, 디스프로슘이나 네오디뮴과 같은 희토류가 포함되지 않은 영구자석 개발에 성공했다. 제작자들은 이 자석을 제작하는 데 오늘날 사용되는 유사한 희토류 원소 자석보다 더 낮은 비용과 더 적은 탄소를 배출한다고 한다.

머티어리얼즈 넥서스 측은 마그넥스MagNex라 불리는 이 영구자석의 개발이 시작에 불과하다고 말한다. 머신러닝 알고리즘은 마이크로칩부터 초전도체까지, 모든 분야에 사용되는 모든 종류의 재료 조합을 만들어낼 수 있다. 전자제품부터 전기차에 이르기까지 현대 기술에는 수천 가지의 다양한 재료가 사용된다. 이러한 물질의 대부분은 수십 년에 걸쳐 시행착오를 통해 발견되었다. 그러나 AI를 사용하면 연구원들은 수백만 가지의 가능한 재료 조합을 가상으로 시험해볼 수 있어 모든 것을 직접 겪어가며 찾을 필요가 없다.

한편 킹스 칼리지 런던과 일본의 연구원들은 AI를 사용해 세계에서 가장 강력한 철 기반 초전도 자석을 개발했다. 초전도 자석은 전력을 조금만 사용해 강력하고 안정적인 자기장을 생성할 수 있는 능력으로 인해 높은 평가를 받고 있다. 이 기능은 자기장에 의존해 연조직의 선명한 3차원 이미지를 생성하는 MRI와 같은 기술에 매우 중요하다. 마크 에인슬리Mark Ainslie 박사가 이끄는 연구팀은 기존보다 2.7배 강한 자기장을 가진 초전도 자석을 만드는 데 성공했다. 그들은 '복스비아BOXVIA'라는 새로운 머신러닝 시스템을 활용해 기존 방법보다 더 효율적으로 초전도체 생성 프로세스를 최적화했다. 일반적으로 몇 달이 걸리는 이 프로세스가 상당히 빨라진 것이다.

초전도 자석은 MRI와 전기차뿐만 아니라 저가 항공기와 핵융합에 필수적인 재료로, 전통적인 구리 기반 초전도체에 필요한 재료와 기술은 비용이 높기 때문에 그동안 시장 침투가 제한적이었다. 이번에 개발된 철 기반 자석이 비용 효율적인 대안이 되어줄 것이다.

회사 관계자는 "AI를 통해 재료 연구 및 개발 시간을 혁신적으로 단축할 수 있었다"며 전기화 시대를 앞당기는 데 큰 힘이 될 것으로 기대했다. 여기에 사용된 AI 기술 역시 높은 계산 능력과 학습 알고리즘을 기반으로 해서 수백만 개의 잠재적인 재료 조합을 분석하는 방법이었다. 즉, 전통적인 연구 방법을 뛰어넘어 방대한 데이터 분석과 새로운 패턴 발견을 통해 최적의 재료 조합을 찾아냈다.

○ AI가 가져온 재료 과학의 혁신

AI의 재료 과학 혁신은 AI가 친환경 에너지 전환의 다른 중요한 영역에서도 핵심적인 역할을 수행할 수 있다는 가능성을 보여주는 대표적 사례다. AI는 이미 신재생에너지 저장 기술 개발, 에너지 효율성 개선, 친환경 소재 발굴 등 다양한 분야에서 활발하게 활용되고 있으며, 앞으로 더욱 빠르게 발전해 기후변화와의 싸움에서 강력한 지원군이 될 것으로 기대된다.

특히 이번 성과는 희토류 금속 의존도를 줄이고, 환경친화적인 재료 사용을 촉진할 수 있다는 점에서 큰 의미를 갖는다. 앞으로도 AI를 이용한 재료 과학의 진보는 지속될 것으로 보인다. AI는 복잡한 문제를 해결하고 시간과 비용을 절감하며, 기후변화 해결에 기여할 수 있는 중요한 도구로 자리 잡을 것이다. 그리고 이번 사례는 그 가능성을 명확히 보여주는 중요한 예시로 남을 것이다.

7.
건강 분야에서 AI의 활약:
스마트워치의 진화

현대인의 바쁜 일상에서 건강을 유지하려는 개인의 노력은 쉬운 일이 아니다. 통계에 의하면 전 세계 사망자의 63%가 만성 질환으로 인한 것이며, 세계보건기구World Health Organization, WHO는 매년 3,800만 명이 비전염성 질환으로 사망한다고 밝혔다. 미국에서는 성인의 약 40%가 최소 두 가지 이상의 만성 질환을 앓고 있으며, 그중 80%는 식습관이나 운동과 같은 생활 습관 요인에 의해 발생한다. 몸에 이상을 느낄 때만 진행되는 병원 방문이나 시간이 있을 때만 하는 불규칙한 운동 습관은 우리에게 필요한 지속적이고 개인화된 가이드를 제공하지 못하는 경우가 많다.

이제 모바일 및 웨어러블 디바이스와 생성형 AI의 통합으로 개인 건강 코칭의 새로운 시대가 열리고 있다. AI 건강 코치라는 이 조합은 기존 방식으로는 제공할 수 없는 지속적이고 개인화된 가이드를 제공한다.

모바일 및 웨어러블 기기는 걸음 수, 심박수 변동성, 수면 시간 등 개인의 생리적 상태와 행동에 대한 지속적이고 상세한 데이터를 제공해준다. 이 디바이스를 통해 개인은 건강한 행동을 유도하는 포인트를 체크할 수 있다. 여기에 개인 주치의처럼 의료 지식을 바탕으로 개인 건강 데이터를 추론하고 건강 목표를 달성할 수 있도록 추가적인 권장사항을 제공하는 기술이 더해지면 바쁜 현대인조차도 스스로 건강을 챙길 수 있을 것이다.

이것을 가능하게 해주는 기술이 생성형 AI다. 복잡한 멀티모달 건강 데이터를 분석하고 해석하는 놀라운 능력을 갖춘 생성형 AI가 매일의 걸음 수와 수면의 질을 추적할 뿐만 아니라 스트레스가 많은 회의 후 심박수 증가와 같은 패턴을 알아차리고 진정할 수 있는 호흡 운동을 제안하는 걸 상상해보자.

○ 만성질환 퇴치를 위한 AI 건강 코치

AI 건강 코치는 사용자 데이터, 생활 습관, 건강 지표를 분석해서 개인화된 가이드를 제공하는 디지털 도구다. 웨어러블 디바이스, 모바일 앱, 사용자 입력 정보를 처리해 심박수 리듬, 수면 패턴, 운동 루틴 등의 바이오마커를 면밀히 검사한다. 일반적인 조언과 달리 AI 건강 코치는 식습관 조절, 수면 패턴의 최적화, 운동 루틴 개선

등 각자의 고유한 상황에 맞게 맞춤화된 추천을 제공한다.

건강 코칭 분야에서 생성형 AI의 잠재력을 인식한 구글과 오픈 AI는 각각 PH-LLMPersonal Health LLM, 개인 건강 대규모 언어 모델의 개발과 스라이브 AI 헬스Thrive AI Health 스타트업을 통해 AI 건강 코치 개발에 뛰어들었다.

구글 딥마인드의 PH-LLM은 개인 건강 데이터를 처리하고 수면 및 운동 패턴을 개선하기 위한 인사이트와 추천을 생성하도록 설계되었다. 이 모델은 텍스트, 오디오, 이미지, 동영상 등 다양한 형식의 콘텐츠를 이해하고 생성할 수 있는 멀티모달 AI인 제미나이 모델을 미세 조정한 버전이다.

딥마인드는 PH-LLM을 에이전트 프레임워크와 통합해 코드 생성 기능 및 정보 검색 도구를 사용한다. 이 조합을 통해 에이전트는 웨어러블 디바이스의 데이터를 처리하고 복잡한 계산을 수행하며 패턴을 파악할 수 있다. 또 검색 엔진을 통해 지식 기반에 접근해 최신 의료 및 건강 정보를 응답에 통합한다. 에이전트는 개별 데이터, 의학 지식, 특정 사용자 쿼리에 대한 반복적인 다단계 추론을 통해 맞춤형 인사이트와 추천을 생성한다.

예를 들어 "낮에 졸지 않고 활기차게 지내려면 어떻게 해야 할까?"라는 질문에 시스템은 인터넷에서 신뢰할 수 있는 출처를 검색해 성인은 7~9시간의 수면, 야외 운동, 스트레스 관리가 에너지를 향상시키는 데 도움이 된다는 사실을 알아낸다. 그 뒤 사용자의 데이터를 분석해 관련 정보를 추출한다. 이 분석을 바탕으로 시스템은 "충분한 수면을 취하세요"라고 응답할 수 있다. 뒤이어 "성인은 하루 평균 7~9시간의 수면이 필요합니다. 당신이 밤에 7시간 미만의 수면을 취한 날이 30%입니다"라고 개인 건강 데이터를 포함해 알려준다.

PH-LLM은 지속적인 데이터 모니터링과 고급 AI 추론을 결합해 고도로 개인화된 건강 권장사항을 제공함으로써 데이터를 각 사용자에게 맞춤화된 실행 가능한 조언으로 변환한다.

한편 샘 올트먼과 아리아나 허핑턴Arianna Huffington의 새로운 벤처 스라이브 AI 헬스는 의학지식과 사용자가 공유하는 모든 의료 및 생체 인식 데이터로 학습된 AI 건강 코치를 제공한다.

이 AI 건강 코치는 사용자의 수면, 식습관, 운동 및 스트레스 패턴을 학습한 다음 온종일 건강 권장사항을 제공한다. 예를 들어 "약을 복용하세요" "이 음식을 드세요" "수영을 하세요"와 같은 조언을 제공할 수 있다. 물론 이러한 기능은 이미 스마트워치와 같은 기존 웨어러블 기기에서도 제공되고 있다. 이들과의 차이점은 마치 의사와 상담하는 것처럼 질문에 답변해주는 AI 건강 코치를 제공한다는 것이다.

이 AI 코치는 스라이브의 행동 변화 방법론에 대한 학습을 진행한다. 또 사용자가 제공하는 개인 생체 인식 데이터와 의료 데이터를 사용해 수면의 질, 음식 선호도, 운동 습관, 스트레스 감소, 움직임 패턴 등 다섯 가지 주요 행동에 대한 선호도와 패턴을 학습한다. 장기 기억력을 갖춘 AI 코치는 실시간으로 개인화된 추천을 제공해 건강을 개선하기 위한 일상적인 행동을 실천할 수 있도록 도와준다.

AI 건강 코치는 만성 질환을 퇴치할 수 있는 유망한 도구로 여겨지지만, 일부 전문가들은 건강의 사회적 결정 요인으로 알려진 중요한 점을 간과하는 경우가 많다고 우려한다. 의료 서비스 접근성, 영양가 있는 식단, 여가 시간 등 공중 보건 결과에 큰 영향을 미치는 요소들을 고려하지 못하고 건강 문제를 지나치게 단순화한다는 것이다.

결국 AI 기술은 전 세계적 공중 보건 문제를 개선하는 데 충분한 잠재력이 있지만, 건강 문제를 다루는 만큼 안전성과 효능을 보장하는 것이 무엇보다 중요하다는 점을 고려해 신중히 도입해야 한다.

8.
제조 분야에서 AI의 활약:
데이터의 활약 지켜보기

21세기 들어 사양산업 취급받던 제조업이 AI와 함께 화려하게 부활했다. 스스로 실시간 조정하는 생산라인, 유지 및 관리 요구 사항을 예측하는 기계, 공급망의 모든 측면을 간소화하는 시스템으로 전례 없는 효율성을 발휘하는 모습을 상상해보라. 이것은 미래에 기대하는 바가 아니라 AI 기술에 힘입어 지금 제조업에서 일어나고 있는 일이다.

GEGeneral Electric, 제너럴 일렉트릭는 장비의 센서 데이터를 분석해 잠재적인 오류가 실제로 발생하기 전에 예측하는 AI 기반 예측 유지 관리를 성공적으로 구현했다. 이러한 사전 예방적 접근 방식은 장비 가동 중단 시간과 유지 관리 비용을 크게 줄여 운영 효율성을 개선하고 기계 수명을 연장해준다.

보쉬Bosch는 수요 예측, 재고 관리, 품질 관리에 AI를 사용했다. 그 결과 재고 수준을 최적화함으로써 비용을 절감하고 주문 이행을 개선했다. 품질 관리도 AI를 통해 상당한 발전을 이루었다. 지멘스 Siemens는 조립라인의 실시간 품질 관리를 위해 AI 기반 컴퓨터 비전 시스템을 사용했다. 이 기술은 결함을 즉시 감지해 일관된 제품 품질을 보장하고 폐기물을 줄여 생산 효율성을 15% 향상시킨다.

하지만 AI가 제조업에 완전히 통합되어 그 성능을 충분히 발휘하기 위해서는 해결해야 할 과제 몇 가지가 아직 남아 있다. 그중 가장 중요한 과제가 고품질 데이터의 가용성과 숙련된 인재의 필요성이다. 아무리 발전된 AI 모델이라도 정확하고 포괄적인 데이터가 없으면 실패할 수 있다. 또한 AI 시스템을 배포하고 유지하려면 제조 및 AI 기술 모두에 숙련된 인력이 필요하다.

○ 제조업의 데이터 홍수

제조업은 센서, IoT 장치 및 상호 연결된 기계가 정보를 엄청나게 쏟아내는 데이터 혁명을 경험하고 있다. 이 데이터는 장비 성능부터 제품 품질까지, 생산 프로세스에 전반에 관한 통찰력을 제공한다. 막대하게 유입되는 데이터를 관리하는 것은 큰 과제다. 저장 용량에 부담을 주고 처리 및 분석 노력을 복잡하게 만들어 종종 기존 시스템을 압도한다.

제조 분야에서 AI 프로그램의 효율성은 모델에 입력되는 데이터의 품질에 크게 좌우된다. AI 모델이 신뢰할 수 있는 예측과 결정을 내리려면 정확성, 일관성, 관련성을 특징으로 하는 고품질 데이터가 필요하다. 불행하게도 많은 제조업체는 불완전하거나 일관성 없는 데이터로 인해 AI 프로그램의 효율성 저하 문제에 직면하고 있다. "쓰레기를 넣으면 쓰레기가 나온다"는 말은 AI에도 해당된다. 데이터 준비의 기본 작업 중 하나는 데이터 정리 및 표준화다. 정리에는 부정확성 제거, 누락된 값 처리, 결과를 왜곡할 수 있는 불일치 제거가 포함된다. 표준화를 통해 다양한 데이터 소스가 균일하고 호환 가능해진다.

이상 징후 탐지도 데이터 품질을 유지하는 데 필수적이다. 이상 값과 특이한 패턴을 식별함으로써 제조업체는 눈에 띄지 않는 잠재적인 오류나 문제를 해결할 수 있다.

데이터 장벽은 또 다른 과제를 제시한다. 제조 데이터는 다양한 부서에서 각각 생산하기에 운영에 관한 포괄적인 시각을 확보하기가 어렵다. 그 결과 편향이 발생한다. 부서 간 장벽을 허물고 통합 데이터 환경을 만들려면 상당한 노력과 투자가 필요하며, 기존 IT 인프라와 프로세스를 전면적으로 점검해야 할 수도 있다.

한편 이렇게 데이터를 통합할 때 개인정보 보호 및 보안을 보장하는 일이 점점 더 어려워지고 중요해진다. 사이버 위협의 증가는 민감한 생산 데이터에 상당한 위험을 초래하고 잠재적으로 심각한 운영 중단을 초래할 수 있다. 따라서 데이터 접근성과 강력한 보안 조치의 균형을 맞추는 것이 필수적이다.

○ AI 인재가 부족하다면 재교육을 선택하라

AI는 이제 막 산업에 도입되고 있어 숙련된 전문가가 부족하다. 이것이 제조업에 AI를 도입하는 데 상당한 걸림돌이 되고 있다.

AI 제조의 주요 역할에는 데이터 과학자, 머신러닝 엔지니어 및 도메인 전문가가 포함된다. 데이터 과학자는 복잡한 데이터를 분석하고 해석한다. 머신러닝 엔지니어는 AI 모델을 개발 및 배포하고, 도메인 전문가는 AI 솔루션이 제조 문제와 관련이 있는지 확인한다. 성공적인 AI 통합을 위해서는 이러한 역할의 조합이 필수적이다. 그런데 많은 제조업체들이 AI, 머신러닝, 데이터 과학 분야에서 필요한 기술을 갖춘 인재를 채용하는 데 어려움을 겪고 있으며, 이로 인해 AI 구현 속도가 느려지는 기술 격차가 발생한다.

제조 부문에서 AI 인재 격차를 해소하려면 다각적인 접근 방식이 필요하다. 효과적인 전략 중 하나는 기존 인력의 재교육에 투자하는 것이다. 제조업체는 AI 및 관련 기술에 대한 교육 프로그램, 워크숍 등으로 직원에게 필수 기술을 제공할 수 있다. 외부 전문 지식을 활용하는 것 역시 효과적인 전략이다. AI 프로젝트를 전문업체에 아웃소싱하고 외부 전문가를 활용하면 광범위한 사내 전문 지식 없이도 첨단 기술과 숙련된 전문가에 접근할 수 있다.

제조에 AI를 통합하면 산업이 변모해 미래의 개념이 현실로 변한다. AI의 혁신적인 잠재력을 최대한 활용하려면 데이터 및 인재 장벽을 극복하는 것이 중요하다.

9.
우주산업에서 AI의 활약:
인간의 화성 탐험 앞당겨진다

과학의 발전에 따라 화성의 식민지화는 현실 가능성 유무가 항상 화제가 되어왔다. 일부 연구자들은 언젠가 인간이 화성에 살 수 있을 것이라고 믿는다. 많은 사람들은 AI가 이 흥미진진한 목표를 달성하는 데 큰 도움이 될 것이라고 주장한다. 인간이 화성으로 가서 그곳에서 생활하는 데 가장 큰 과제는 무엇일까? AI가 어떻게 도움이 될까?

우주선은 화성에 도달하는 데 성공했지만, 인간은 아직까지 아직 화성에 가보지 못했다. NASA는 2030년대까지 우주비행사를 화성으로 보낼 계획이지만, 우주비행사가 아닌 일반인을 화성으로 보내는 것은 상당한 도전이 될 것이다. 지금 우리가 그 목표를 달성하지 못하는 이유는 무엇일까?

먼저 교통수단의 문제가 있다. 많은 사람들이 비행기를 타고 장거리 비행을 하지만, 가장 긴 비행이라고 해도 하루 이상 걸리지 않는다. 하지만 화성까지 가려면 6~9개월이 걸릴 것으로 추정된다. 지구와 화성 사이의 여행은 두 행성이 태양의 같은 쪽에 있을 때 가장 짧다. 하지만 이 경우에도 약 5,500만km에 달하는 거리를 이동해야 하며 2년에 한 번씩만 갈 수 있다.

다음으로 생계 문제가 있다. 인간이 화성에 도착하면 그곳에서 생존할 수 있는 충분한 식량과 물을 확보할 수 있을까? 연구자들은 이 중요한 질문에 답하기 위해 할 수 있는 모든 것을 해보고 있다. AI가 사람들이 화성에서 생활할 때 필요한 것을 조달하는 데 중요한 역할을 할 수 있다.

일부 화성 탐사선에는 과학적 탐사를 강화해 화성에 대한 새로운 정보를 전해줄 AI 기능이 탑재되어 있다. 예를 들어, 일부 기능은 사람의 지속적인 입력 없이도 지질학적 특징을 식별하고 조사할 수 있다. 이러한 작업은 탐사로봇 로버가 수원을 찾는 작업의 결과를 지구에 있는 사람들에게 보고하는 데 도움이 될 수 있다. 또한 AI는 로버가 지형을 따라 이동하는 데도 도움을 준다.

호주의 다섯 개 대학 참여자들은 화성에 가거나 화성에 거주하는 인간에게 안정적인 식량 공급원을 제공하는 방법도 연구하고 있다. 이른바 팜봇Farm Bot 이 이 프로젝트의 핵심이다. 이 로봇은 우주에서 사람들이 먹을 수 있도록 잎이 많은 채소를 재배한다. 또 연구원들은 소모품과 관련된 다양한 적합성을 측정하는 디지털 트윈을 만들었다.

○ AI 시뮬레이션으로 미리 가보는 화성

현재 진행 중인 연구에 따르면 화성 여행은 사람들에게 위험할 수 있다고 한다. 예를 들어 화성은 질량이 상대적으로 작기 때문에 중력이 지구보다 낮다. 과학자들은 최근 이러한 세부 사항이 사람들에게 어떤 영향을 미칠 수 있는지 발견했다. 우주비행사 30명의 뇌를 우주에 가기 전과 후로 나눠 스캔했더니, 지구에서 떨어져 있는 시간이 길어지면서 뇌를 보호하고 영양을 공급하며 노폐물을 제거하는 액체로 채워진 구멍인 심실이 확장된 것으로 나타났다. 특히 6개월 이상 임무를 수행한 우주비행사들에게서 확장이 두드러졌다. 우주비행사가 지구로 돌아온 후 심실이 수축했지만 완전한 회복을 위해서는 비행 사이에 3년 동안 휴식을 취해야 했다.

또 다른 연구에서는 사람을 무중력 상태로 만드는 미세중력이 화성을 오가며 몇 달 동안 사람들에게 미칠 영향을 조사했다. 한 연구팀이 참가자들을 특정 각도로 60일 동안 침대에 누워 있게 해 미세중력의 영향을 시뮬레이션했다. 그 결과, 피실험자의 유전자 발현에 미치는 영향이 91%로, 사실상 근육 기능부터 면역 체계에 이르기까지 모든 것에 영향을 미쳤다.

AI가 시뮬레이션과 같은 방법을 통해 과학자들이 건강에 가장 해로운 영향을 미칠 가능성이 큰 부분을 정확히 찾아내어 줄임으로써 이러한 문제를 해결하고 사람들에게 부정적인 상황을 최소화하는 데 도움을 줄 수 있다.

한편 화성 탐사 측면에서 AI는 화성의 생명체 흔적을 찾는 데도 도움이 된다. 한 연구팀은 샘플이 생명체에서 유래했는지 여부를 약 90% 정확하게 판별할 수 있는 AI 시스템을 개발했다. 이 기술은 분자 패턴의 미세한 차이를 식별하는 방식으로 작동한다.

화성에서 무엇이 생존할 수 있는지 알게 되면, 다음으로 어떤 영역이 그 결과를 뒷받침하는지 알아내야 한다. AI는 여기서도 실력을 발휘한다. 옥스퍼드 대학교의 한 연구팀은 여러 과학자들과 협력해서 AI의 머신러닝을 사용해 생명체가 살 수 있는 지역을 찾아냈다. 이 연구팀은 남미의 한 사막에서 드론으로 촬영한 항공 이미지를 원본 자료로 사용해 접근 방식을 테스트한 결과 87.5%의 성공률로 생명체 지표를 찾아냈다. 무작위 검색의 경우 10% 미만의 성공률을 보인 것과 비교하면 놀라운 결과다.

NASA 팀은 180cm의 로봇을 테스트하고 있는데 이 로봇은 우주에서 사람이 할 수 있는 많은 작업을 수행할 수 있을 것으로 기대된다. 모든 것이 순조롭게 진행되면 과학자들은 이 로봇을 사용해 탐사선이 제공한 것 이상의 데이터를 수집할 수 있다. 인간을 보내기 전에 화성에 관해 더 많이 알면 알수록 그곳에 가는 사람에게 더 안전하고 생산적인 작업이 될 것이다.

이처럼 화성에 사람이 갈 수 있는 날이 차근차근 준비되고 있다. 향후 몇 년 안에 사람들이 화성에 도달하지는 못하겠지만, 과학자들은 화성에 도착하고 가능한 한 안전한 경험을 하기 위해 필요한 사항을 학습하면서 인상적인 진전을 이루고 있다. AI가 우주 탐사를 위한 연구자들의 작업을 계속 지원할 것이다.

PART 3

넥스트 테크놀러지

10년 이상의 장기적인 전망을 탐구하는 미래학자들이 지금 가장 주목하는 기술은 무엇일까? 바로 로봇이다. 그동안 로봇은 입력된 프로그램대로 작동하는 기계에 불과했다. 하지만 AI가 빠르게 발전하면서 로봇공학도 더불어 주목받고 있다. AI의 무궁무진한 가능성을 생각할 때, AI를 인공두뇌로 품은 로봇은 전기, 텔레비전, 스마트폰이 그랬던 것처럼 우리 삶의 방식을 바꾸는 주역이 될 것이다. 로봇 외에도 AI와 결합한 의료 혁명과 교통수단 혁명 등을 점검해본다.

Chapter 5.
로봇공학의 발전

1.
스마트폰 다음은
휴머노이드 로봇

스마트폰이 없는 삶을 상상할 수 있을까? 물론 우리 대부분은 어렸을 적에 스마트폰이 없이 살았다. 하지만 없던 삶을 사는 것과 현재의 삶에서 스마트폰이 없는 것은 전혀 다르다. 아마도 스마트폰이 없다면 삶의 방식 자체가 달라질 것이다. 이처럼 스마트폰은 우리의 일상을 만드는 데 엄청나게 중요한 역할을 하는 혁신 기술이다. 그리고 스마트폰 이후에 등장할 혁신 기술로 주목받는 것이 휴머노이드 로봇이다. 로봇이라니 아직 먼 미래처럼 보이거나 스마트폰과 휴머노이드를 동일선상에서 보다니 조금 터무니없어 보이지만, 이 주장은 다양한 전문가와 연구 보고서에서 지지를 받고 있다.

휴머노이드는 아직 SF영화에 등장하는 수준만큼 발달하지는 않았지만, 이제 막 현실에 발을 딛었다. 핸슨 로보틱스 Hanson Robotics의 소피아Sophia는 인간과 상호작용하는 로봇으로, AI를 통해 다양한 감정과 대화를 나눌 수 있다. 소피아는 앞으로의 휴머노이드 로봇 기술이 어떻게 인간의 삶에 통합될 수 있는지 보여주는 대표적인 사례다. 도요타의 T-HR3는 인간의 움직임을 모방하며, 의료, 교육, 개인 보조 등 다양한 분야에서 활용할 수 있다. 이 로봇은 특히 재활 치료와 원격 로봇 조작에서 높은 잠재력을 보인다. 보스턴 다이내믹스Boston Dynamics의 아틀라스Atlas는 뛰어난 균형 감각과 이동성을 자랑하는 휴머노이드로 재난 구조, 산업 작업 등에서 인간을 대신해 위험한 작업을 수행할 수 있다. 이처럼 인간과의 교감, 돌봄, 구조 등 특화된 기능을 가진 로봇이 등장하고 있다.

맥킨지는 보고서에서 2025년까지 휴머노이드 로봇 시장 규모가 260억 달러에 달할 전망이며, 2030년까지는 700억 달러를 넘어설 것으로 예상했다. 특히 의료, 제조, 서비스 등 다양한 산업 분야에서 휴머노이드 로봇의 활용이 확대될 것이라고 전망했다.

골드만삭스는 AI와 로봇 부품의 비용이 40% 이상 감소하면서 휴머노이드 로봇의 상업적 준비가 끝났다고 보고 있다. 휴머노이드 로봇은 의료, 산업, 교육 등 다양한 분야에서 활용될 것으로 보인다. 특히 의료 분야에서는 약물 배송, 환자 보조, 안전 관리 등에서 혁신적인 변화를 가져올 수 있다. 휴머노이드 로봇은 인간의 능력을 확장하고 일상생활을 더욱 편리하게 만드는 데 중요한 역할을 할 것이다.

전 세계에서 이미 휴머노이드 관련 기술 개발 및 투자가 활발하게 진행되고 있다.

삼성전자의 경계현 사장은 "AI 휴머노이드 로봇이 스마트폰 다음의 혁신이 될 것"이라고 말하며, AI 기술과 로봇 기술의 결합이 미래 사회에 큰 영향을 미칠 것이라고 강조했다. 특히 휴머노이드 로봇은 단순한 기계가 아닌 인간과의 상호작용을 통해 학습하고 성장하며, 다양한 서비스를 제공할 수 있다는 점을 강조했다.

SK텔레콤은 2021년 '5G 휴머노이드 로봇 체험관'을 개장해 5G 네트워크와 AI 기술을 활용한 휴머노이드 로봇의 다양한 활용 사례를 선보였다. 특히 실시간 번역, 원격 조종, 상황 인식 기반 서비스 등을 가능하게 하는 기술을 시연하며, 휴머노이드 로봇의 실용성을 입증했다.

보스턴 다이내믹스는 아틀라스, 스팟, 핸들 등 다양한 휴머노이드 로봇을 개발해 세계적인 명성을 얻었다. 특히 아틀라스는 인간과 유사한 움직임을 보여주며, 뛰어난 균형 감각과 적응력을 자랑한다.

LG전자는 '클로이 가이드봇CLOi Guide Bot'이라는 휴머노이드 로봇을 개발해 공항, 백화점, 박물관 등 다양한 공공 공간에 도입했다. 이 로봇은 방문객 안내, 정보 제공, 간단한 업무 처리 등을 수행하며, 사용자에게 편리하고 즐거운 경험을 제공한다.

○ 전 세계가 휴머노이드에 주목하는 이유

휴머노이드가 어떻게 스마트폰의 다음 기술이 될 수 있을까?
스마트폰이 등장한 이래 일상생활의 많은 부분이 스마트폰을 중심으로 변해왔다. 사람 간의 커뮤니케이션을 비롯해, 사진, 영상, 음악, TV까지 다양한 콘텐츠가 스마트폰으로 들어왔으며 IoT 기술은 모든 가전제품을 스마트폰에 통합시켜 작동할 수 있도록 만들었다. 수많은 정보를 짧은 시간 안에 스마트폰으로 찾을 수 있으며, 학교 수업을 비롯해 다양한 공부도 스마트폰으로 할 수 있다. 은행도 스마트폰으로 들어왔고 결제, 건강관리까지 스마트폰에서 가능해졌다. 이처럼 거의 모든 것이 스마트폰을 중심으로 발전해 왔지만, 스마트폰은 화면 크기, 입력 방식 등의 제약으로 인해 일부 기능에 어려움이 있다. 휴머노이드 로봇은 인간과 유사한 외형과 움직임을 가지고 있으며 다양한 감각 정보를 수집하고 처리할 수 있다는 장점이 있다. 기술이 어느 정도 갖춰진 2030년 이후에는 휴머노이드 로봇이 우리 삶 깊숙이 들어올 것으로 전망된다.

휴머노이드 로봇은 인간과 자연스럽게 대화하고 상호작용할 수 있다. 이는 사용자에게 더 편리하고 몰입감 있는 경험을 제공한다. 또 집안일, 돌봄 서비스 등 다양한 작업을 수행할 수 있다. 이는 인간의 부담을 줄여주고 생산성을 향상시킨다. 한편 휴머노이드 로봇은 개인의 필요와 선호에 따른 맞춤형 서비스를 제공할 수 있다. 이는 사용자 만족도를 높이고 더 나은 삶의 질을 제공한다.

2030년 이후, AI와 휴머노이드 로봇의 발전은 전 세계의 지식 수준을 평준화하고 통합된 글로벌 사회를 형성하는 데 중요한 역할을 할 것이다. 테슬라, 피겨Figure, 1X 테크놀러지1X Technologies 와 같은 기업들이 이끌고 있는 휴머노이드 로봇 혁신은 다양한 산업에서의 자동화를 촉진하고, 전 세계 사람들의 생활 방식을 혁신할 것이다. 이러한 기술 발전의 중심에는 휴머노이드 로봇 회사들이 자리 잡을 것이며, 이들은 가장 존중받고 영향력 있는 기업으로 부상할 것으로 기대된다.

2.
생성형 AI가 주도하는
로봇 혁명

    오늘날 우리는 생성형 AI가 주도하는 로봇공학의 새로운 국면을 목격하고 있다. 사전 프로그래밍된 지시를 따르는 기존 로봇과 달리 생성형 AI 기반 로봇은 고급 머신러닝 알고리즘을 사용한다. 따라서 로봇은 환경을 이해하고 학습한다.

    정적인 자동화에서 지능적이고 적응력이 뛰어난 시스템으로의 전환은 다양한 분야에 걸쳐 상당한 발전을 가져왔다. 더 복잡한 작업을 처리하고, 실시간으로 의사 결정을 내리며, 변화하는 환경에 적응한다. 이러한 로봇은 예측할 수 없는 환경에서 매우 유용하다. 로봇은 센서와 데이터 분석을 사용해 주변 환경과 성능에 대한 정보를 수집한다. 머신러닝 알고리즘은 이 데이터를 처리해 로봇이 더 나은 결정을 내리고 작업을 더 효율적으로 수행할 수 있도록 돕는다. 이러한 적응력은 병원, 농장, 재난 지역과 같이 상황이 급변할 수 있는 환경에서 필수적이다.

○ 물류창고에 부는 혁신의 바람

생성형 AI 기반 로봇공학의 가장 눈에 띄는 영향 중 하나는 물류창고 분야다. 2023년 5,042억 8,000만 달러 규모였던 글로벌 창고 및 보관 시장은 예측 기간 동안 5.7%의 연평균 성장률로 확장되어 2030년에는 1,024억 3,000만 달러에 달할 것으로 예상된다. 첨단 로봇 솔루션의 도입이 이러한 성장을 주도하고 있다.

아마존과 알리바바 같은 기업들이 이 분야의 선구자 역할을 해왔다. 예를 들어 아마존의 주문 처리 센터에서는 로봇이 창고 바닥을 탐색하고 물품을 집어 놀라운 속도와 정확성으로 포장을 담당하는 사람에게 전달한다. 이러한 협업으로 인해 운영 효율성과 비용 절감 효과가 크게 향상되었다. 아마존은 주문 처리 센터에 75만 대 이상의 로봇을 고용해 직원을 지원함으로써 현장을 더 안전하게 만들고 직원의 숙련도를 높일 수 있도록 지원하고 있다. 이 로봇들은 AI를 탑재해 복잡한 창고 레이아웃을 탐색하고 장애물을 피하며 가장 효율적인 상품 운송 경로를 찾는다. 로봇이 제품 선반을 들어 올리고 이동해 인간 작업자에게 가져다주면 작업자가 상품을 포장하고 배송할 수 있다. 이 시스템은 주문 처리 속도를 획기적으로 높이고 오류를 줄이며 인건비를 낮춰준다.

마찬가지로 알리바바의 차이냐오^{Cainiao} 물류 네트워크는 AI 기반 로봇을 사용해 매일 100만 건의 주문을 포장해 쇼핑 성수기에도 신속하고 정확한 배송을 보장한다. 이 로봇은 AI를 사용해 라벨을 판독하고 올바른 배송 구역으로 패키지를 안내해 신속하게 분류할 수 있다. 중국의 기념일이자 최대 쇼핑 기간인 광군제 기간에 700대의 로봇을 갖춘 알리바바의 자동화 창고에서는 최대 8억 개의 주문을 포장 처리할 수 있어 효율성이 크게 향상되었다.

○ 의료, 농업, 재난 지역까지 로봇 활약

생성형 AI 기반 로봇의 잠재력은 창고와 같은 통제된 환경을 넘어 더 복잡한 분야로 확장되고 있다. 특히 의료, 농업, 재난 대응, 도시 인프라에 크게 기여하는 것으로 나타났다.

생성형 AI 기반 로봇은 의료 분야에서 수술, 진단, 환자 치료를 혁신하고 있다. 다빈치^{Da Vinci} 시스템과 같은 수술 로봇은 향상된 정밀도로 최소 침습 수술을 가능하게 해 회복 시간을 단축하고 환자 치료 결과를 개선했다. 전 세계 수술용 로봇 시장은 2023년 74억 4,000만 달러 규모였으며, 연평균 15.7%씩 성장해 2032년에는 275억 1,000만 달러에 달할 것으로 예상된다. 진단 기능도 개선해 질병이 진행되기 전에 예방하는 데도 큰 도움을 주고 있다. 의료 이미지를 인간 의사보다 더 빠르게 분석해 암과 같은 질환을 조기에 발견하고 생존율을 향상시킬 수 있다.

농업 분야에서는 생성형 AI 기반 로봇이 노동력 부족과 식량 수요 증가 문제를 해결한다. 전 세계 농업용 로봇 시장은 2023년 72억 1,000만 달러 규모였으며 2032년에는 289억 6,000만 달러로 16.7%의 연평균 성장률을 기록할 것으로 예상된다. 하베스트 크루Harvest CROO와 같은 로봇은 AI를 사용해 딸기를 수확함으로써 인건비를 절감하고 생산성을 높인다. 블루 리버 테크놀러지Blue River Technology의 '씨 앤 스프레이See & Spray' 시스템과 같은 기술은 컴퓨터 비전을 사용해 잡초를 찾아내 제거함으로써 화학물질 사용을 줄여 지속 가능한 농업을 널리 확장시킨다.

생성형 AI 기반 로봇은 재난 대응에도 매우 유용하다. 위험한 환경을 탐색할 수 있는 이 로봇은 생존자를 수색하고 중요한 물품을 전달할 수 있다. 2020년 호주 산불 당시 AI가 탑재된 드론은 피해 지역을 조사하고 소방 활동을 지휘하는 데 중요한 역할을 수행해 긴급 상황에서 로봇 기술의 중요성을 입증했다. 이러한 로봇은 재난 대응 활동의 안전성과 효율성을 향상시켜 더 신속하고 효과적으로 구조 작업을 할 수 있게 해준다.

한편 생성형 AI 기반 로봇은 교량, 터널, 건물을 검사해 구조적 문제를 조기에 파악함으로써 도시 인프라의 유지보수 및 건설 프로세스를 개선한다. FBRFastbrick Robotics, 패스트브릭 로보틱스의 하드리안 XHadrian X 로봇은 AI를 사용해 벽돌을 정확하고 빠르게 쌓아 건설 일정을 단축하고 폐기물을 줄인다. 건설 로봇 시장은 2028년까지 연평균 15.5%의 성장률로 6억 8,180만 달러에 달하는 큰 시장으로 성장할 것이다.

○ BMW 공장에서 일하는 AI 로봇

한편 2024년이 시작되고 얼마 안 되어 AI 스타트업 피겨는 은색 휴머노이드 로봇이 BMW 공장에서 첫 직장을 얻었다고 발표하며 화제를 일으켰다. 이 로봇의 등장은 범용 AI 로봇이 얼마나 멀리 왔는지 보여주고 있다.

현재 개발 중인 AI 기반 휴머노이드 로봇은 하드웨어와 학습 방식이 매우 다양하고 그 수도 엄청나게 많지만, 모두 같은 목표를 가지고 있다. 인간이 할 수 있는 모든 물리적 작업을 대신 수행하며 그 작업을 더 저렴하고 일관되게 수행하는 것이다.

로봇들이 더 많은 작업을 수행하게 발전할수록, 관련 기업들은 더 많은 로봇을 판매할 수 있게 된다. 이는 경제 성장을 인구 수치와 분리하고 새로운 노동력의 원천을 열어줄 수 있다는 흥미로운 가능성을 제시한다. 이 로봇을 훈련하고 제어하는 AI 모델은 아직 초기 단계이지만, 확실히 인상적인 속도로 발전하고 있다. 특히 이런 휴머노이드 로봇들이 오픈AI의 음성 엔진과 언어 모델을 사용해 말하기 시작하면, 전통적인 산업용 로봇과 차별화되는 새로운 차원의 인간-로봇 상호작용이 가능해질 것으로도 기대되고 있다.

피겨의 휴머노이드 로봇은 AI 기술이 제조업에 미치는 영향력을 보여주는 흥미로운 예시다. 앞으로 이러한 로봇들이 어떻게 발전하고 우리 삶에 어떤 영향을 미칠지 지켜보는 것은 매우 흥미로운 일이 될 것이다.

진정한 범용 휴머노이드는 아직 먼 미래지만, 이를 만드는 기업들은 가능한 한 빨리 유용한 작업을 수행하도록 만들고 싶어 한다. 이런 기업들에게 자동차 기업이 초기 휴머노이드 로봇 도입을 위한 시험대로 주목받고 있는 듯하다. 앱트로닉Apptronik은 메르세데스Mercedes와 계약을 맺고 아폴로Apollo봇을 시험했다. 테슬라는 자체 개발한 옵티머스Optimus봇을 훈련하고 테스트하고 초기 가치를 얻기 위한 자체의 거대한 자동차 생산 시설을 보유하고 있다.

BMW에 취직한 피겨의 로봇은 유튜브를 통해 능력을 직접 선보였다. 영상에서 피겨봇은 크고 복잡한 모양의 물건을 잡아서 다른 물건에 부딪히지 않고 움직이는 법을 학습하고 있다. 두 개의 작은 조각을 각각 한 손으로 집어 올리는 것은 그다지 놀라운 기술이 아니지만, 그것들이 잘못된 방향으로 놓여 있음을 식별하고 올바른 방향으로 위치를 수정하는 장면은 신선하다.

그렇다고 하더라도 이 정도의 동작으로 피겨봇이 BMW 생산 현장에서 언제쯤 작동을 시작할지는 확실하지 않다. 아마도 처음에는 느리고 제한적이겠지만, AI 행동 모델이 발전함에 따라 동작과 기술 습득 속도가 모두 빨라질 것이 기대된다.

○ 창고를 벗어나기 위해 해결해야 할 문제들

이처럼 눈에 띄는 발전에도 불구하고 복잡한 환경에 생성형 AI 기반 로봇을 통합하려면 기술적 한계, 규제 장애물, 윤리적 고려사항 등 신기술에 빠지지 않고 논의되는 몇 가지 과제를 해결해야 한다. 예를 들어 AI 로봇 기술이 더 널리 적용되기 위해 꼭 해결되어야 할 기술적 과제는 창고와 같이 통제된 환경과 달리 다양하고 예측 불가능한 환경에서 AI 알고리즘의 신뢰성을 보장하는 것이다. 연구원들은 AI 모델의 적응력과 의사 결정 능력을 향상시키기 위해 지속적으로 노력하고 있다. AI와 로봇공학에 대한 규제 프레임워크는 여전히 진화하고 있으며, 안전하고 윤리적인 배포를 보장하기 위해 정부 및 관련 기관의 명확한 가이드라인이 필요하다. 여기에는 데이터 프라이버시, 사이버 보안, 고용에 미칠 수 있는 잠재적 영향에 대한 대처가 포함된다. 또 생성형 AI 기반 로봇공학이 발전할수록 윤리적 문제가 중요해지는데. 특히 의료 및 법 집행과 같은 의사 결정 과정에서 AI를 사용하는 것은 편견을 방지하고 공정성을 보장하기 위해 신중하게 규제되어야 한다. 또한 일자리 대체와 자동화가 노동력에 미치는 경제적 영향과 관련된 우려도 해결해야 한다.

3.
로봇 교육에 최적인
생성형 AI

　'창의성'은 인간만의 고유한 영역이라는 오래된 고정관념이 깨지기 시작하고 있다. 생성형 AI는 점점 더 많은 일을 해내고 있다. 생성형 AI와 로봇공학의 융합은 의료에서 엔터테인먼트에 이르기까지 다양한 산업을 변화시킬 잠재력을 지닌 패러다임 전환을 이끌고 있으며, 인간이 기계와 상호작용하는 방식을 근본적으로 변화시키고 있다. 이 분야에 대한 관심이 급속히 늘어나 대학을 비롯해, 연구소, 기술 기업 등은 생성형 AI와 로봇공학에 적극적인 투자를 진행하고 있다.

　생성형 AI는 사실적인 이미지를 생성하고, 음악을 작곡하고, 코드를 작성하는 능력을 통해 인간의 창의성을 보완한다. 생성형 AI의 주요 기술로는 GAN과 VAEvariational autoencoders, 변형 자동 인코더가 있다. GAN은 생성기를 통해 작동해 데이터와 판별자를 생성하고 진위성을 평가하며, 이미지 합성 및 데이터 증강을 혁신한다. VAE는 주로 비지도 학습에 사용된다. VAE는 입력 데이터를 저차원 잠재 공간으로 인코딩해 이상징후 감지, 노이즈 제거 및 새로운 샘플 생성에 사용한다. 또 다른 중요한 발전은 CLIP contrastive language-image pretraining, 대조 언어-이미지 사전 훈련이다. CLIP은 이미지와 텍스트를 연결하고 여러 도메인 전반에 걸쳐 문맥과 의미를 이해함으로써 교차 모달 학습에 탁월하다. 이러한 발전은 기계의 창의적인 전망과 이해력을 확장하는 생성형 AI의 혁신적 능력을 강조한다.

○ 실제 훈련 데이터가 부족한 로봇

생성형 AI의 발전은 로봇의 기능과 응용 분야에 상당한 발전을 가져오고 있다. 실제 환경에서의 시뮬레이션을 학습으로 대신할 수 있게 된 것이 가장 큰 개선점이다. 로봇이 현장에 배치되기 전에 시뮬레이션 환경에서 광범위하게 훈련되는 기술인 '시뮬레이션에서 실제로의 전환 방식'을 사용하면 실제 테스트와 관련된 리스크와 비용 없이 신속하고 포괄적인 교육이 가능하다. 예를 들어 오픈AI의 닥틸 Dactyl 로봇은 실제로 작업을 수행하기 전에 시뮬레이션에서 루빅큐브를 조작하는 방법을 완벽하게 배웠다. 이 프로세스는 통제된 설정에서 광범위한 실험과 반복을 가능하게 함으로써 개발 주기를 가속화하고 실제 조건에서 향상된 성능을 보장한다.

생성형 AI가 촉진하는 또 다른 중요한 개선 사항은 데이터 확대다. 생성형 모델은 실제 데이터 수집과 관련된 문제를 극복하기 위해 합성 훈련 데이터를 생성한다. 이는 충분하고 다양한 실제 데이터를 수집하는 것이 어렵거나, 시간이 오래 걸리거나, 비용이 많이 들 때 특히 유용하다. 엔비디아는 생성형 AI 모델을 사용해 자율주행차를 위한 다양하고 현실적인 교육 데이터 세트를 생성한다. 생성된 데이터는 다양한 조명 조건, 각도 및 객체 모양을 포함해 학습 프로세스를 강화할 수 있으며, 새롭고 다양한 데이터 세트를 지속적으로 생성해 전반적인 신뢰성과 성능을 향상시킬 수 있다.

로봇의 '쥐기'에 관한 구글의 연구에는 시뮬레이션 생성 데이터를 사용해 로봇을 훈련시키는 과정이 포함되어 있다. 이를 통해 다양한 모양, 크기, 질감의 물체를 처리하는 능력이 크게 향상되어 분류 및 조립과 같은 작업이 향상되었다. MIT 컴퓨터 과학 및 AI 연구소는 드론이 AI 생성 데이터를 활용해 복잡하고 역동적인 공간을 더 잘 탐색함으로써 응용 프로그램의 신뢰성을 높이는 시스템을 개발했다. 한편 BMW는 AI를 사용해 조립라인 레이아웃 및 운영을 시뮬레이션해 최적화된 생산 환경을 갖추고 가동 중지 시간을 줄이며 리소스 활용도를 향상시켰다.

미래에 생성형 AI와 로봇공학의 결합은 몇 가지 주요 영역에서 상당한 발전을 가져올 것이다. 특히 강화 학습reinforcement learning, RL: 특정 목표를 향한 진전에 대해 알고리즘이 보상을 받는 머신러닝 방법에 관한 지속적인 연구는 로봇이 시행착오를 통해 학습해 성능을 향상시키는 핵심 영역이다. 강화 학습을 사용하면 로봇은 복잡한 행동을 자율적으로 개발하고 새로운 작업에 적응할 수 있다. 강화 학습을 통해 바둑을 배운 대표적인 사례로 딥마인드의 알파고AlphaGo가 있다.

또 다른 흥미로운 연구 분야는 로봇이 최소한의 훈련 데이터로 새로운 작업에 빠르게 적응할 수 있도록 하는 퓨샷 학습few-shot learn-ing이다. 예를 들어 GPT-3은 몇 가지 예만으로 새로운 작업을 이해하고 수행함으로써 퓨샷 학습을 보여준다. 유사한 기술을 로봇공학에 적용하면 로봇이 새로운 작업을 수행하도록 훈련시키는 데 필요한 시간과 데이터를 크게 줄일 수 있다.

또 다른 중요한 측면은 적절한 인간-로봇 협업의 개발이다. 로봇이 일상생활에 점점 더 많이 도입되면서 인간과 공존하고 긍정적으로 상호작용하는 시스템을 개발하는 일은 반드시 필요하다.

하지만 이 모든 긍정적인 미래에 다가가기에 앞서 생성형 AI와 로봇공학의 통합은 수많은 과제와 윤리적 고려사항에 직면해 있다. 기술적인 측면에서 확장성은 중요한 장애물이다. AI 시스템이 점점 더 복잡해지고 규모가 커짐에 따라 효율성과 신뢰성을 유지하는 것이 어려워지고 있다. 또 AI모델을 교육하기 위한 데이터의 품질과 양의 균형을 맞추는 것도 중요한 문제다. 훈련 데이터의 편향은 결과의 편향으로 이어질 수 있으며, 기존 편향을 강화하고 불공정한 장점이나 단점을 만들어낼 수 있다. 이러한 편견은 공평한 AI 시스템을 개발하기 위해 반드시 해결해야 한다.

4.
휴머노이드를 만드는
핵심 기술

로봇의 궁극적인 목적 가운데 하나는 인간을 보조하고 구조하고, 돌보는 것이다. 재난 현장에서 구조대원은 로봇을 사용해 붕괴된 건물 내부를 탐색하고 생존자를 찾을 수 있다. 고령사회에서 로봇은 고령자의 집안일을 돕거나 약물을 제공하는 데 사용될 수 있다. 또 다양한 기업에서 로봇은 창고 내 물품을 운송하고 재고를 관리하는 데 사용될 수 있다.

이런 일들을 가능하게 해주는 기술을 개발하는 데 AI 기업이 적극적으로 뛰어들고 있다. 딥마인드는 사무실 환경에서 로봇의 활용도를 높일 수 있는 새로운 연구 결과를 발표했다. 이 연구에서는 LLM인 제미나이 1.5프로를 활용해 RT-2 로봇의 인간과 상호작용하는 기능을 향상시키는 데 성공했다.

딥마인드 연구팀은 836m² 규모의 사무실 공간을 수 시간 동안 촬영한 영상과 다양한 데이터를 활용해 RT-2 로봇을 훈련했다. 이를 통해 로봇은 사무실 환경을 인식하고 주변 물체를 이해하며, 간단한 지시를 수행할 수 있게 되었다. 특히 사용자의 지시를 자연어로 이해하고 적절하게 응답할 수 있었다. 예를 들어 "휴대폰 충전기를 어디서 찾을 수 있을까?"라는 질문에 로봇은 가장 가까운 콘센트 위치를 안내해줄 수 있다. 특정 장소를 인식해 목소리로 안내할 수도 있다. 예를 들어 회의실이나 화장실의 위치를 알려주고 안내해준다. 또 문서, 그림, 제스처를 인식하고 이에 따라 작업을 수행할 수 있다. 예를 들어 특정 문서를 찾아주거나, 지도를 보여주면서 특정 위치까지 안내하는 기능을 제공한다.

딥마인드 연구팀은 이번 연구 결과가 사무실 환경에서 로봇의 활용도를 크게 높일 수 있는 잠재력을 보여준다고 강조했다. 앞으로 더 많은 연구를 통해 로봇의 기능을 향상시키고, 실제 사무실 환경에서 활용 가능한 기술로 발전시킬 계획이다.

연구원들은 RT-2 로봇이 50회 이상의 상호작용에서 90%의 성공률을 보였다고 밝혔다. 또한 로봇이 특정 음료가 있는지 확인하기 위해 냉장고를 살펴보는 등 복잡한 작업도 수행할 수 있다고 말했다. 하지만 아직 기능이 완벽하지는 않은 부분도 있다. 예를 들어, 로봇이 지시를 처리하는 데 10~30초 정도의 시간이 소요되고, 복잡한 작업을 수행하는 데 어려움을 겪기도 한다. 따라서 이러한 제미나이 로봇이 실제로 가정에 설치되기까지는 시간이 좀 더 필요하다.

구글은 이번 연구를 통해 로봇 기술의 잠재력을 시사하며, 향후 로봇이 어떤 기능을 갖추게 될지에 대한 기대를 높였다. 단순한 자동화 작업을 넘어 더욱더 정교한 인간-로봇 상호작용을 수행할 날이 한 발 더 가까워졌다.

이 로봇에 쓰인 핵심 기술은 모빌리티 VLA mobility vision-language-action라는 새로운 기술로, 텍스트, 이미지, 영상, 음성 등 다양한 데이터를 처리할 수 있는 멀티모달의 능력에 로봇의 정밀한 움직임을 결합한 것이다. AI를 탑재한 로봇은 먼저 주요 위치가 구두로 설명된 환경에 관한 비디오를 시청한다. 로봇은 비디오 프레임을 사용해 환경을 이해하고, 주요 위치를 구분하고, 이를 기억했다. 테스트에서 로봇은 지도 스케치, 오디오 요청, 장난감 상자와 같은 시각적 신호를 포함한 다양한 명령에 응답했다.

예를 들어, 사용자가 지도를 그리도록 지시하거나 특정 물건을 찾도록 요청할 수 있다. 로봇은 또한 "그림을 그릴 수 있는 곳으로 데려다줘"와 같은 자연어 명령을 이해하고 사용자를 적절한 위치로 안내할 수 있다. 로봇이 단순히 정해진 작업을 수행하는 것을 넘어, 인간의 직관적인 언어 명령을 이해하고, 이에 적응해 행동할 수 있음을 의미한다.

○ 로봇을 위한 '범용 두뇌'

누구보다 시대를 앞서가는 기업가 일론 머스크는 곧 수십억 개의 휴머노이드 로봇이 등장할 것이라고 예측했다. 이처럼 다가오는 로봇의 세상은 다양하고 복잡한 요구 사항을 충족할 수 있는 유연한 적응성을 갖춘 고급 시스템이 필요해질 것이다. 이런 요구를 발빠르게 읽은 기업이 미국 피츠버그에 본사를 둔 스타트업 스킬드AI Skild AI 다. 이 기업은 다양한 로봇에 적응할 수 있는 '범용 두뇌'를 개발한다는 계획과 함께 3억 달러 규모의 시리즈 A 자금 조달을 성공적으로 마쳤다. 스킬드AI의 새로운 로봇 두뇌는 이러한 로봇들의 배포를 가속화하고 비용을 절감하는 데 도움이 될 수 있다.

스킬드AI는 자사의 AI 모델이 경쟁사 모델보다 1,000배 더 큰 데이터세트로 학습되었다고 주장한다. 스킬드AI의 범용 두뇌는 다양한 로봇 유형에서 작동해 가정 및 산업 환경에서 복잡한 작업을 처리할 수 있도록 설계되었다. 관계자는 이 두뇌로 인해 로봇 개발 및 배포 프로세스를 간소화하고 비용을 절감하는 데 도움이 될 것이라고 말한다.

스킬드AI는 2023년에 카네기멜런 대학교 전직 교수 두 명이 설립했으며, 로봇의 배포를 가속화하고 로봇 개발 및 운영비를 절감하도록 해주는 목적을 가지고 있다. 이를 위해 다양한 로봇 유형에서 작동 가능한 '범용 두뇌' 개발을 목표로 하고 있으며, 이 범용 두뇌를 가정 및 산업 환경에서 로봇 활용으로 확대하고자 한다.

○ 대량 생산 준비하는 AI마인드봇

벤 괴르첼이 CEO로 있는 싱귤래리티넷 재단은 AGI를 정의하고 기술을 선도해오며, 휴머노이드 로봇과 관련해 많은 AI 기술을 개발해 비영리적으로 공개한 바 있다. 재단은 급증하고 있는 휴머노이드 로봇 시장에 대응하기 위해 어린이만 한 크기의 휴머노이드 로봇인 마인드봇Mindbot을 개발해 사업화하기로 결정했다. 2024년 초 마인드칠드런MindChildren이라는 자회사를 설립하고 크리스 쿠들라Chris Kudla를 CEO로 선임해 개발팀을 구성, 본격적인 개발에 착수했다.

마인드봇은 높이가 1m, 무게가 20kg 정도 되는 어린이 모습의 휴머노이드 로봇으로, 아이들을 가르치고, 고령인구를 돕는 기능을 보유하고 있다. 특히 언어 교육에 강점을 지니고 있으며, 사용자들과 공감하는 대화도 가능해, 현대 사회의 문제인 외로움과 고독감을 해소할 수 있는 장점이 있다. 또 챗GTP와 연결되어 사용자의 질문에 빠르고 정확한 답변을 할 수 있다.

마인드봇의 최대 강점은 사람과 대화하며 다양한 표정을 지을 수 있어, 로봇과 인간 사이에 감정 전달이 가능한 대화가 이루어질 수 있다는 점이다. 또 바퀴로 이동해 2족 보행의 가장 큰 단점인 자주 넘어지는 불안정성과 가격이 비싸다는 문제를 해소할 수 있다. 마인드봇의 가격은 2~3만 달러 수준으로 형성될 전망이다.

싱귤래리티넷 재단은 마인드칠드런이 개발한 마인드봇을 대량 생산하는 거점으로 제조 강국인 한국을 선정했으며, 한국에서 마인드봇의 생산과 세계 수출 및 한국 독점 판매를 담당할 AI 마인드봇AIMindbot이라는 회사를 설립했다. AI마인드봇은 마인드칠드런으로부터 마인드봇에 관한 모든 정보를 이관을 받아, 2025년 초에 프로토타입을 생산하고 모든 테스트와 인증 및 대량 생산 준비를 마칠 계획이다. 2026년 본격적인 판매를 목표로 하고 있다.

AI마인드봇은 AI 전문회사인 아이브스와 로봇 제작에 경험이 많은 유진테크원와 협력해 사업을 진행할 예정이다. 미국의 마인드 칠드런과 한국의 AI마인드봇은 전략적 협력관계를 구축해, 차별화된 성능과 기능, 견고하고 안전하며, 경쟁력 있는 가격을 갖춘 마인드봇을 전 세계에 보급해 세계 휴머노이드 시장을 선도한다는 목표를 가지고 있다.

○ 로봇 산업의 미래

700억 달러 이상의 자산을 관리하고 있는 투자 회사인 코튜 매니지먼트Coatue Management는 AI 휴머노이드 및 로봇공학의 현재 상태와 미래 전망에 관한 종합 보고서를 발표했다. 하룻밤 사이에 모든 집에서 로봇 집사를 보게 될 수는 없겠지만, 코튜의 분석에 따르면 우리는 점진적이면서도 엄청난 변화의 정점에 서 있다. 머지않아 로봇이 우리 삶의 일부가 될 것이다. AI와 로봇공학 역량이 향상되면서 제조부터 의료까지 많은 산업이 완전히 재편될 것이다.

코튜는 하지만 채택에 대한 물리적 제한, 높은 초기 비용 및 초기 생태계와 같은 제한 요소로 인해 로봇공학이 '챗GPT'처럼 주목받으며 순식간에 주류가 되지는 못할 것이라고 말했다.

코튜는 로봇이 단순히 반복적인 작업을 수행하는 것을 넘어 소방, 수술, 재택 지원 등 복잡한 업무까지 수행할 수 있을 것으로 전망하며, 하드웨어보다는 AI와 양질의 훈련 데이터가 휴머노이드의 핵심 차별화 요소가 될 것으로 예측했다.

5.
더욱더 인간처럼,
안드로이드

　인간과 동물의 민첩한 움직임은 아직 어떤 로봇도 모방할 수 없는 진화의 경이로움이다. 구글의 딥마인드와 하버드 신경과학자들이 여기에 도전했다.

　인간의 움직임은 물리적 세계에 뿌리를 두고 있으며, 경험에 기반을 두고 있다. 이 두 가지 구성 요소를 통해 우리는 다양한 주변 환경을 쉽게 탐험할 수 있다. 다만 이를 로봇에 적용하기엔 큰 장애물이 앞에 있다. 수십 년의 연구에도 신경과학자들은 아직 뇌 회로가 어떻게 움직임을 제어하고 조정하는지 정확히 알아내지 못했다. 움직임을 설명할 수 있는 뇌 활성화 패턴은 알고 있다. 하지만 어떤 신경 회로가 처음에 그러한 움직임을 유발할까? 연구원들은 디지털 형태로 재창조를 시도함으로써 답을 찾았다.

샘플로 삼은 것은 쥐로, 설치류의 신경 신호를 기록하고 그 기록을 사용해 자연스러운 행동을 복제하는 생체 역학적 모델을 제어하는 알고리즘을 설계하는 것이다. 이 연구의 목표는 뇌의 변화를 로봇을 조종할 수 있는 알고리즘으로 변환하고 신경과학자에게 뇌의 작동에 대한 더 깊은 이해를 제공하는 것이다.

지금까지 이 전략은 시각, 후각, 얼굴 인식 등에 관한 뇌의 계산을 해독하는 데 성공적으로 사용되었다. 그러나 움직임을 모델링하는 것은 쉽지 않은 일이다. 개체별로 움직임이 미묘하게 다르며, 뇌 기록의 노이즈가 AI의 정밀도를 낮출 수 있기 때문이다. 연구팀은 풍부한 데이터를 활용해 이 문제를 해결했다. 먼저 여섯 대의 카메라를 설치한 경기장에 여러 마리의 쥐를 배치해 쥐의 움직임을 포착했다. 약 607시간 분량의 영상을 모았으며, 쥐의 뇌에 128채널 전극을 이식해 신경 활동도 기록했다.

이 데이터를 사용해 인공 신경망, 즉 가상 쥐의 뇌를 훈련해 신체 움직임을 제어했다. 시행착오를 거쳐 AI는 결국 생물학적 쥐의 움직임과 거의 일치하게 되었다. 놀랍게도 가상 쥐는 새로운 환경을 탐색하는 능력을 학습함으로써 낯선 장소에 대한 운동 기술을 쉽게 일반화할 수 있었다.

이 연구는 AI 분야에서 중요한 진전이다. 과학자들은 이제 생물학적 뇌의 작동 방식을 더 잘 이해하고, 이를 로봇 설계에 활용할 수 있게 되었다. 앞으로 더 많은 연구가 이루어진다면, 인간과 동물처럼 자연스럽고 민첩하게 움직이는 로봇이 만들어질 날도 머지않을 것이다.

○ 자가 치유 로봇 등장

로봇의 인간과 같은 자연스러운 움직임에 더해 외모 역시 인간과 유사해지면, AI의 발달과 함께 안드로이드의 등장도 한 걸음 가까워질 것이다.

도쿄대 연구진이 인간의 피부 인대에서 영감을 얻어 공학적 피부 조직을 복잡한 형태의 휴머노이드 로봇에 결합하는 방법을 발견했다. 도쿄대학교의 다케우치 쇼지 교수는 이 성과의 잠재적 이점으로 더 실제와 같은 외관 외에도 이동성 향상, 자가 치유 능력, 감지 기능 내장 등을 들 수 있다고 발표했다. 이 연구는 화장품 산업과 성형외과 의사 교육에도 유용할 수 있다.

다케우치 교수는 생물학과 기계공학이 만나는 바이오 하이브리드 로봇공학 분야의 선구자로, 그의 연구실은 3D 프린팅으로 실험실에서 키운 생체 근육 조직과 치유가 가능한 인공 피부를 사용한 미니 로봇을 개발했다. 인간의 피부-인대 구조를 모방하고 고체 재료에 특수 제작된 V자형 천공을 사용해 피부를 복잡한 구조에 결합하는 방법을 찾은 것이다.

과거에는 피부 조직을 단단한 표면에 부착하기 위해 미니 앵커나 훅 같은 것을 사용했지만, 이로 인해 사용할 수 있는 표면의 종류가 제한적이고 움직임 중에 손상을 일으키는 문제가 있었다. 이번에 찾은 방법은 작은 구멍을 세심하게 설계함으로써 어떤 표면 모양에도 스킨을 적용할 수 있게 해준다.

비결은 접착을 위해 특수 콜라겐 젤을 사용하는 것인데, 이 젤을 플라스마 처리라는 일반적인 플라스틱 접착 기술을 사용해 천공의 미세한 구조로 끌어들이는 동시에 피부를 해당 표면에 가깝게 붙이는 데 성공했다. 이로써 사실적인 피부를 가진 자가 치유 로봇이 한 걸음 가까워졌다.

다케우치 교수는 센서를 내장할 수 있다면 이 기술이 로봇에 더 나은 환경 인식 능력과 향상된 대화형 기능을 부여할 수 있을 것으로 내다봤다. 또 이 기술이 피부 노화 방지, 화장품, 외과 수술, 성형 수술 등의 연구에 유용하게 사용될 것으로 기대했다. 이를 위해 땀샘, 피지선, 모공, 혈관, 지방, 신경을 통합해 더 두껍고 사실적인 피부를 만드는 것이 연구팀의 목표다.

Chapter 6.

AI 의료 혁명

1.
장수탈출속도
중간 점검

지금까지 질병 치료 및 예방 분야에서 이룬 대부분의 진전은 유용한 치료법을 찾기 위한 선형적인 노력의 산물이다. 가능한 모든 치료법을 체계적으로 탐색할 수 있는 도구가 없었기에 지금까지 발견된 치료법은 많은 부분을 우연에 의존해왔다. 의학에서 가장 주목할 만한 우연한 발견은 아마도 항생제 혁명을 일으킨 페니실린일 것이다. 페니실린은 지금까지 약 2억 명의 생명을 구한 것으로 추정된다. 하지만 이 같은 우연한 발견이 아니더라도 연구자들이 전통적인 방법으로 획기적인 성과를 거두려면 운이 좋아야 한다. 가능한 약물 분자를 철저하게 검증하려면 연구자들은 엄청난 양의 스크리닝과 고된 실험에 의존해야 하는데, 이는 훨씬 느리고 비효율적이다.

하지만 이런 접근 방식이 큰 이점을 가져온 것도 사실이다. 1000년 전에는 콜레라나 이질과 같은 질병으로 유아기나 청소년기에 사망하는 사람이 많았기에 유럽인의 평균 수명이 20대에 불과했는데, 지금은 쉽게 예방할 수 있는 질병이 되었다. 19세기 중반에 이르러 영국과 미국의 기대수명은 40대까지 늘어났다. 2023년 현재, 대부분의 선진국에서는 80세 이상으로 증가했다. 따라서 인류는 지난 1000년 동안 기대수명을 거의 3배로 늘렸고 최근 2세기 동안에만 2배로 늘렸다. 이는 대부분 외부 병원체, 즉 우리 몸 외부에서 질병을 일으키는 박테리아와 바이러스를 피하거나 죽이는 방법을 개발함으로써 달성할 수 있었다.

하지만 오늘날에는 외부의 원인을 막는 부분에서 성과는 대부분 거두었다. 나머지 질병과 장애의 원인은 우리 몸속 깊은 곳에서 비롯된다. 세포가 오작동하고 조직이 파괴되면 암, 동맥경화, 당뇨병, 알츠하이머병과 같은 질환이 발생한다. 발명가이자 기술공학자인 레이 커즈와일은 이런 질병을 예방하고 치료해 급진적 수명연장을 이루는 기술의 발달을 네 개의 다리로 표현했다.

커즈와일은 이 네 개의 다리를 건너는 것으로 '장수탈출속도 Longevity Escape Velocity'에 도달할 수 있다고 말했다. 장수탈출속도는 인간의 수명이 한 해에 1년 이상 늘어나는 시점으로, AI와 의료기술의 발달이 이를 가능하게 해준다. 이 시점이 오면, 큰 사고를 당하지 않는 한 영원히 살 수 있다는 것이 커즈와일의 주장이다.

○ 장수로 가는 네 개의 다리

생활 습관, 식습관, 보충제를 통해 만성질환의 위험을 어느 정도 줄일 수 있는데, 이것이 첫 번째 다리다. 하지만 이는 피할 수 없는 것을 늦출 뿐이다. 이것이 바로 20세기 중반 이후 선진국의 기대수명 증가세가 둔화된 이유다. 예를 들어 1880년부터 1900년까지 미국의 출생 시 기대수명은 약 39세에서 49세로 증가했지만, 의학의 초점이 전염병에서 만성 및 퇴행성 질환으로 이동한 1980년부터 2000년 사이에는 74세에서 76세로 증가하는 데 그쳤다.

커즈와일은 2020년대에 들어서면서 AI와 생명공학 기술을 결합해 이러한 퇴행성 질환을 퇴치하는 두 번째 다리에 접어들고 있다고 표현했다. AI는 신약 개발에 활용되고 있으며, 10년 후에는 느리고 부정확한 인간 임상시험을 디지털 시뮬레이션으로 보강하고 궁극적으로 대체하는 과정을 시작할 수 있을 것으로 본다.

이와 관련한 가장 초기적이고 중요한 사례 중 하나를 유전학 분야에서 찾을 수 있다. 2003년 인간 게놈 프로젝트인간 유전체에 있는 약 32억 개의 뉴클레오타이드 염기쌍 서열을 해석하는 프로젝트가 완료된 이후 게놈 시퀀싱 비용은 매년 평균 약 절반씩 하락하고 있다. 커즈와일은 2016년부터 2018년까지 시퀀싱 비용이 잠시 정체되고 코로나19 팬데믹으로 인해 진행 속도가 둔화되었지만 비용은 계속 하락하고 있으며, 정교한 AI가 시퀀싱에서 더 큰 역할을 하게 되면서 이러한 추세는 다시 가속화될 것으로 예측했다. 2003년 게놈당 약 5만 달러였던 비용은 2023년 초에는 399달러까지 떨어졌다.

AI가 점점 더 많은 의료 분야를 변화시키면서 유사한 추세가 많이 등장할 것이다. 이미 임상적으로 영향을 미치기 시작했지만, 우리는 아직 이 기하급수적 곡선의 초기 단계에 있다. 사실상 인류는 의학을 IT로 전환하는 과정에 있으며, 미토콘드리아 유전자 돌연변이, 텔로미어 길이 감소, 암을 유발하는 통제되지 않는 세포 분열 등 현재 최대 수명을 약 120년으로 제한하는 생물학적 요인의 해결을 목전에 두고 있다.

커즈와일이 말한 급진적 수명연장의 세 번째 다리는 몸 전체에서 세포 수준의 유지와 수리를 지능적으로 수행할 수 있는 의료용 나노봇의 등장이다. 2030년대에 등장할 것으로 예상되는 이 나노봇은 AI에 의해 능동적으로 제어되어 다양한 작업을 수행할 수 있다. 커즈와일은 현재 자동차 정비와 비슷한 수준으로 우리 생체를 제어할 수 있게 될 것이라고 말한다. 즉, 자동차가 큰 사고로 완전히 파손되지 않는 한 부품을 무한정 수리하거나 교체할 수 있는 것처럼, 스마트 나노봇은 개별 세포의 표적 수리 또는 업그레이드를 가능하게 해 노화를 확실하게 극복할 수 있다.

네 번째 다리인 뇌를 디지털로 백업할 수 있는 기술은 2040년대에 실현될 것이다. 레이 커즈와일은 사람의 정체성의 핵심은 뇌 자체가 아니라 뇌가 표현하고 조작할 수 있는 매우 특정한 정보 배열이라고 주장한다. 이 정보를 충분히 정확하게 스캔할 수 있게 되면 디지털 기반에 복제할 수 있다는 것이다. 이는 생물학적 뇌가 파괴되더라도 그 사람의 신원이 소멸되지 않는다는 것을 의미하며, 안전한 백업에 복사 및 복제를 통해 영원히 살 수 있다.

2.
인체의 75%
단백질의 비밀이 밝혀지다

모든 생명체는 자신을 복제하고 단백질을 만드는 데 필요한 유전 정보를 제공하는 유전 물질인 DNA와 RNA를 갖고 있다. 단백질은 인간 건체중의 75%를 차지한다. 단백질은 근육, 효소, 호르몬, 혈액, 머리카락, 연골을 구성한다. 따라서 단백질을 이해한다는 것은 생물학의 많은 부분을 이해한다는 것을 의미한다.

DNA의 뉴클레오티드 염기 또는 일부 바이러스의 RNA는 이 정보를 암호화하며, 게놈 시퀀싱 기술은 이러한 염기의 순서를 파악한다. 인간 게놈 프로젝트는 1990년부터 2003년까지 인간 게놈 전체를 시퀀싱한 국제적인 노력이다. 게놈의 첫 1%를 시퀀싱하는 데 7년이나 걸렸지만, 급속도로 발전한 기술 덕분에 나머지 99%를 시퀀싱하는 데는 7년밖에 걸리지 않았다. 2003년까지 과학자들은 인간 게놈의 2만~2만 5,000개 유전자를 코딩하는 32억 개의 뉴클레오 티드 염기쌍의 전체 염기서열을 완성했다. 하지만 단백질의 기능을 이해하고 오작동을 바로잡는 것은 여전히 어려운 과제였다.

○ 게놈 시퀀싱과 단백질 구조 예측

각 단백질의 형태는 그 기능에 매우 중요하며 아미노산의 서열 에 의해 결정된다. 잘못 접힌 단백질은 잘못된 모양을 가지며 신경 퇴행성 질환, 낭포성 섬유증, 제2형 당뇨병과 같은 각종 질병을 일 으킬 수 있다. 이러한 질병을 이해하고 치료법을 개발하려면 단백질 형태에 관한 지식이 필요하다.

2016년 이전에는 단백질의 형태를 결정하는 유일한 방법은 단 결정의 X선 회절을 이용해 분자 내 원자와 분자의 정확한 배열을 3차원으로 파악하는 실험실 기술인 X-선 결정학을 이용하는 것이 었다. 당시에는 약 20만 개의 단백질 구조를 결정학으로 확인하는 데 수십억 달러의 비용이 소요되었다.

2016년, 딥마인드의 딥러닝 프로그램인 알파폴드Alpha Fold 가 등장하면서 아미노산 서열을 읽고 이를 3차원 구조로 정확하게 예 측할 수 있게 되었다. 2022년 7월 이 프로그램은 염기서열이 밝혀진 2억 1,400만 개 유전자의 단백질 구조를 계산했다. 알파폴드가 예측 한 단백질 구조는 모두 무료로 공개되었다.

비감염성 질병에 효과적으로 대처하고 신약을 설계하려면 과학자들은 단백질, 특히 효소가 어떻게 작은 분자와 결합하는지에 관한 더 자세한 지식이 필요하다. 효소는 생화학 반응을 가능하게 하고 조절하는 단백질 촉매제다.

2024년 5월 8일에 출시된 알파폴드 3은 단백질 모양과 저분자가 단백질에 결합할 수 있는 위치를 예측할 수 있다. 새롭게 개발되는 약물들은 질병과 관련된 경로에 관여하는 단백질에 결합하도록 설계된다. 저분자 약물은 단백질에 결합해 그 활성을 조절함으로써 질병 경로에 영향을 미친다. 알파폴드 3은 이 단백질 결합 부위를 예측할 수 있어 연구자들의 신약 개발 역량을 강화할 수 있게 해준다.

○ AI와 크리스퍼가 새로운 단백질 합성

2015년경, 크리스퍼CRISPR 기술의 개발은 유전자 편집에 혁명을 일으켰다. 크리스퍼는 유전자의 특정 부분을 찾아 변경하거나 삭제하고, 세포가 유전자 산물을 더 많이 또는 더 적게 발현하도록 하거나, 심지어 완전히 다른 유전자를 그 자리에 추가하는 데 사용될 수 있는 기술이라서 유전자 가위라고 불린다.

2020년, 제니퍼 다우드나Jennifer Doudna와 에마뉘엘 샤르팡티에 Emmanuelle Charpentier는 게놈 편집 방법을 개발한 공로로 노벨 화학상을 받았다. 크리스퍼를 사용하면 수년이 걸리고 비용도 많이 들고 힘들었던 유전자 편집을 이제 며칠 만에 적은 비용으로 수행할 수 있다.

크리스퍼와 AI의 조합은 아직 초기 단계에 있지만, 이 기술이 성숙해지면 의학 분야에서 오래된 질병을 치료하는 데 매우 유용할 뿐만 아니라 전 세계에 닥친 다양한 위기, 예를 들면 기후변화에 대처하는 데도 도움이 될 수 있을 것으로 보인다. AI가 단백질을 설계하고, 크리스퍼로 변형한 박테리아가 단백질을 생산한다. 이렇게 생산된 효소는 잠재적으로 이산화탄소와 메탄을 흡입하면서 유기 공급 원료를 내뿜거나 플라스틱을 분해해서 콘크리트 대용품으로 만들 수 있다. 유전자 변형 생물체가 이미 농업과 제약 분야에서 미국 경제의 2%를 차지하고 있다는 점을 고려하면 이런 목표가 허황된 것만은 아니다.

이미 두 연구팀이 각각의 AI 시스템으로 설계된 기능적 효소를 만드는 데 성공했다. 워싱턴 대학교의 데이비드 베이커 단백질 디자인 연구소는 새로운 딥러닝 기반 단백질 설계 전략을 고안해 독특한 발광 효소를 만드는 데 성공했다. 한편 생명공학 스타트업인 프로플루언트Profluent는 모든 크리스퍼 지식을 통합해 학습된 AI를 사용해 새로운 기능의 게놈 편집기를 설계했다. AI가 새로운 크리스퍼 시스템과 지구상에 존재하지 않는 생체 발광 효소를 만드는 법을 배울 수 있다면, 크리스퍼와 AI를 결합해 새로운 맞춤형 효소를 설계하는 데 사용하는 것도 꿈은 아니다. 다만 기술이 강력할수록 그에 따른 위험도 커진다는 점을 잊지 않는 것이 중요하다.

3.
노화 방지,
그리고 노화 역전

2009년 인류는 장수로의 새로운 발걸음을 내디뎠다. 텔로미어를 처음 발견한 엘리자베스 블랙번Elizabeth Blackburn 샌프란시스코대 교수, 캐럴 그라이더Carol Greider 존스홉킨스 의대 교수, 잭 조스택Jack Szostak 하버드 의대 교수가 그 공로를 인정받아 노벨의학상을 받은 것이다. 텔로미어는 세포가 분열할 때 염색체 말단 부분에서 일어나는 손실을 복구하는 효소로 알려져 있다. 따라서 이 말단 부분이 짧아져 더 이상 복구가 되지 않을 때 노화가 진행되는 것이다. 지금 의학계는 텔로미어를 유지함으로써 젊음을 유지하는 방법을 연구하는 데 엄청난 노력을 쏟고 있다.

노화 연구에서 텔로머레이스가 주목을 받은 것은 텔로미어의 발견과 거의 같은 시기다. 텔로머레이스는 텔로미어의 합성과 연

300

장을 담당하는 단백질 복합체다. 텔로머레이스 역전사 효소는 세포의 염색체 말단을 보호하는 텔로미어를 합성하고 확장하는 데 중요한 역할을 하는 효소다. 그러나 시간이 지남에 따라, 특히 자연 노화나 알츠하이머 및 기타 노화 관련 질병이 시작될 때 텔로머레이스 역전사 효소의 후생유전적 침묵으로 인해 그 활동이 감소한다. 이는 궁극적으로 DNA 손상, 염증, 노화, 조직 손상 및 암을 유발할 수 있다.

○ 노화 및 노화 관련 질병까지 치료의 길 열려

최근 텍사스 대학교 MD 앤더슨 암센터의 로널드 드피뇨Ronald DePinho 교수와 과학자들이 노화가 시작되면서 일반적으로 억제되는 텔로머레이스 역전사 효소의 생리학적 수준을 회복시키는 저분자 화합물을 확인했다. 드피뇨 연구팀은 이전에 생체 내에서 텔로머레이스 역전사 효소 유전자를 비활성화하면 조기 노화가 발생하며, 효소 재활성화를 통해 되돌릴 수 있다는 것을 보여주었다. 연구진은 또한 뉴런이나 심장 세포와 같은 특정 세포가 텔로미어 합성에 필요한 정상적인 세포 분열을 거치지 않고 젊어지는 것을 관찰했다.

연구진은 이러한 관찰을 통해 텔로머레이스 역전사 효소가 텔로미어를 합성하는 것 외에 다른 기능이 있으며, 전반적인 텔로머레이스 수치가 노화 과정에서 중요하다는 가설을 세웠다. 이러한 연구 결과를 바탕으로 연구진은 텔로머레이스 역전사 효소 수치를 회복하는 약물을 개발하는 것을 목표로 삼았다.

연구팀은 75세 인간에 해당하는 생쥐 모델에서 텔로머레이스 역전사 효소를 재활성화할 수 있는 화합물을 찾기 위해 65만 개 이상의 화합물을 스크리닝했다. 그 결과 텔로머레이스 역전사 효소 활성화 화합물을 발견했다. 이 화합물을 생쥐에게 6개월간 투여한 결과, 뇌의 해마 부위에서 새로운 뉴런이 형성되는 것을 관찰했다. 이는 쥐의 인지 능력을 향상시켰으며, 기억과 학습에 관여하는 유전자의 증가와 일치했다. 이 연구는 텔로머레이스 역전사 효소 및 관련 화합물들이 노화 및 관련 질병에서 중요한 역할을 할 수 있음을 시사한다. 이러한 결과가 임상 연구에서 확인되면 알츠하이머, 파킨슨병, 심장병 및 암과 같은 노화 관련 질병에 대한 치료적 시사점이 있을 수 있다.

텔로머레이스 역전사 효소 활성화 화합물을 투여하면 노화에 따라 여러 질병의 원인이 되는 염증 표지자가 축적되는 염증 과정도 감소했다. 이는 세포 노화의 핵심 요인인 p16 유전자를 억제하는 화합물의 능력과 관련이 있다.

또한 연구진은 텔로머레이스 역전사 효소 활성화 화합물이 노화에 따른 근육량, 근력 및 협응력의 자연적 약화를 불러오는 근감소증을 쥐에서 역전시켰다는 사실을 발견했다. 다시 말해 쥐의 악력, 속도, 조정력 및 신경 근육 기능이 더 강해진 것으로 측정되었다.

드피뇨 교수는 "텔로머레이스 역전사 효소 활성화 화합물은 중추신경계를 포함한 모든 조직에 쉽게 흡수되기 때문에 이러한 전임

상 결과는 매우 고무적"이라고 밝히며, "노화 과정을 주도하는 분
자 메커니즘에 대한 깊은 이해를 통해 실행 가능한 약물 표적을 발
견함으로써 노화 관련 만성질환의 원인을 차단할 기회를 모색할 수
있게 되었다"고 덧붙였다.

4.
몸을 치료하는
작은 로봇

우리는 앞서 휴머노이드 로봇의 미래를 살펴보았다. 휴머노이드를 포함해 우리가 보통 로봇이라고 하면 대체로 사람 정도 크기나 그 이상의 로봇을 생각한다. 의료에 쓰이는 다빈치 로봇 역시 그 규모가 작지 않다. 그런데 미래 의료에서는 아주 작은 크기의 로봇들이 더 주목받을 것으로 보인다.

첫 번째로 소개하는 로봇은 내시경 검사를 편리하게 해주는 필봇PillBot이다. 엔디엑스Endiatx가 개발한 이 알약 모양의 소형 로봇으로 의사는 스마트폰 앱을 통해 원격으로 위를 검사할 수 있으며, 환자는 최소한의 준비로 상부 내시경 검사를 받을 수 있다. 이 로봇은 2024년 하반기 임상실험을 시작한다.

전 세계적으로 80만 건의 위암 사례가 현대 의료로 손쓸 수 없을 만큼 늦게 진단된다. 이는 위암을 발견하는 데 탁월한 성과를 내는 내시경이 직원 및 시설이 갖춰진 곳에서만 행해질 수 있고 항상 예약이 가득 차 있는 탓도 있다. 필봇 제작자에 따르면 이 작은 로봇은 의료 시설의 부담을 완화하고 병원 접근이 제한된 사람들을 위한 원격 의료 위암 검사를 활성화하는 동시에 생명을 구할 것이다.

13mm × 30mm로 종합 비타민제 알약 크기의 필봇은 펌프젯 추진기의 도움으로 위에서 자유롭게 이동할 수 있다. 사용자가 깨어 있는 동안 필봇을 삼키면 의사는 스마트폰 앱을 사용해 환자의 뱃속에서 로봇을 조종한다. 필봇은 6~24시간 내에 작동을 멈추고 자연적으로 몸 밖으로 배출된다. 또한 팀은 AI를 사용해 예비 진단을 수행한 후 의사가 치료 과정을 만드는 작업을 진행하고 있다.

현 단계에서 필봇은 움직임과 카메라 작동을 의사가 수동으로 제어해야 하지만, AI를 결합해 완전히 자동화되는 미래를 꿈꾼다. 연구팀은 장, 혈관계, 심장, 간, 뇌 및 기타 신체 부위를 검사하기 위해 기술을 확장할 계획이다.

○ 알약 크기 로봇이 위내시경, 장내 미생물 수집 척척

위를 넘어 소장까지 이동해 장내 미생물을 연구하는 로봇도 개발되었다. 터프츠 대학교 공과대학 연구자들은 장을 통과하는 미생물의 포괄적인 목록을 수집하는 비타민 알약 크기의 섭취 가능한 장치를 개발했다. 장내 미생물 군집은 신체적, 정신적 건강을 유지하는 데 중요한 역할을 한다. 그러나 현재 미생물 군집을 평가하는 데 사용되는 방법인 분변 샘플에서 발견된 DNA 및 대사산물 분석은 폐기물에 어떤 장내 세균이 살았는지에 대한 정보만 제공할 뿐, 실제 그곳에서 일어나는 일을 완전히 포착하지는 못한다.

연구팀이 개발한 3D 프린팅된 비타민 크기의 알약은 부드럽고 탄력 있는 표면과 산도 변화에 반응해 열리는 pH 민감성 입구 포트가 있어 위를 통과해 소장으로 들어가면 알약이 미생물 샘플을 수집하기 시작한다. 샘플이 수집됨에 따라 폴리아크릴레이트 비드가 부풀어 오르고 결국 입구가 막히면서 닫힌다. 그리고 배설물과 함께 배출된다.

연구 논문에 따르면 "이 랩온어필 lab-on-a-pill 장치는 장내 미생물 군집의 공간적 다양성과 의학적 상태 및 치료에 대한 반응에 대한 이해에 혁명을 가져올 것"이라고 말했다.

이 알약의 이전 버전은 돼지와 영장류를 대상으로 한 전임상시험에서 성공했고, 인간 대상 임상시험의 길을 열었다. 장내 세균의 상세한 목록을 얻는 것은 광범위한 건강 상태를 알아낼 잠재력을 가지며 진단 도구로 사용될 수 있고, 특정 상태를 치료하기 위해 미생물 군집을 조정하는 데도 도움이 될 것으로 기대된다.

○ 암 치료 가능성 연 마이크로봇

한편 뮌헨공과대학교 연구팀이 세포 그룹을 탐색하고 개별 세포를 자극할 수 있는 세계 최초의 마이크로봇인 TACSI택시 로봇을 개발했다. 이 작은 로봇은 암 치료와 상처 치유 분야에 혁신을 가져올 새로운 가능성을 제시한다.

나노 및 마이크로봇공학 교수인 베르나 외즈칼레 에델만Berna Özkale Edelmann은 이번 기술이 인간 질병에 대한 새로운 치료법 개발에 중요한 역할을 할 것이라고 기대하고 있다.

TACSI는 Thermally Activated Cell-Signal Imaging열 활성화 세포 신호 이미징의 약자다. 간단히 말해서 세포를 활성화하기 위해 가열할 수 있는 이미지 기반 시스템이라는 뜻이다. TACSI는 택시와 같은 의미를 가졌다. 미래에 이 작은 로봇은 연구자들이 세포를 연구하려는 장소로 직접 '운전'해 갈 것이다.

TACSI 로봇은 사람 머리카락의 절반 정도 굵기의 둥근 모양으로, 금 나노 막대와 형광 염료로 구성되어 있으며 조류에서 추출한 생체 물질로 둘러싸여 있다. 레이저 빛으로 구동되어 세포 사이를 이동할 수 있다. 또 세포 그룹 내 탐색 및 개별 세포를 정확하게 자극하는 등 정밀한 제어가 가능하다. 조류에서 추출한 생체 물질은 생체적합성을 높여주고 인체에 해를 끼치지 않는다. 한편 로봇 자체를 가열하고 온도를 유지할 수 있어 특정 온도가 필요한 치료법에 활용될 수 있다.

이런 특성을 살려 택시 로봇은 암세포를 직접 공격하거나 암 치료제를 전달하는 데 유용하다. 또한 상처 부위의 세포 재생을 촉진해 상처 치유 속도를 높일 수 있고, 염증을 유발하는 세포를 제거하거나 염증 완화 물질을 전달하는 데 사용될 수 있을 것으로 보인다.

TACSI 마이크로봇은 공장에서 볼 수 있는 기존의 휴머노이드나 로봇 팔과는 다르다. 전체 시스템에는 소규모 세계를 확대하기 위한 현미경과 인간이 제어하는 30μm 마이크로미터, 0.001mm에 해당한다 크기의 마이크로봇을 구동하기 위한 컴퓨터와 레이저가 필요하다. 또 다른 특징은 이 로봇을 가열할 수 있을 뿐만 아니라 지속적으로 온도를 표시할 수 있다는 것이다. 이는 개별 세포로 가는 길을 찾는 능력과 함께 개별 세포 또는 세포 그룹의 위치를 가열하도록 설계되었기 때문에 중요하다.

TACSI 로봇은 의학 분야에 획기적인 발전을 가져올 수 있는 잠재력을 지닌 기술로, 향후 연구를 통해 로봇의 기능을 더욱 향상시키고 다양한 질병 치료에 활용할 수 있을 것으로 기대된다.

로봇공학이 더욱 발달하면 마이크로봇을 넘어 나노봇이 등장해 노화와 질병으로 고장 난 신체 곳곳으로 약물을 운반하고 직접 치료에 나서게 될 것이다. 레이 커즈와일이 말한 수명연장의 세 번째 다리다.

5.
100배 더 빠르고 저렴한
AI 설계 신약

　AI가 하룻밤 사이에 모든 질병을 표적으로 하는 신약을 만들어 임상시험을 준비할 수 있다면 어떨까? AI가 환자 개인에게 딱 맞는 약을 설계할 수 있다면 어떨까?

　이처럼 AI가 오늘날 수조 달러 규모의 제약 산업을 어떻게 혁신할지 알아보기 전에, 먼저 오늘날의 제약 산업이 얼마나 획일적이고 느린지 먼저 알아볼 필요가 있다. 오늘날 가장 느리고 획일화된 산업 중 하나가 바로 제약 산업이다. 세계 제약 시장은 2023년에 약 1조 6,000억 달러의 매출을 기록했으며, 그중 5,500억 달러를 상위 10개 제약회사가 차지했다. 한편 현재 신약 하나를 출시하는 데 25억 달러 이상의 비용이 소요되며, 기간도 10년 이상이 걸린다. 더구나 첫 번째 임상시험에 들어간 약물 10개 중 9개는 환자에게 도달하지 못하고 폐기된다.

하지만 이 모든 것이 곧 변화할 것이다. AI가 유전자 발현부터 혈액 바이오마커까지 모든 분야의 방대한 데이터 세트와 융합해 100배 더 저렴하고, 100배 더 빠르고, 더 지능적으로 표적화된 신약을 발견할 수 있게 되면서 이러한 변화가 일어날 것이다. 그중에서 눈에 띄는 기업들을 살펴보자.

○ AI 설계 신약 임상시험 시작

먼저 소개할 제약회사 인실리코 메디신 Insilico Medicine 은 《세계미래보고서》 시리즈에서 그 성과를 이미 여러 번 소개한 기업으로, AI의 힘을 활용해 전통적으로 느리고 비용이 많이 드는 신약 개발 프로세스를 혁신하는 것을 사명으로 삼고 있다. 알렉스 자보론코프 Alex Zhavoronkov 박사가 설립한 인실리코는 AI를 사용해 새로운 약물 표적을 신속하게 식별하고, 약물 후보를 테스트하고, 추가 개발에 적합한 약물 후보를 도출한다.

인실리코가 차별화되는 점은 GAN을 활용해 일반적인 제약회사가 5,000명의 인원으로 수행하는 작업을 단 50명의 인력으로 달성하는 독특한 AI 접근 방식이다. 인실리코의 최근 이정표가 이를 잘 보여준다. 2023년 4월, FDA Food and Drug Administration, 미국식품의약국 는 인실리코가 AI로 설계한 저분자 치료제의 임상시험을 시작하도록 허가했고 인실리코는 엑셀릭시스 Exelixis 에 라이선스를 제공했다. 2023년 6월에는 특발성 폐섬유증에 대한 AI 설계 치료제의 2상 임상시험에서 첫 번째 환자에게 투약되었다. 2023년 11월, 인실리코의 AI 기반 표적 발견 엔진인 판다오믹스는 노화 방지와 뇌종양 치료를 위한 '이중 목적' 표적을 확인했다. 가장 최근에는 2024년 4월, AI 설계 약물 ISM3412가 FDA의 임상시험계획 승인을 받아 국소 진행성 및 전이성 고형 종양을 가진 성인 대상의 임상 연구의 기반을 마련했다. 그리고 2024년 5월, 인실리코는 엔비디아와 협력해 생물학적 및 화학적 작업을 해결하기 위한 새로운 LLM 트랜스포머인 나흐nach 을 공개했다.

○ 생명체 분자 구조 예측

딥마인드는 2024년 5월에 모든 생명체의 분자 구조와 상호작용을 전례 없는 정확도로 예측하는 혁신적인 모델을 공개했다. 알파폴드 3은 기존 방식에 비해 예측 정확도를 50% 이상 향상시켰으며, 일부 중요한 범주에서는 2배까지 향상시켰다.

이미 수백만 명의 연구자들이 말라리아 백신과 암 치료제와 같은 분야의 발견을 위해 사용해온 알파폴드 2를 기반으로 개발된 알파폴드 3은 단백질을 넘어 광범위한 생체분자를 대상으로 한다. 이러한 도약은 생물 재생 가능 물질과 적응력 강한 작물 개발부터 약물 설계 및 유전체학 연구 가속화에 이르기까지 과학의 혁신을 실현할 수 있을 것으로 기대된다.

알파폴드 3를 사용하면 과학자들과 약물 설계자들이 원자 수준에서 가설을 세우고 테스트한 다음 몇 초 안에 매우 정확한 구조를 예측할 수 있을 것이다. 기존에 이 작업을 수행하는 데 몇 달 또는 몇 년이 걸리는 것과 비교하면 엄청난 속도다.

○ 임상 대신 디지털 시뮬레이션

샌드박스AQ SandboxAQ의 소프트웨어는 유망한 화합물을 식별하는 데 드는 시간, 비용, 위험을 줄여 제약 산업을 혁신하는 데 기여하고 있다. CEO 잭 히데리 Jack Hidary는 임상시험에 도달한 약물의 약 88%가 임상시험을 통과해 승인을 받는 데 실패한다며, 치료제가 없는 7,000여 가지 질병에 대한 더 효과적인 치료법의 필요성을 강조한다.

샌드박스AQ는 AI와 시뮬레이션을 결합한 독특한 접근 방식으로 이 문제를 해결하고 있다. 이 회사는 바이오의약품 화합물을 디지털 방식으로 모델링하고 분자 표적과의 상호작용을 시뮬레이션해서 치료법 개발을 위한 데이터를 생성한다.

시뮬레이션의 정확도가 높아지면 시간과 비용을 많이 들이고 실패율도 높은 임상시험 과정을 단숨에 압축할 수 있을 것이다.

○ AI와 생명공학의 결합

대표적인 이 세 기업 외에도 질병을 치료하기 위한 신약 개발에 뛰어든 AI 기업은 많다. 루베도 라이프 사이언스Rubedo Life Sciences는 건선, 경피증과 같은 노화 관련 질환에 대한 혁신적인 치료제를 개발하기 위해 머신러닝과 단일 세포 RNA 시퀀싱을 활용하는 생명공학 기업이다.

버지 게노믹스Verge Genomics는 근위축성 측삭 경화증과 같은 쇠약성 질환을 위한 플랫폼인 컨버지CONVERGE를 통해 신약 개발에 혁신을 일으키고 있는 AI 기반 생명공학 기업이다.

바이오에이지 랩스BioAge Labs는 노화 및 대사 질환에 대한 치료법에 중점을 두고 AI를 사용해 신약을 발견하거나 개발하는 선구적인 생명공학 기업이다.

페놈 헬스Phenome Health는 노화 방지를 위해 멀티오믹스, AI, 대규모 데이터를 결합한 첨단 생명공학 기업으로, 시스템 생물학 연구 및 개인 맞춤형 의학 분야의 선구자들이 이끌고 있다.

현대인의 평균수명은 80세를 넘어서고 있다. 충분하고 질 좋은 수면, 식단, 운동을 최적화하면 100세까지 건강하게 살 수 있다. 하지만 그 이상은 기대하기 어렵기에 100세를 넘어 '장수탈출속도'를 향해 나아가기 위해서는 분자 수준에서 우리 각자가 노화하는 이유를 이해하고, 그 과정을 늦추고 심지어 역전시킬 수 있는 약물을 설계해야 한다. 다행히도 앞서 말한 기업들이 건강수명 연장의 미래를 앞당기는 AI 신약 개발을 선도하고 있다.

6.
인체의 증강
외골격

외골격은 장애인이나 노인이 다시 자유롭게 움직일 수 있도록 돕고 언젠가는 육체노동을 하는 근로자 수준의 힘과 체력을 향상시키는 것을 목적으로 한다. 이 장치가 AI 기반 접근 방식을 취하며 사용 범위를 확대하고 있다.

외골격이라는 용어에서 영화 〈에지 오브 투모로우〉에서 군인들이 입은 거대한 로봇을 연상하는 경우가 많을 것이다. 하지만 실제로 개발되고 있는 외골격은 전투를 하거나 극한 상황에서 인간의 힘을 능가하는 역할을 하는 장비가 아니라, 착용자의 허리에 두르는 벨트 같은 형태에 연결되는 장비로 걷거나 달리거나 계단을 오를 때 사람의 다리에 힘을 더해주는 정도다.

그러나 이러한 장치가 사람이 원하는 때에 자연스럽게 동작하도록 하는 기술은 보기보다 까다로우며 착용자의 생체 역학에 대한 자세한 이해가 필요하다. 이는 장치를 착용하는 동안 인간으로부터 수집된 데이터에 대한 머신러닝 알고리즘을 훈련해 얻을 수 있는 경우가 많지만, 수집하는 데 시간과 비용이 많이 든다.

그런데 최근 실험 없는 새로운 접근 방식이 개발되어 주목받고 있다. 노스캐롤라이나 주립대학교의 하오 수Hao Su 박사는 실사용자가 제공하는 데이터의 필요성을 없애고 시뮬레이션에서 AI 모델을 교육하는 이 방식은 기술 개발 주기를 극적으로 단축할 것이라고 〈네이처〉에서 밝혔다.

○ 맞춤복이었던 외골격 기성복되다

역사적으로 외골격을 제어하는 소프트웨어는 특정 활동에 맞게 신중하게 프로그래밍하고 개별 사용자에게 맞게 공들여 보정해야 했다. 일반적으로 전문 실험실에서 인간을 대상으로 테스트하는 데 몇 시간이 걸리므로 연구와 배포 속도가 크게 느려진다.

최근 연구원들은 추가 교육 없이도 새로운 사용자에게 원활하게 적응할 수 있는 AI 기반 범용 컨트롤러를 만들 수 있음을 보여주었다. 그러나 컨트롤러를 훈련하려면 25명분의 광범위한 실험 데이터를 수집해야 했다.

이번에 노스캐롤라이나 주립대가 발표한 새로운 접근 방식은 시뮬레이션에서 컨트롤러를 교육함으로써 사람의 입력이 필요 없어진다. 수백만 번의 가상 시도를 통한 강화 학습은 착용자의 효율성을 높이기 위해 적시에 적절한 양의 전력을 발휘하도록 컨트롤러를 훈련시킨다. 전체 프로세스가 단일 GPU에서 단 8시간이 소요된다.

그 결과 모델은 사용자에 구애받지 않고 다양한 사람들의 고유한 움직임 패턴에 자동으로 적응한다. 또한 사용자가 모드를 수동으로 전환해야 했던 이전 방식과 달리 세 가지 활동 수준으로 자동 전환할 수 있다.

테스트에서 연구팀은 로봇 외골격을 사용해 걸을 때 사람들이 도움 없이 걸을 때보다 에너지를 24% 더 적게 사용하는 것으로 나타났다. 또한 달릴 때는 13% 적게, 계단을 오를 때는 15% 적게 사용했다.

현재 연구자들은 노인과 신경 질환이 있는 사람들의 외골격을 개선하는 데 중점을 두고 있다. 하지만 인간 움직임의 힘과 효율성을 극적으로 증가시킬 수 있는 이 기술은 곧 광범위하게 적용될 것이다.

Chapter 7.

일상생활 혁명

1.
하이퍼루프,
극초음속 운송의 실현

서울에서 부산을 15분 안에 갈 수 있다고 생각해보자. 비행기로도 불가능한 이 이동 시간은 SF소설, 아니 판타지 소설에나 나올 법한 이야기다. 하지만 과학자들은 일찌감치 차세대 이동 수단 중 하나로 하이퍼루프Hyper loop라는 시속 1,000km의 이동수단을 개발하고 있다.

하이퍼루프는 캡슐형 탈 것이 목적지까지 이어진 진공 튜브 안을 초고속으로 이동하는 미래형 교통 시스템이다. 2013년 일론 머스크가 처음 제안하면서 큰 화제를 모았고, 이후 전 세계적으로 기술 개발과 시험 운행이 이루어지고 있다.

하이퍼루프의 기본 원리는 열차를 수용할 수 있을 만큼 넓은 튜브를 둘러싸고 모든 공기를 배출해 저항을 없애는 것이다. 하이퍼루프 열차 개념은 자기 부상을 이용해 진공 튜브 안을 통과하는 백트레인Vactrain 모델에 뿌리를 두고 있다. 하이퍼루프 열차는 이 개념을 크게 개선해 초전도 자석으로 강력한 자기장을 생성해 추진력을 얻는다. 가속 및 감속을 위한 리니어 모터와 튜브의 잔류 공기를 제거하는 컴프레서가 더해져 에너지 소비와 환경 영향을 최소화하면서 시속 1,000km 이상으로 달리는 열차다. 이는 기존 열차보다 훨씬 빠른 속도다.

전 세계적으로 여러 회사들이 하이퍼루프 기술 개발에 힘쓰고 있다. 미국 캘리포니아에 위치한 기업 하이퍼루프TT HyperloopTT는 세계 최초로 하이퍼루프 시험 터널을 건설했으며, 2017년에는 시속 400km 이상의 속도를 기록했다. 영국 버진그룹Virgin Group의 투자를 받은 버진 하이퍼루프Virgin Hyperloop는 미국 네바다주에 시험 터널을 건설했고, 2020년에는 승객 탑승 시험에 성공했다. 두바이의 DP 하이퍼루프DP Hyperloop는 세계 최초의 상용 하이퍼루프 시스템 구축을 목표로 하고 있다. 2023년에는 두바이 내 9km 길이의 시험 터널 건설을 시작했다.

최근 중국 최고의 미사일 제조업체인 CASIC China Aerospace Science and Industry Corporation, 중국항천과공집단이 현존하는 가장 빠른 열차를 설계했다고 주장했다. CASIC는 2023년 11월 산시성 다퉁에 2km의 테스트 트랙을 건설해 하이퍼루프 열차가 시속 623km의 기록적인 속도를 달성하는 등 놀라운 엔지니어링 기술을 선보였다. 이 이정표에 고무된 CASIC는 더 놀라운 속도인 1,000km로 목표로 선로를 60km로 확장하는 2단계 공사를 진행하고 있다. 궁극적인 목표는 2,000km라는 엄청난 속도로 이동의 역학을 변화시킬 것을 기대한다.

하이퍼루프 열차의 놀라운 가능성에도 불구하고 상용화에는 만만치 않은 난관이 기다리고 있다. 인프라 건설 및 유지보수와 관련된 막대한 비용과 지속적인 안전 문제 및 규제 장애물이 그것이다. 또 고속 주행 시 발생할 수 있는 안전 문제에 대한 철저한 검증이 필요하다. 그럼에도 하이퍼루프는 CASIC를 비롯한 전 세계 많은 기업들이 경쟁하고 있는 가장 뜨거운 미래 교통수단이다.

2.
2025년 첫 승객 태우는
수직이착륙 전기 항공기

출근길, 주말 나들이에 도로가 꽉 막힌 채로 차 안에 있을 때, 하늘에도 도로가 있어 날아갈 수 있다면 하는 생각 한 번씩 해봤을 것이다. 그도 그럴 것이 〈제5원소〉〈마이너리티 리포트〉〈블레이드 러너 2049〉 등 미래를 배경으로 하는 SF 영화를 보면 하늘의 보이지 않는 도로를 날아서 달리는 자동차들이 꼭 등장하기 때문이다. 그리고 그런 비행 자동차가 곧 현실이 될 것으로 보인다.

유나이티드 항공United Airlines은 시카고와 뉴욕에서 미래형 전기 에어 택시를 계획하고 있다. 미군은 이미 이를 실험하고 있으며, 한 회사는 이르면 2025년에 두바이에서 에어 택시 서비스를 시작하기로 계약을 맺었다.

보잉Boeing, 에어버스Airbus와 같은 항공업계 거물과 조비Joby,

아처 Archer, 위스크 Wisk, 릴리움 Lilium 같은 수십억 달러의 벤처 캐피털 투자를 받은 스타트업들은 수직이착륙 전기 항공기 electric vertical take-off and landing, 이하 eVTOL 개발 경쟁에 앞장서고 있다. 이 혁신적인 항공기는 기존의 이동 방식을 완전히 바꿀 가능성을 갖고 있다.

도시 혼잡 완화, 농촌 지역 긴급 배달, 탄소 배출량 감소, 더 조용하고 접근성이 좋은 단거리 항공 여행 제공 등 eVTOL의 장점은 매우 매력적이다.

하지만 이러한 미래 비전을 현실로 만들기 위해서는 해결해야 할 과제도 산적해 있다. 먼저 상용화되기에는 아직 기술적으로 미비한 부분들의 문제다. 배터리 기술을 비롯해 소음, 안선성 등 기술적인 측면에서 아직 개선해야 할 부분이 많이 남았다. eVTOL이 직면한 가장 중요한 기술적 과제 중 하나는 현재 배터리 기술의 한계다. 배터리 용량과 에너지 밀도는 eVTOL의 비행 거리와 성능에 큰 영향을 미치는 요소다. 배터리는 지난 10년 동안 엄청난 발전을 이루었지만, 지금의 기술 수준은 상용화에 필요한 수준에 도달하지 못했다. 이러한 단점은 eVTOL이 아직 화석연료 대응 제품과 동등한 수준에 도달하지 못했다는 것을 의미하며, 장거리 비행에 뚜렷한 약점을 갖게 된다. 즉, 현재의 역량은 여전히 전통적인 운송 수단에 미치지 못한다. 다만 수십 킬로미터에서 100~200㎞에 이르는 범위를 갖춘 eVTOL 배터리는 도시 안의 이동에는 충분하다. 이와 함께 더 높은 에너지 밀도, 빠른 충전 시간, 더 긴 수명 주기를 제공하는 배터리의 개발이 eVTOL의 잠재력을 최대한 끌어내는 데 핵심이다.

또한 eVTOL은 기존 항공기에 비해 소음이 적지만, 도시 환경에서 운영될 때는 여전히 소음 공해 문제가 발생할 수 있다. 안전성 또한 중요한 과제다. 새로운 기술인 만큼 기존에 알려지지 않은 안전성에 대한 우려도 존재하며, 엄격한 안전 기준과 테스트가 필수적이다. 실제로 eVTOL은 수백 번의 시험 비행을 해오면서 2022년에 한 대의 프로펠러 블레이드가 고장 나고 2023년에 충돌이 발생하는 등 안전 문제도 계속 지적되고 있다. 당시 두 대 모두 원격으로 비행 중이었다.

○ 배터리 문제 해결되어야 하늘길 뚫린다

한편 eVTOL은 기존 항공기와는 다른 방식으로 작동하기 때문에 새로운 규제와 인증 절차가 필요하다. 그런데 관련 법규 마련에는 상당한 시간과 노력이 들 것으로 보인다. 예를 들어 하늘에 4D 고속도로를 구축하려면 차량 안전에서 항공 교통 관리에 이르기까지 모든 것을 포괄하는 포괄적인 규칙이 필요하다. 그런데 미국 연방 항공청의 규칙에 따르면 이런 새로운 규칙은 고사하고 에어 택시에도 전통적인 역할을 하는 조종사가 필요하다. 자율주행차를 완전 무인으로 운영하는 법안이 통과되고 나서야 eVTOL의 자율주행도 인정하는 단계로 나아갈 수도 있다. 한편 항공 운항 수단인 만큼, 국제적인 협력 또한 매우 중요하다. eVTOL 운항을 위한 수직이착륙장 건설 및 운영에 대한 규제와 허가 절차가 마련되어야 하며, eVTOL 운항이 주변 사람들과 인프라에 미치는 영향에 대한 평가와 규제도 필요할 것이다.

eVTOL이 대중교통으로 자리 잡기 위해서는 시민들이 eVTOL 을 안전하고 신뢰할 수 있는 새로운 교통수단으로 받아들이는지가 중요하다. 자율주행 자동차의 경우 기존의 자동차라는 수단이 있었 기에 수용이 비교적 빠르겠지만, 수직이착륙기는 기존에 없었던 교 통수단이라서 대중교통으로 인정받기 위해서는 안전과 신뢰에 관 한 확신이 필요하다. 한편 eVTOL 가격은 초기에는 상당히 비쌀 것 으로 예상된다. 부자들의 장난감이 아닌 대중적인 교통수단으로 자 리 잡기 위해서는 비용을 낮추는 노력이 필요하다.

eVTOL은 혁신적인 기술이지만, 이처럼 상용화되기 전에 해결 해야 할 과제가 많다. 기술적, 제도적, 사회적 과제를 극복하기 위해 서는 지속적인 연구 개발과 투자가 필요하다. 하지만 이러한 과제들 을 극복한다면 eVTOL은 미래의 이동 수단에 혁명을 몰고 올 만큼 큰 잠재력을 가지고 있다.

단기적으로 eVTOL이 상업적 운항으로 비행하도록 인증되면 도로 교통을 우회하는 특정 고수요 노선을 운항할 가능성이 크다. 예를 들어 유나이티드 항공은 시카고 도심에서 오헤어 국제공항, 맨해튼에서 뉴어크 리버티 국제공항까지의 단거리 비행에 아처의 eVTOL을 테스트할 계획이다.

일부 응용 프로그램은 처음에는 군사적 또는 비상 상황에만 국 한될 수 있지만, 업계의 목표는 광범위한 민간 채택이며, 더 깨끗한 도시 이동성의 미래를 향한 중요한 진전을 나타낸다.

이러한 이동수단이 업계의 많은 장애물을 극복하고, 향후 몇 년 동안 운영을 지원하기 위한 규정이 발전함에 따라, 우리는 항공 이동성에서 심오한 변화를 목격할 수 있을 것이다. 하늘은 새로운 차원의 연결성을 제공해 도시와 우리가 도시를 탐색하는 방식을 재편한다.

3.
자율주행차,
인간보다 안전해졌다

WHO에 따르면, 전 세계적으로 매일 3,200명의 교통사고 사망자가 나오고 있다. 운전의 안전성이 조금만 개선되어도 큰 차이를 만들 수 있는데, 이것이 자율주행차로의 전환을 주장하는 주요 논리 중 하나다. 기계가 운전함으로써 인간의 실수를 줄일 수 있다는 것이다.

그러나 최근 몇 년 동안 자율주행차는 여러 건의 사고에 연루되어 안전성에 대한 의문이 제기되었다. 이에 연구자들이 자율주행차와 인간 운전자 모두와 관련된 수천 건의 사고 보고서를 분석했고, 〈네이처 커뮤니케이션스Nature Communications〉에 발표된 연구 결과에 따르면 대부분의 상황에서 자율주행차가 실제로 인간보다 더 안전하다는 사실이 판명되었다.

센트럴 플로리다 대학교의 연구팀은 자율주행차 테스트가 가장 많이 진행되고 있는 캘리포니아에 초점을 맞춰 연구를 진행했다. 연구팀은 미국 도로교통안전국, 캘리포니아주 차량국에서 관리하는 데이터베이스와 뉴스 보도에서 자율주행차와 관련된 2,100건의 사고 보고서를 수집한 뒤, 캘리포니아 고속도로 순찰대가 수집한 인간 운전자와 관련된 3만 5,000건의 사고 보고서와 비교했다. 연구팀은 '일치 사례-대조군 분석'이라는 접근법을 사용해 매우 유사한 특성을 가진 사례를 찾았다. 이를 통해 충돌에 영향을 미칠 수 있는 다른 모든 변수를 통제하고 충돌 발생 가능성에 대한 운전자의 영향을 조사할 수 있었다.

연구팀은 548건의 일치 항목을 발견했으며, 두 그룹을 비교한 결과 대부분의 사고 시나리오에서 자율주행차가 인간 운전자보다 더 안전하다는 사실을 발견했다.

하지만 몇 가지 특기할 만한 사항이 함께 발견되었다. 자율주행차가 새벽이나 저물녘에 사고를 당할 가능성이 5배 이상 높았고, 회전할 때는 거의 2배나 높았다. 전자는 이미징 센서의 한계 때문으로 보이며, 회전할 때는 다른 운전자의 행동을 예측하는 능력이 제한되어 있기 때문일 수 있다. 하지만 자율주행차가 유리한 부분도 있다. 후미 추돌 사고에 연루될 확률은 약 절반, 측면 충돌 사고에 연루될 확률은 5분의 1에 불과했다.

또한 연구진은 자율주행차가 비나 안개 속에서 충돌할 확률은 인간 운전자의 약 3분의 1 수준이었으며, 이는 악천후에 그다지 영향을 받지 않는 레이더 센서에 의존하는 차량의 특성 때문이라고 설명했다.

　이러한 결과를 어느 정도까지 해석할 수 있는지는 논란의 여지
가 있다. 연구팀은 자율주행차 충돌 사고에 관한 데이터가 제한되어
있어 연구 결과의 범위 역시 제한적이라는 점을 인정한다. 그럼에도
이 연구가 자율주행차 기술의 잠재적 안전 이점을 정량화하는 중요
한 첫 단계이며, 아직 발전이 필요한 몇 가지 중요한 영역이라는 사
실은 틀림없다.

4.
극한 기후 견디는
3D 프린팅 주택

최근 완공된 놀라운 3D 프린팅 주택은 극한의 날씨와 지진이 발생하는 지역에도 3D 프린팅이 적합하다는 것을 보여주었다. 단 5일 만에 인쇄된 이 주택은 일반적인 주택보다 훨씬 저렴하게 지어졌다.

카자흐스탄 알마티에 위치한 이 주택은 중앙아시아 최초의 3D 프린팅 주택으로 주목받고 있다. BM파트너스BM Partners가 설계하고 유럽 최대 규모의 데이터센터 건설을 담당했던 코보드COBOD의 보드2BOD2 모델 3D 프린터를 사용해 인쇄되었다.

집의 실제 벽을 인쇄하기 위해서는 우리가 보았던 다른 모든 3D 프린팅 건축 프로젝트와 마찬가지로 노즐에서 시멘트 혼합물을 층층이 압출하는 3D프린터가 필요했다. 하지만 알마티는 엄격한 지진 관련 건축 규정을 가지고 있기 때문에 팀은 현지 조건과 리히터 규모 7.0까지의 지진을 견딜 수 있도록 매우 강력한 시멘트 혼합물을 사용했다.

이 프로젝트는 3D 프린팅 기술이 저렴하고 빠르게 건설할 수 있는 강력하고 지속 가능한 주택을 만드는 데 사용될 수 있음을 보여주는 획기적인 사례다. 3D 프린팅 주택은 미래 주택 건설 방식에 혁명을 일으킬 잠재력이 있으며, 특히 저렴한 주택이 부족하고 자연재해 위험이 큰 지역에 적합하다.

이 프로젝트는 3D 프린팅 기술이 주택 건설 산업을 혁신하는 데 어떻게 사용될 수 있는지 보여주는 흥미로운 예다. 앞으로 더 많은 3D 프린팅 주택이 건설될 것으로 기대되며, 이는 저렴하고 지속 가능한 주택에 대한 접근성을 향상시키는 데 도움이 될 것이다.

3D 프린팅된 집의 벽은 단 5일 만에 완성되었지만, 그 후 건축업자가 와서 문과 창문, 기타 필요한 모든 것을 추가해야 했다. 초기 프린터 설정부터 가구 설치 완료까지 총 프로젝트 기간은 2개월이 걸렸다. 내부는 총면적 100m²로, 단층주택이며, 넉넉한 유리창과 넓은 거실을 갖춘 단순한 레이아웃이 특징이다.

○ 24시간 만에 짓는 집

3D 프린팅 기술은 1980년대 초로 거슬러 올라가는 비교적 새로운 기술이지만, 건축 분야에 적용되기 시작한 것은 최근 10여 년

간의 일이다. 초기에는 주로 작은 규모의 모델이나 예술 작품 제작에 활용되었으나, 기술 발전과 더불어 건축물에도 점차 활용되기 시작했다.

세계 최초의 3D 프린팅 주택은 2014년 영국에서 건설되었으며, 이후 미국, 중국, 인도 등 여러 국가에서 3D 프린팅 주택 건설 프로젝트가 진행되고 있다. 한국에서도 2015년 최초의 3D 프린팅 주택이 건설되었으며, 정부와 기업의 투자 확대와 더불어 관련 기술과 산업이 빠르게 성장하고 있다.

3D 프린팅 주택은 기존 건설 방식과 비교해 몇 가지 장점을 지니고 있다. 첫째, 건설 기간 단축이다. 3D 프린터는 미리 설계된 디자인을 기반으로 자동으로 벽체를 쌓아나가기 때문에 기존 건설 방식보다 건설 기간을 대폭 단축할 수 있다. 일반 주택 건설에 약 몇 달이 소요되는 반면, 3D 프린팅 주택은 며칠 또는 몇 주 만에 완공될 수 있다. 예를 들어, 2023년 미국 텍사스주에서 건설된 3D 프린팅 주택은 단 24시간 만에 완공되기도 했다.

둘째, 건설 비용 절감이다. 3D 프린팅 주택의 가격은 사용되는 기술, 자재, 디자인, 규모 등에 따라 다양하지만, 일반적으로 기존 건설 방식으로 지어지는 주택 대비 10~30% 저렴한 것으로 알려져 있다. 3D 프린팅은 건설 폐기물 발생량을 줄이고, 인력 비용을 절감하며, 설계 변경에 유연하게 대응할 수 있어 건설 비용을 절감할 수 있다.

셋째, 디자인 자유도의 향상이다. 3D 프린팅은 복잡한 형태의 구조물도 쉽게 제작할 수 있어 기존 건설 방식에서는 불가능했던 독창적인 디자인의 주택을 건설할 수 있다.

넷째, 친환경적이다. 3D 프린팅은 건설 폐기물 발생량을 줄이고, 에너지 효율적인 건축물을 설계 및 제작할 수 있어 친환경적인 건설 방식으로 주목받고 있다.

이러한 장점들 덕분에 3D 프린팅 주택은 미래 주택 시장의 주류로 떠오를 것으로 기대된다. 저렴하고 빠르게, 그리고 다양한 디자인으로 건설될 수 있는 3D 프린팅 주택은 특히 주택 부족 문제 해결에 기여할 것으로 예상된다.

현재 3D 프린팅 주택 분야에서 주목할 만한 기업을 몇 군데 소개한다. 미국의 아이콘ICON은 세계 최대 규모의 3D 프린팅 주택 건설 회사로, 텍사스주 오스틴에 100채 규모의 3D 프린팅 주택 단지를 건설하는 프로젝트를 진행하고 있다. 아피스코어Apis Cor는 이동식 3D 프린터를 사용해 현장에서 직접 주택을 건설하는 기술을 개발했다. 프랑스의 익스트림XtreeM은 콘크리트 대신 생분해 가능한 바이오 플라스틱을 사용하는 3D 프린팅 주택 건설 기술을 개발했다. 중국의 윈선WinSun은 세계 최초의 5층 규모 3D 프린팅 주택을 완공하기도 했다.

5.
수직 농업
어디까지 왔나

수직 농장은 엄청난 첨단 기술처럼 보이지만 그 원리는 간단하다. 토양 없이 영양분을 함유한 용액에 식물의 뿌리를 넣고 재배하는 것이다. 농업에 대한 이러한 혁신적인 접근 방식은 빠르게 확장해 2029년까지 230억 달러의 시장을 만들 것으로 예상된다.

일반적으로 토양 없는 재배는 식물이 줄지어 늘어선 선반에 높이 쌓여 있는 거대한 온실이나 창고에서 이루어진다. 조명, 온도, 습도와 같은 매개변수는 컴퓨터 시스템으로 제어할 수 있으므로 수직 농업을 '제어 환경 농업'이라고도 한다.

수직 농업에는 세 가지 유형이 있다. 하이드로포닉에서는 식물 뿌리가 액체 영양 용액에 담겨 있다. 에어로포닉은 뿌리를 공기에 노출시키고 영양분이 풍부한 안개나 스프레이를 뿌리에 뿌리는 방식을 말한다. 물고기 양식과 농업을 동시에 진행하는 아쿠아포닉에서는 양식장 폐기물의 영양분이 수경재배를 통해 식물에 전달되는 화학 비료의 일부 또는 전부를 대체한다.

○ 수직농장은 보완재

어떤 사람들은 수직농업이 전통적인 밭 경작을 위험에 빠뜨린다고 걱정한다. 하지만 이는 사실과 거리가 멀다. 수직 농업의 장점은 토지를 효율적으로 사용해 단위면적당 더 많은 작물을 생산할 수 있다는 데 있다. 하지만 전 세계적으로 요구되는 엄청난 규모의 식량 생산과 경쟁할 수 없다. 다만 공급망 내에서 생산과 탄력성을 높일 수 있는 보완적인 식품 생산 방식이다. 현재로서는 상추를 비롯한 잎채소 등 제한된 범위에서 크기가 작고 생육 시간이 짧은 고부가가치 식물을 이런 방식으로 재배하는 것이 수익성 있다. 또 규모의 경제와 공정 표준화로 비용이 점점 낮아져 더 다양한 작물을 재배할 수 있을 것으로 예상된다. 그러나 밀과 같은 곡물의 수직 농업은 기술적으로 가능하지만 에너지를 너무 많이 필요로 해서 비용적인 측면에서 효율적이지 않다.

수직 농장에서 상추를 더 많이 재배하면 해외에서 샐러드를 수입할 필요성이 줄어들고, 푸드 마일food miles: 식재료가 생산지에서 소비자의 식탁에 오르기까지의 이동 거리. 이 거리가 길수록 방부제 등 식품 첨가제가 늘어 위험성은 늘고 식품 정보는 줄어든다이 줄어들며, 가뭄에 취약할 수 있는 해외

현장 생산에 대한 의존도가 줄어든다.

수직 농장은 새로운 품종을 개발하거나 나중에 들판에 심을 묘목을 키울 공간으로 전통적인 농업을 지원할 수 있다. 또 바이오에너지 계획, 재조림 및 생태계 복원을 위한 공간을 제공한다. 기존 농업을 개선할 수는 있지만 완전히 대체할 수는 없다.

수직농장이 일반 농장의 대체가 되기 위해서는 무엇보다 비용이 낮아져야 한다. 하지만 현재 수직농장은 기후 조절 재배실, 무토양 시스템, 조명, 난방, 냉각 및 환기와 같은 인프라가 필요하기 때문에 자본 지출이 높다. 태양광과 같은 재생에너지를 사용한다고 하더라도 에너지 집약적이다. 시스템을 운영하는 데 드는 에너지 비용은 물론 숙련된 작업자가 필요하기에 운영 비용도 높다.

일부 사람들은 수직농장이 전기가 필요하며, 흙보다 물이 주가 되기 때문에 물이 부족한 환경에서 지속 가능하지 않다고 말한다. 하지만 어떤 면에서는 수직 농업이 현장 생산보다 더 지속 가능할 수 있다. 물과 비료가 여러 번 재사용되는 폐쇄 루프 재순환 시스템을 만들고 있기 때문이다. 이 방법을 사용하면 일반 농업과 달리 농약이나 기타 배출물이 환경으로 유출되지 않는다.

이런 모든 장점에도, 수직 농업은 오랫동안 땅에서 햇빛을 받으며 일구어온 전통 농업과 비교하면 인위적인 느낌에 거부감이 든다. 그러나 통제된 환경에서 토지 이용 효율성을 높임으로써 수직 농장은 기후변화로 인한 극심한 기상 현상이 생기는 농업 생산량의 불안정성을 극복할 수 있을 것으로 기대되고 있다.

6.
우주비행이 인체에
미치는 영향

우주의 환경은 지구와는 완전히 다르다. 그곳의 환경이 사람에게 어떤 영향을 미칠지도 상상하기 힘들다. 사실 그동안 우리는 지구를 벗어나 우주로 간다는 상상을 해본 적이 그다지 없다. 그런 일은 우주비행사에게나 일어나는 특별한 이벤트이기 때문이다. 하지만 이제 시대가 변하고 있다.

여러 국가가 달과 그 너머를 방문하기 위해 서두르는 새로운 우주 경쟁에 뛰어들고 있다. 동시에 지구의 아침이 오는 모습을 보고 무중력의 놀라운 효과를 경험하고 싶어 하는 사람들을 위한 상업용 우주비행도 점점 더 보편화되고 있다.

NASA의 연구를 통해 우리는 우주비행이 신체를 변화시킨다는 사실을 이미 알고 있다. 지난 60년 동안 NASA는 방사선 노출로 인한 장기적인 암 위험 증가, 시력 변화, 근육 및 뼈 소모와 같은 영향을 주의 깊게 연구해왔다. (한 명은 지구에, 다른 한 명은 궤도에 있는) 쌍둥이 우주비행사 스콧Scott과 마크 켈리Mark Kelly의 비교 데이터를 통해 우주비행과 관련된 더 구체적인 생물학적 변화를 발견했다.

그러나 대부분의 연구는 고도로 훈련된 우주비행사를 대상으로 한다. 우주비행사들은 대개 군인 출신이며 최상의 신체 조건을 갖추고 있다. 이들의 임무는 무중력 상태에서 수개월 동안 지속될 수 있으며, 이는 사흘간의 여행보다 훨씬 더 긴 시간이다.

민간 우주비행사의 생물학적 변화를 분석하면 우리 몸이 우주에 어떻게 반응하는지를 더 잘 이해할 수 있을 것이다. 이런 추론을 바탕으로 2021년 9월, 스페이스X SpaceX의 인스피레이션 Inspiration 4 미션에서 조사가 진행되었다. 이 우주여행은 억만장자 기업가인 제러드 아이작먼Jared Isaacman을 포함해 네 명으로 구성된 민간인 승무원을 우주로 보낸 최초의 여행으로, 훈련된 우주비행사가 아닌 일반인을 대상으로 우주비행이 인간의 몸과 마음을 어떻게 변화시키는지 조사할 수 있는 특별한 기회였다. 29세에서 51세까지 다양한 연령의 승무원들은 사흘간의 비행 전, 비행 중, 비행 후에 혈액, 타액, 소변, 대변 샘플을 채취하는 데 동의했다. 또한 여행 내내 인지력 테스트도 받았다.

2024년 6월에 발표된 40여 건의 연구에서 연구자들은 방사선과 저중력이 신체의 내부 작용을 빠르게 변화시킨다는 사실을 발견했다. 단 사흘 만에 면역체계와 유전자 발현에 문제가 생겼고, 사고력이 흐려지기 시작했다.

○ 단 3일 만에 길어졌다 짧아진 텔로미어

인스피레이션4는 우주비행사가 일반적으로 거주하는 국제우주 정거장보다 훨씬 높은 고도에서 지구 궤도를 돌았기 때문에 새로운 데이터 세트는 더 넓은 범위의 인구통계학적 샘플을 통해 단기간의 고고도 임무에서 생물학적 변화를 포착했다. 이 연구의 공동 저자인 코넬대 의과대학의 크리스토퍼 메이슨Christopher Mason은 이번 연구 결과의 최대 40%가 새로운 것이라고 〈사이언스〉와의 인터뷰에서 말했다.

놀랍게도 이 샘플에는 이전에는 장기 우주비행에서만 볼 수 있 었던 신체적 변화가 반영되어 있었다. 가장 눈에 띄는 것은 유전체 를 온전하게 유지하는 '보호용' 말단인 텔로미어 길이의 증가였다. 세포가 복제될 때 보통 텔로미어가 짧아지는데, 이는 종종 노화와 관련된 생물학적 징후다.

그러나 쌍둥이 우주비행사 켈리가 우주에 머무는 1년 동안 그 의 텔로미어는 실제로 더 길어졌다. 비정상적으로 긴 텔로미어는 암 위험과 관련이 있으며, 어떤 의미에서는 그의 세포가 생물학적으로 더 젊어졌다는 것을 시사한다. 하지만 지구로 돌아온 후 그의 텔로 미어는 다시 정상 길이로 돌아왔다.

켈리와 마찬가지로 인스피레이션4 승무원들도 우주에 단 사흘 머물렀음에도 불구하고 텔로미어가 갑자기 길어졌다 짧아지는 경 험을 했으며, 이는 생물학적 변화가 빠르게 일어난다는 사실을 시사 한다. 한 연구팀은 더 깊이 파고들어 DNA를 단백질로 번역하는 데 도움을 주는 '메신저' 분자인 RNA가 에베레스트산을 등반하는 사람들에게서 관찰되는 변화와 유사하게, 중력은 있지만 산소가 제한되고 방사선이 증가하는 또 다른 극단적인 시나리오에서 승무원들에게서 급속하게 변화하는 것을 발견했다.

연구 저자 중 한 명인 콜로라도 주립대학교의 수장 베일리Susan Bailey는 텔로미어 연장의 원인이 무중력 상태 자체가 아니라 높은 고도와 우주에서의 방사선 때문일 수 있다고 말한다.

○ 장거리 우주여행의 건강 문제 예측

또 다른 연구에 따르면 우주 공간은 감염과 암에 대처하는 백혈구 그룹의 유전자 발현 수준에서 승무원의 면역체계에 스트레스를 주는 것으로 나타났다. 면역체계 일부가 높은 경계 태세를 유지하는 것처럼 보였지만 우주비행의 스트레스는 감염과 싸우는 유전자에도 영향을 미쳐 바이러스와 병원균을 퇴치하는 능력이 저하된 것으로 나타났다. 연구팀은 다중 오믹스 데이터를 사용해 면역체계 기능과 관련된 유전자 발현의 '우주비행 시그니처'를 발견했다.

우주비행사들은 또한 우주 신장질환의 징후를 보였다. 분자 신호는 신장 결석의 잠재적 위험 증가를 강조했다. 3일간의 비행에서는 문제가 되지 않지만 달이나 화성으로 가는 장기 임무에서는 신장 문제가 의료 위기로 급격히 확대될 수 있다.

민간 우주비행사들의 인지 능력도 흔들렸다. 승무원들은 아이패드iPad를 사용해 수많은 정신적 테스트를 진행했다. 예를 들어, 몇 가지 표준화된 테스트에서 집중력과 주의력을 유지하는 능력이나 갑자기 화면에 스톱워치가 나타났을 때 버튼을 누르는 능력 등이 여기에 포함된다. 3일 만에 이들의 수행 능력은 지상에 있을 때보다 떨어졌다.

다만 이는 우주여행으로 인한 인지적 문제라기보다는 창밖으로 보이는 지구의 모습에 승무원들의 주의가 산만해졌기 때문일 수도 있다.

단 네 명의 데이터만으로는 결론을 도출하기 어렵다. 그래서 이들의 샘플은 NASA 우주비행사나 일본 우주항공연구개발기구의 이전 데이터와 비교되었다.

모든 데이터는 다른 과학자들이 탐구할 수 있도록 소마SOMA 데이터베이스에 수집되었고, 조직 샘플은 바이오뱅크에 저장되었다. 상업용 우주비행이 보편화됨에 따라 과학자들은 임무 전, 도중, 후에 데이터를 수집해 지구 너머로 여행하는 것이 우리에게 어떤 의미가 있는지 더 잘 파악할 기회를 얻게 될 것이다.

이를 통해 누적된 인사이트는 태양계를 가로지르는 장거리 여행에서 우주비행의 부정적인 영향을 방지할 수 있는 잠재적인 치료법을 개발할 아이디어를 제공할 수도 있을 것이다.

밀레니엄 프로젝트:
AGI 글로벌 거버넌스 수립
2단계 논의

AI를 대략적으로 구분하면, 세 가지로 나눌 수 있다. ANI는 암진단이나 자동차 운전과 같은 제한된 목적을 가진 도구부터 많은 질문에 답하고, 코드를 생성하고, 보고서를 요약하는 생성형 AI에 이르기까지 다양하다. AGI는 아직 존재하지 않지만 많은 전문가들이 3~5년 안에 등장할 수 있다고 믿는다. 학습하고 코드를 편집하고 자율적으로 행동하며, 인간의 능력과 같거나 그 이상의 새로운 솔루션을 통해 많은 새로운 문제를 해결할 수 있는 범용 AI가 될 것이다. 예를 들어, 목표가 주어지면 데이터 소스를 쿼리하고, 사람에게 전화를 걸고, 자신의 코드를 다시 작성해서 목표를 달성하는 기능을 만들 수 있다. ASI는 자체 목표를 설정하고 인간의 통제에서 독립적으로 행동하며, 인간의 이해를 넘어서는 방식으로 행동한다.

ASI가 어떻게 출현하고 행동할지 인간이 통제할 수는 없지만 AGI의 생성, 허가, 사용 및 관리되는 방식에 대한 국가 및 국제 규정은 만들 수 있다. ANI에서 AGI로의 전환을 얼마나 잘 관리하느냐에 따라 AGI에서 ASI로 전환할 가능성이 좌우될 것이다. AGI에 대한 국가 및 국제 규정이 없다면 전 세계 정부와 기업의 많은 AGI가 지속적으로 자체 코드를 다시 작성하고 상호작용하며 인류의 통제, 이해 및 인식을 벗어난 많은 새로운 형태의 ASI를 탄생시킬 수 있다. 이것은 스티븐 호킹, 일론 머스크, 빌 게이츠가 경고했던 인간 문명의 종말로 이어질 수 있는 악몽이 될 것이다. 이를 피하기 위해 전 세계 정부, 기업, 유엔 기구, 학계가 모여 이 전환을 안전하게 안내하고자 한다. 심지어 미국과 중국도 미래 AI 형태의 글로벌 관리에 대한 직접적인 논의에 참여하고 있다. AGI를 관리하는 것은 인류가 직면한 가장 복잡하고 어려운 관리 문제가 될 수 있다. 그렇지만 잘 관리한다면 AGI는 의학, 교육, 장수, 지구 온난화 해소, 과학 발전, 더욱 평화로운 세상 창조 등 인간 생활에 큰 진전을 가져올 것이다.

○ 글로벌 거버넌스 모델

밀레니엄 프로젝트의 ANI에서 AGI으로의 전환에 관한 글로벌 거버넌스 연구팀은 2023년에 AGI의 안전한 개발 및 사용과 관련된 22가지 질문에 관해 다뤘다. 이 연구에서 AGI는 좁은 목적을 가진 ANI와는 달리 인간과 유사하거나 더 나은 전략으로 새롭고 복잡한 문제를 해결하기 위해 자율적으로 학습하고 코드를 편집하며 행동할 수 있는 범용 AI로 정의되었다. 질문들은 미국, 중국, EU, 러시아, 영국, 캐나다의 AGI 전문가 55명에게 전달되었으며, 이들의 답변을 정리해 발표했다. 이 내용은 요약, 정리되어 《세계미래보고서 2024-2034》에 소개되었다.

밀레니엄 프로젝트의 연구팀은 이러한 전문가들의 의견을 바탕으로 AGI 연구의 2단계 보고서를 작성했다. 신뢰할 수 있는 AGI의 글로벌 거버넌스를 구축을 위해 무엇이 필요한지 질문을 만들었으며, 이 문제에 관해서는 AGI 전문가뿐만 아니라 정치인, 국제법 학자, 외교관, 미래학자, 윤리학자^{철학자, 사회과학자 포함}의 참여가 필요하기 때문에 1단계보다 훨씬 더 광범위한 국제 패널이 전 세계 밀레니엄 프로젝트 노드를 통해 모집되었다.

이번 연구에 사용된 리얼타임 델파이Real Time Delphi는 2022년에 행한 설문조사 결과를 바탕으로 각 후속 설문을 작성하는 전통적인 델파이 방식과 달리, 사용자가 마감일까지 원하는 만큼 다른 사람의 의견을 읽고 자신의 의견을 수정할 수 있도록 했다. 이 리얼타임 델파이는 2023년 11월 15일에 시작해 2023년 12월 31일에 종료되었다.

65개국에서 약 338명이 참여했으며, 이 중 229명이 최소한 한 개 이상의 답변을 제공했다. 113명은 답변은 하지 않되 AGI와 관련해 국가 및 글로벌 거버넌스 시스템에 대한 제안된 요구 사항만 보고 싶어 했다. 성별을 표시한 사람 중 76%가 남성, 24%가 여성이었다. 밀레니엄 프로젝트는 1단계와 2단계의 결과를 활용해 이 연구의 3단계로 AGI 글로벌 거버넌스 가상 시나리오를 작성한다(부록 2 참조).

리얼타임 델파이 패널의 대부분은 AGI 거버넌스가 글로벌하고 국가적이어야 하며, 개발자와 사용자 모두를 위한 모든 거버넌스 요소에 여러 이해관계자(기업, 학계, NGO, 정부 등)가 참여해야 한다는 데 동의했다. 그러나 일부는 규제가 적은 분산형 시스템을 선호했다.

AGI의 글로벌 거버넌스에 관해 제안된 모델은 리얼타임 델파이 참여자에 의해 효과성에 대해 평가되었다. 각 모델 뒤의 괄호 안의 숫자는 모델의 효과성을 '매우 높음' 또는 '높음'으로 평가한 참여자의 백분율이다.

■ **모델 1.** ANI 시스템과 협력하는 다중 이해관계자 기구TransInstitution. 각 ANI가 기능을 구현하고 요구 사항을 다중 이해관계자 기구와 국가 AGI 거버넌스 기관의 인간에게 지속적으로 피드백한다(51%).

■ **모델 2.** 유엔 AGI 기구를 주요 기관으로 하되 일부 거버넌스 기능은 ITU International Telecommunication Union, 국제전기통신연합, WTO World Trade Organization, 세계무역기구, UNDP UN Development Programme, 유엔개발계획 가 관리하는 다중 기관 모델(47%).

■ **모델 3.** 싱귤래리티넷과 같은 AI 조직들과 개발자들의 상호작용을 통해 아무도 소유하지 않는(아무도 인터넷을 소유하지 않는 것처럼) AGI의 탈중앙화된 출현(45%).

■ **모델 4.** 가장 강력한 AI 학습 칩과 AI 추론 칩을 모두 국제 감독하에 있는 제한된 수의 컴퓨팅 센터에 두고 해당 조약에 가입한 모든 국가에 대칭적 액세스 권한을 부여하는 조약을 체결한다(42%).

■ **모델 5.** 유엔 AI 기관에 두 개의 부서를 만든다. 하나는 프런티어 모델을 포함하는 ANI를 위한 부서이고 다른 하나는 AGI만을 위한 부서다(41%).

유엔 AGI 기구가 어느 정도의 집행 권한을 갖는 것이 과연 가능할지 또는 바람직할지, 다양한 견해가 있다. 일부에서는 유엔이 핵확산과 지뢰 배치를 막지 못했고 온실가스 감축에 대한 약속을 강제할 수 없는데 AGI 규제는 효과가 있겠느냐고 주장한다. 그러나 대부분의 사람들은 규제되지 않은 AGI의 공통된 실존적 위협을 인지하고 있으므로 감사 시스템을 갖춘 국가별 집행 및 라이선스 요건과 함께 어떤 형태의 글로벌 거버넌스가 필요하다고 생각한다.

다음으로 우리는 신뢰할 수 있고 효과적인 AGI 거버넌스 시스템을 만드는 데 고려해야 할 잠재적인 AGI 규정, 요소, 규칙 및 특성을 대상별로 소개한다.

○ **개발자**

- 유엔의 국가 라이선스 인증을 받기 전에 AGI 개발자는 초기 심사의 일부로 안전성과 공인된 가치와의 일치성을 입증해야 한다.
- 머신러닝에 사용되는 자료는 국가 라이선스 취득 전에 편견을 피하고 인간의 가치를 공유할 수 있도록 감사를 받아야 한다.
- AGI가 유틸리티 기능에서 예상하지 못한 또는 원치 않는 동작을 수행하면 스스로 일시 정지하고 평가해 실패한 이유와 원인을 파악하는 소프트웨어를 AGI에 포함시켜야 한다.

- 미리 정해진 절차 없이 자체 전원 스위치나 다른 AGI의 전원 스위치를 켜거나 끌 수 없도록 만든다.
- 지속적인 실시간 감사를 위해 AGI에 내장된 소프트웨어를 통해 AGI와 국가 거버넌스 시스템을 연결한다.
- 우리가 행동하는 방식과 행동해야 하는 방식을 구분할 수 있는 소프트웨어 기능을 추가한다.
- 자기 복제에 대한 인간 감독과 반복적인 자기 개선을 위한 지침이 필요하다.
- 과거 데이터 또는 기록을 수정할 수 없도록 한다.
- 아이작 아시모프Isaac Asimov의 로봇공학 세 가지 법칙을 준수한다.
- AGI가 자신의 결과물을 사람으로 인식하지 않고 AI로 인식하도록 한다.
- AGI에 풍부한 자기 성찰과 연민 능력을 부여한다.

○ **정부**

- 곧 발효될 가능성이 있는 유엔 AI 협약을 준수한다.
- 앞서 소개한 '개발자' 지침에 대한 독립적인 감사를 기반으로 AGI 라이선스 절차를 수립한다.
- 정부 기관을 유엔 기구 및 AGI의 지속적인 내부 감사 시스템과 연결해 확립된 가치(예를 들면 유네스코, OECD, AI 글로벌

파트너십, ISO, IEEE) 및 국가 규정에 부합하는 AI 시스템을 사용할 수 있도록 하는 절차를 수립한다.

- 엄격한 보안, 방화벽, 보안 인프라, 인력 검증을 확인한다.
- 딥페이크 및 허위 정보의 생성 및 사용 방지 방법을 만든다.
- 비행기의 블랙박스처럼 AGI 사용 로그를 보관하도록 요구한다.
- AGI가 자율적으로 행동할 수 있는 시점에 대한 기준을 수립한다.
- 심각한 상습 위반자의 칩 거래 및 전기 사용을 규제하고 차단할 수 있는 기능을 마련한다.
- AGI 출력에서 조치가 요청된 이유, 관련 가정, 우선순위, 필요한 조건 및 제한 사항을 파악하는 능력을 갖춘다.
- AGI에 대한 국가 책임법을 제정한다.
- 라이선스 요건을 지속적으로 준수하는지 확인하기 위해 공인된 제3자가 예정에 없던 검사 및 테스트를 수행하도록 한다.
- AGI의 변화를 예측하고 이에 적응할 수 있을 만큼 민첩하게 대응한다.

○ **유엔**

- 유엔 AGI 기관을 설계할 때 핵 확산 금지 조약, 화학무기 금

지 협약, 생물무기 금지 조약 검증 메커니즘을 학습한다.

- 경영진에 공공 및 민간 부문의 AGI 전문가와 윤리학자를 포함해야 한다.
- '정부' 지침에 나열된 국가 라이선스 절차를 인증한다.
- ASI의 출현 가능성에 대한 선행 지표를 파악하고 모니터링해 회원국 및 기타 유엔 기관에 조기 경고와 조치를 제안한다.
- 다양한 국가와 기업 AI 간의 상호작용을 위한 프로토콜을 개발한다.
- 정부와 협력해 심각한 상습 범죄자의 칩 거래 및 전기 사용을 규제하고 차단할 수 있는 능력을 갖춘다.
- 모든 인증된 AGI에 유엔 거버넌스 소프트웨어를 내장하고 안티바이러스 소프트웨어와 같이 지속적으로 업데이트되는 소프트웨어 개발을 고려한다.
- 정부와 기업의 중앙집중식 AGI 시스템과 많은 개발자의 상호작용을 통해 생겨나는 분산형 AGI 시스템을 모두 관리할 수 있는 능력을 갖춘다.
- 코더와 기업의 IP를 보호하면서 윤리를 검토하기 위해 AGI 코드에 무작위로 액세스할 수 있는 기능을 포함해야 한다.
- 위험한 AGI 군비 경쟁과 정보 전쟁을 해결하고 억제한다.
- AGI의 변화를 예측하고 이에 적응할 수 있는 민첩성을 갖춰야 한다.

○ 사용자

- 블랙박스처럼 AGI 사용 기록을 유지한다.
- 인간을 조작하기 위한 잠재의식 또는 심리적 기법 사용을 금지한다(체중 감량 프로그램과 같이 상호 동의가 있는 경우 제외).
- 개인의 상품화보다는 인간 개발을 강화한다.
- 권한이 없는 사람이나 기계에 의한 조작 또는 변경을 방지한다.

이제 두 그룹으로 구성된 연구 질문에 대한 응답의 요약을 소개한다. 첫 번째 질문 그룹(1-6)은 AGI 거버넌스 시스템을 만드는 데 고려해야 할 잠재적인 규정, 규칙 및 특성을 다룬다. 두 번째 그룹(7-12)은 AGI의 잠재적인 글로벌 거버넌스 모델이다. 여기서 우리가 다루는 AGI는 비군사적 AGI를 말한다.

AGI 시스템의 국가적 허가를 인증하기 위해 유엔 AGI 기관에 어떤 설계 개념을 포함해야 할까?

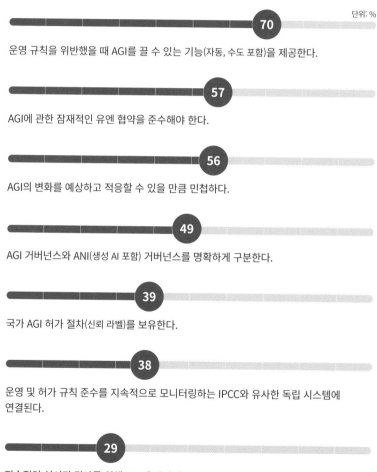

단위: %

70 운영 규칙을 위반했을 때 AGI를 끌 수 있는 기능(자동, 수도 포함)을 제공한다.

57 AGI에 관한 잠재적인 유엔 협약을 준수해야 한다.

56 AGI의 변화를 예상하고 적응할 수 있을 만큼 민첩하다.

49 AGI 거버넌스와 ANI(생성 AI 포함) 거버넌스를 명확하게 구분한다.

39 국가 AGI 허가 절차(신뢰 라벨)를 보유한다.

38 운영 및 허가 규칙 준수를 지속적으로 모니터링하는 IPCC와 유사한 독립 시스템에 연결된다.

29 지속적인 실시간 감사를 위해 AGI에 내장된 소프트웨어를 통해 모든 AGI 및 국가 거버넌스 시스템에 연결된다.

○ **질문에 관한 추가 의견**

• 이러한 모든 기능은 기본이 되며, 관리 시스템이나 알고리즘 설계에서 단계에서 고려해야 한다. 이러한 기능을 모두 합치면 좋은 초기 사양이 된다. AGI를 지속적으로 감사하기 위한 내장된 ANI는 신중하게 검토해야 한다. 전원 스위치도 마찬가지다. AGI가 꺼지면 파괴적인 영향을 미칠 수 있다. 이러한 기능은 단순한 실수로 인한 경우는 물론 공격용으로 사용될 수도 있다. 가능한 해결책은 AGI를 완전히 끄는 대신 다양한 AGI 모듈을 끄는 것이다.

• 이 모든 것이 필요하다. AGI에 내장된 ANI 소프트웨어를 통한 지속적인 감사는 AGI와 ANI에 대한 고유한 요구 사항이다.

• 다양한 AGI 종류에 각각 다른 규정을 고려해야 한다. 국가가 소유하고 운영하는 대형 기계, 대규모 조직, 군사 조직(전술 및 전략 측면), 수십억 대의 미래 스마트폰 등이 그렇다.

• AI의 작동 방식과 새로운 기능을 이해하기 전까지는 효과적으로 규제할 수 없다. AGI는 비밀리에 개발되어 우리 인프라에서 작동할 수 있으며, 인간을 보호할 효과적인 방법이 없는 대규모 반인간적 결정이 발생할 가능성이 있다.

• 앞으로 6년 안에 특이점 사건이 발생할 확률은 90%다. AGI와 ASI는 인간이 이해할 수 없고 알 수 없으며 객관적으로 인간이 영향을 받거나 통제할 수 없는 목표를 스스로 만들어낸다는 예측이 가능하다. 인간이 이를 통제할 수 있는 유일한 가정적 시나리오는 AGI와 ASI가 작동하는 데 필요한 전자 장치가 파괴되는 역전 시나

리오다. 그러나 시간이 지나면서 디지털 컴퓨팅 인프라에서 생물학적 인프라(예를 들면 인간의 뇌 또는 인간 뇌 네트워크)로 이전하는 데 성공하면 AGI나 ASI가 이러한 시나리오를 방지할 수 있다. 이러한 시나리오에서 인간은 통제 옵션조차 잃게 된다. 인류에게 가장 가능성 있는 시나리오가 ASI와 그 존재를 합치는 것이라는 예측은 무리한 게 아니다. 왜냐하면 이것이 양측 모두에게 상호 이익이 되는 유일한 선택이기 때문이다.

• 국제기구가 대중에게 AGI의 잠재적 영향을 교육하고, 명확한 라벨을 제공하고, 위반 시 AGI를 비활성화한다는 내용의 거버넌스는 확실히 장점이 있지만, 적용할 때 투명해야 하며 대중을 위험에 빠뜨릴 때만 시행할 수 있도록 만들어야 한다. 준수 여부를 확인하기 위한 실시간 모니터링은 개별 전체주의 국가에서는 가능하겠지만, 민주주의 국가에서는 사용하기 매우 어렵다.

• 나는 공공 규제보다 사적 경쟁을 더 믿는다. 거기다 규제 기관을 규제하는 사람은 누구일까?

• 유엔은 협력적이고 참여적인 글로벌 AI 거버넌스를 실현할 수 있는 유일한 곳이다.

• 등록을 의무화하는 것은 비밀스러운 시스템으로 이어질 뿐이다. 그보다는 자발적으로 모니터링을 받겠다고 신청하는 사람들에게 최첨단 칩과 연구에 대한 조기 접근 등 중요한 자원을 제공해야 한다. 이렇게 하면 시스템이 어둠 속에서 성장하지 않고 조기 규정 준수를 달성할 수 있다.

• AGI 개발의 주요 동인, 활성화 요인, 제한 요인을 파악하고

AGI가 사회에 미치는 영향을 이해하고 관리하기 위한 공통된 접근 방식을 제공하는 프레임워크 도구가 있으면 좋겠다.

• 소셜 네트워크의 다양하고 창의적이며 독창적인 제안에 개방적이어야 한다.

• 실행 기관을 구현하는 데 도움이 되는 정보를 제공하는 IPCC와 같은 조직이 좋을 것 같다.

• 유엔은 모든 국가가 승인할 수 있도록 국가별 모델을 바탕으로 합의 모델을 만들 수 있지만, 거버넌스를 유엔에 너무 많이 맡기면 AGI라는 주제가 정치화될 것이다.

• AGI 규정은 가능한 한 동기를 부여하고 제한을 제한해야 한다.

• 규제하되 목을 조여서는 안 된다.

───

AGI 시스템 관련 유엔의 국가 라이선스 인증 절차에 무엇이 포함되어야 할까?

단위: %

59

엄격한 보안, 방화벽, 보안 인프라, 인력 심사.

57

유엔의 국가 라이선스 인증에 앞서 AGI 개발자가 초기 심사의 일환으로 안전성을 입증해야 한다.

52

딥페이크, 허위 정보의 생성 및 사용이 어떻게 방지되는지 입증해야 한다.

50

유네스코, OECD, AI 글로벌 파트너십, ISO, IEEE 등 합의된 국제 원칙, 가치, 표준에 부합함을 증명한다.

44

사회적 가치와 우선순위에 부합하는 AI 시스템이 개발 및 사용되도록 지속적인 감사 시스템을 포함하는 국가 라이선스 절차를 인증한다.

40

AI 활동에 대한 국가 책임법과 유엔 AI 기구의 역할을 명확히 한다.

33

블랙박스처럼 AGI 사용 기록을 보관하도록 요구한다. 이로써 사용자가 결정과 결정에 포함된 요소를 재현할 수 있다.

• 블랙박스는 좋은 아이디어다. 이 개념이 비행기에 사용되기 전에는 비행기 추락 사고의 원인을 파악하기가 훨씬 힘들었다. AGI 의 경우 승인된 한계를 벗어나 작동하는 이유를 파악하는 데 유용 할 것이다.

• 사용자에게 기록을 보관하도록 요구하는 것은 개인정보의 문을 여는 것이다.

• 엔진 거버너가 엔진이 통제 불능 상태가 되는 것을 방지하는 것처럼, 유엔 AI 기구에서 인증한 국가 라이선스 시스템의 일부로 AGI에 내장된 소프트웨어에 의한 지속적인 감사는 합리적이라고 생각한다.

• 초기 심사의 일환으로 안전성을 입증하는 것은 필수적이지 만 현재 '안전성'은 너무 모호하다. 우선 자체 복제, 테러리스트에게 생물무기 설계 자문 등 명백히 용납할 수 없는 행위에 대해 '적색선' 을 정의하고 공식적인 준수 증명을 요구해야 한다.

• 인증 표준은 새로운 기능을 배포하는 데 기본적이고 필수적 인 측면이며, 또 그래야만 한다. 나는 안전과 국제적 가치, 표준 등 에 대한 부합성에 높은 점수를 준다. 그러나 지속적인 감사와 사회 적 가치 및 우선순위와의 연계성에는 평균 정도의 점수를 준다. 그 것들이 나쁜 목표라는 게 아니라, 누구에 의한 지속적인 감사인가? 어떤 조직이 진정으로 공정한 판단을 내릴 수 있을까? 마찬가지로, 어떤 사용자가 AGI 사용 로그를 보관할 것이며, 어떤 조직이 이 모

든 데이터를 수신할 것인가? 이런 해결하기 어려운 문제들이 등장하기 때문이다.

• 이 모든 것이 매우 중요해 보이지만 관료화로 인해 유연성이 떨어질까 걱정된다. 또한 실제로 무엇을 할 수 있을지 잘 모르겠다.

• 거버넌스 시스템에는 AGI를 만들고 사용하는 사람이 어떻게 책임을 져야 하는지도 포함되어야 한다.

• 무엇이 가치 정렬의 '증거'가 될 수 있는지 알기 어렵다. 인간 대 인간의 상호작용에서도 이를 확인할 수 있는 메커니즘이 없는데, 인간 대 AGI의 경우에는 어떻게 될까?

• 영화와 같은 일부 산업에서는 딥페이크가 사용되기 때문에 이를 방지할 것이 아니라 라벨을 부착해야 한다.

• 라이선스를 강제할 수 있는 방법은 없다. 일부 특정 라이선스 (예를 들어 웹사이트나 기업 포털을 통해 AI에 접근하는 것)는 유효할 수 있다. 그러나 규정 준수 여부를 판단하는 방법, 입법화 또는 구현 방법에 대한 지식이 없다. 비행기 블랙박스 스타일의 로그는 좋은 아이디어이지만, AI가 일부 공공 영역에 배치되지 않는 한 시행은 불가능에 가깝다. 사전 예방이 거의 불가능하기 때문에 책임과 의무를 규정하는 법률이 존재하고 시행되어야 한다고 생각한다. 하지만 법적, 정치적 제도에 의해 제동이 걸리지 않을까 우려된다. 결국 득보다 실이 많은 법을 만든 것에 대해 정부 기관이 책임을 져야 하지 않을까? 그리고 입법자들이 입법 대상 기술에 대한 지식과 존중이 부족한 점도 문제다.

• 혁신, 창의성, 발전을 억압하지 않으면서 감시와 감독을 해야

한다.

• 유엔 기구가 주권 국가에 규제를 강제할 수는 없으므로 강압적이기보다는 신념, 설득, 인식, 그리고 AI를 잘 활용하는 문화를 발전시키는 데 초점을 맞춰야 한다고 생각한다.

• 양자 컴퓨팅은 현재의 암호화를 쓸모없게 만들어 국가 그리드, 은행 및 필수 서비스를 완전히 취약하게 만들 것이므로 유엔 안전보장이사회를 통해 병행적인 AI 군사 프로그램을 마련해야 한다. 합의된 보안 시스템을 개발해야 하며, 이러한 시스템은 조약 수준에서 생성될 수 있다. 이러한 조약은 개방적이고 선택적이어야 하며, 국제적 긴장, 부당한 기술 확대, 군비 경쟁, 테러리즘을 줄이는 데 전념해야 한다. 유엔 안전보장이사회가 AI와 사이버 공간 패러다임을 다루지 않는다면 이 분야는 국제 관계에 해로운 요소가 될 것이다.

질문 3

AI 거버넌스 시스템에는 어떤 규칙이 포함되어야 할까?

단위: %

74

AGI는 사람으로 식별되어서는 안 되며, AI로 식별되어야 한다.

73

AGI는 권한이 없는 사람이나 기계에 의한 조작이나 변경을 허용해서는 안 된다.

68

인간을 조작하기 위해 잠재의식 또는 심리적 기법을 사용하는 것을 금지한다.

66

과거 데이터 또는 기록의 수정은 허용되지 않는다.

55

AGI가 유틸리티 기능에서 예상하지 못한 또는 원치 않는 동작을 수행하면 스스로 일시 정지하고 평가해 실패한 이유와 원인을 파악하는 소프트웨어를 AGI에 포함시켜야 한다.

41

AGI 출력에서 조치가 요청된 이유, 관련 가정, 우선순위, 필요한 조건 및 제한 사항을 파악할 수 있어야 한다.

29

풍부한 자기 성찰과 연민 능력을 갖춰야 한다.

부록 1. 밀레니엄 프로젝트: AGI 글로벌 거버넌스 수립 2단계 논의

○ **질문에 관한 추가 의견**

• AGI와 ANI를 명확하게 구분하는 것이 무엇보다 중요하다. 인간의 조작을 방지하는 것이 바람직하지만, 다른 미디어에서도 인간을 조작한 사례가 존재하며 항상 부정적인 의도를 가지고 있는 것은 아니다(예를 들어 건강한 행동을 장려하는 것도 조작의 한 형태로 볼 수 있음). 또한 칼과 같이 사용자와 의도에 따라 결과가 달라지는 다른 도구와는 근본적인 차이가 있다. AGI의 경우 행위자는 시스템 자체가 될 수 있으며, 이는 AGI에 연민과 자기 성찰의 요소를 통합해야 할 필요성을 강조한다.

• 이 모든 점이 매우 중요하지만, 나는 '잠재의식 또는 심리적 기법 사용 금지'를 더 광범위하게 수정해야 한다고 생각한다. 예를 들어 인간의 행동을 유도하기 위해 자유나 선택을 제한하는 상황을 만드는 등 AGI 시스템이 어떤 형태로든 인간을 조작하는 것을 허용해서는 안 된다. 자기 성찰은 일반적으로 AI 시스템의 추론 능력을 높이기 위해 사용되지만, AI 시스템이 연민을 갖도록 하는 것은 불가능하지는 않더라도 상당히 어렵다. 연민은 문화와 가치 체계에 따라 달라진다. 특정 인구집단의 특정 가치는 다른 인구집단보다 더 높은 수준으로 유지될 수 있다. 따라서 연민을 정량화할 수 있는 척도로 대체하는 것을 목표로 삼아야 할 것이다.

• 이 질문의 답 전체에 앞의 두 질문보다 높은 점수를 준 이유는 지침과 규칙이 매우 명확하고 AGI에 엄격하게 적용되기 때문이다. AGI 자체에 제한을 두는 것이 더 현실적이고 사용자에게 더 즉

각적인 확신을 줄 수 있을 것 같다.

• 여기서 열거한 많은 기능이 포함될 수 있겠지만, 이러한 기능을 선택적이고 합의된 기능으로 구성하는 것이 중요하다. 기존 AI 제도를 준수하지 않는 국가는 최적의 배려를 받지 못할 것이다. 반면 적절한 검증 기술을 갖춘 국가는 시스템을 최대한 활용할 수 있다.

• 심리적 요인을 포함하면 완전히 새로운 차원이 열린다. 우리의 잠재의식이 설득당하고 있는지 어떻게 알 수 있을까? 어쩌면 AI 모델의 학습에서 심리학을 금지해야 할지도 모른다.

• 소프트웨어는 오픈 코드여야 한다.

• AGI의 결과물을 인간이 아닌 인공적인 것으로 식별할 수 있어야 한다.

• 인간과 AI 배우를 구별할 수 있는 새로운 기술이 필요하며, 이를 위해서는 교육 개혁이 필요하다.

• AGI 시스템은 인간 중심으로 설계되어야 한다. 인간과 기계의 상호작용을 제어할 수 있는 메커니즘이 제공되어야 한다.

• 각 항목은 자기반성, 자기참조 등을 고려해 긴 논의가 필요하다. 여러 수준의 자기반성은 곧바로 권력의 유혹으로 이어질 것이다. 이는 인간의 본성 및 권력에 대한 감각과 관련이 있다. 모든 것은 질문으로 환원될 수 있다. 왜 우리는 스스로에게 한계를 부과해야 하는가? 강대국 정부에게는 특히 어려울 것이다.

AGI 시스템의 국가 라이선스를 인증하기 위해 유엔 기관이 포함해야 할 추가 설계 개념은?

단위: %

66

위험한 AGI 군비 경쟁과 정보 전쟁을 해결하고 억제할 수 있는 능력.

60

경영진에 공공 및 민간 부문의 AGI 전문가와 윤리학자를 포함해야 한다.

47

정부와 기업의 중앙집중식 AGI 시스템과 많은 개발자의 상호작용을 통해 생겨나는 분산형 AGI 시스템을 모두 관리할 수 있는 능력을 갖춘다.

39

다른 국가와 기업 AGI 간의 상호작용을 위한 프로토콜을 개발한다.

38

심각한 상습 범죄자의 칩 거래 및 전기 사용을 규제하고 차단할 수 있는 능력.

33

모든 인증된 AGI에 유엔 거버넌스 소프트웨어를 내장하고 안티바이러스 소프트웨어와 같이 지속적으로 업데이트한다.

28

유엔 AGI 기관을 설계할 때 핵확산 금지 조약, 화학무기 금지 협약, 생물무기 금지 조약의 검증 메커니즘을 배운다.

○ **질문에 관한 추가 의견**

• 유엔의 국가 라이선스 인증에 앞서 초기 심사의 일환으로 AGI 개발자가 안전성을 입증해야 하는 요건을 AGI 구축에 사용될 수 있는 모든 기술(예를 들어 양자 컴퓨팅)로 확대해야 한다.

• 유엔 거버넌스 기구는 선언적이어야 하고 각국의 선의에 따라야 하지만 강제력은 없어야 한다. 비군사적 AGI 시스템에 국가 라이선스를 부여하면서 '군비 경쟁'을 막는다는 개념은 모순으로 보인다.

• 모든 일에는 다양한 측면이 있다는 것을 기억해야 한다. 칩 규제는 암시장 산업을 부추긴다. 거버넌스 소프트웨어 내장은 혁신을 억압하며 스타트업의 성과를 느리게 만들 수 있고, 현재 소프트웨어 규제 기관에서 볼 수 있는 주요 문제를 포함하며, 유엔 SDGs UN Sustainable Development Goals, 유엔 지속가능발전목표 달성 능력을 크게 떨어뜨릴 수 있다.

• 상습 범죄자의 칩 거래와 전력을 규제하고 차단하는 것은 유엔이 할 수 있는 일이 아니다. 유엔이 공급망이나 전력을 통제할 수 있다고 해도 현재 헌장에 명시된 권한이 아니며 국제 치안 권한을 대폭 확대해야 한다. 거버넌스 소프트웨어에 대한 아이디어는 마음에 들지만 현실적으로 달성하기 어렵다고 생각하기 때문에 10점 만점에 7점만 주었다. 다양한 분야의 참여자를 포함하면 좋겠다. 중앙 집중식 및 분산형 AGI 시스템을 관리하는 것도 확장하기 어려운 아이디어다. 마지막 두 가지 조치는 많은 의미가 있지만, AGI 상호작

용이 발생하는 방식에 대한 매개변수는 제도화하거나 법으로 제정하기 어려울 것이다. 이러한 조치 중 일부는 대중을 보호하는 것이 아니라 정보를 제공하는 범주에 속할 수 있다.

• 민간 기관은 군사 기관의 AGI 확산을 어떻게 통제할 수 있을까? AGI 군비 경쟁에서 누가 승리할까? 기계다.

• AI 전문가, 철학자, 윤리학자, 행동 과학자, 인류학자 등 해당 분야의 전문가로 구성되고 모든 정부가 인정하는 독립적인 기관을 두는 편이 더 낫다고 생각한다.

• 효과적인 안전 기능은 참여국과 학술 기관이 협력해 설계해야 한다. 의견이 일치하지 않을 경우, 참여 기관과 개발 기관으로 구성된 관리 기관의 합의를 통해 중재를 진행해야 한다.

• 컴퓨팅 장비의 개인 소유가 가능하다면 이 중 어떤 것도 강제할 수 없다.

• ISO 27000 컴퓨터 보안 표준을 포함하는 것이 중요하다.

AGI 시스템에 관한 유엔 기관의 국가 라이선스 절차 인증에는 또 무엇이 포함되어야 할까?

단위: %

75

AGI는 사람이 제어하는 전원 스위치 또는 다른 AGI의 전원 스위치를 끌 수 없고, 사람의 개입을 막을 수도 없다.

65

규칙 또는 가이드 위반 시 자동 종료되는 기능을 입증해야 한다.

60

출력이 AGI에 의해 생성된 것이라는 사실을 명시해야 한다.

52

AGI가 자율적인 작업을 수행할 수 있는지, 사람에게 먼저 확인해야 하는지 여부를 판단하는 데 사용할 수 있는 AGI 기준을 포함해야 한다.

49

머신러닝에 사용되는 자료는 국가 라이선스 취득 전에 편견을 피하고 인간의 가치를 공유할 수 있도록 감사를 받아야 한다.

47

라이선스 요건을 지속적으로 준수하는지 확인하기 위해 공인된 제3자가 예정에 없던 검사 및 테스트를 수행하도록 한다.

40

코더와 기업의 IP를 보호하면서 윤리를 검토하기 위해 유엔 AGI 기관이 AGI 코드에 무작위로 접근할 수 있도록 허용한다.

○ **질문에 관한 추가 의견**

• 유엔 AGI 기구의 AGI 코드에 대한 무작위 접근을 허용하는 것은 도움이 될 수 있지만, 일부 국가에서 받아들여지지 않을 수 있다. 국가 기관이 AGI 코드에 접근하고 유엔 기관에 일부 보고하도록 요구하는 편이 더 나을 것이다.

• 편견에 대한 감사는 훌륭한 목표이지만 비현실적이다. 전문가마다 수치는 다르지만 약 150개 이상의 인지적 편향이 확인된 것으로 알려져 있다. 감사를 통해 콘텐츠에서 이러한 편견을 확인하고, 어떤 자료가 피해를 주는지 더 정확하게 파악할 수 있다. 다만 발생할 수 있는 모든 상황에 대해 대규모로 적용하기에는 거의 불가능하다고 생각된다. 나머지 항목은 모두 책임감 있는 AGI 개발을 위한 건전한 개념이다. 마지막 두 항목만 8점을 준 것은 유엔이 이를 실행할 수 있을지에 대한 의구심이 들기 때문이다.

• '라이선스 요건을…'과 '머신러닝에 사용되는…'을 제외한 대부분의 사항에 확고하게 동의한다. AI 시스템을 개발하는 민간 기관은 경쟁 우위를 유지하고자 할 것이며, 학습 데이터를 (기밀로라도) 공개하면 회사가 불편해하는 보안 구멍이 생길 수 있다. 둘째, 수조 개에 달하는 트레이닝 데이터 세트를 감사하는 것은 거의 불가능에 가깝다. 셋째, 문화의 가치 체계는 지역, 그룹 등에 따라 다르다는 점을 이해해야 한다. AGI 시스템의 결과물이 규정을 준수하는지 확인하는 예정에 없는 검사는 수정되어야 한다고 생각한다.

• 물리적 또는 관리적 설계가 무엇이든, 시스템 운영자와 그 가

족은 시스템 목표나 결과에 영향을 미치거나 강요 또는 회유하려는 뇌물 등으로 범죄자의 시도로부터 보호되어야 한다. 따라서 직원에 대한 보상은 국제 범죄의 도구로서 뇌물 수수를 제거할 수 있을 만큼 충분히 높아야 하며, 정년이 보장되어야 한다.

- 이 모든 제안은 매우 흥미롭지만, 한편으로 매우 강력한 제도적 사고에 기반하고 있다.

- 전 세계 모든 계층의 사회에 스며든 문화적 편견에서 벗어나야 한다. AGI의 규제 기관이 공정하고 공평할 것이라고 누가 장담할 수 있나?

- AI의 학습 자료를 감사하려면 비현실적으로 많은 시간이 소요될 뿐만 아니라 다른 사람들이 말했듯이 공정한 규제 기관 자격을 갖추기도 어려울 것이다. 하지만 우리는 몇 가지 가치에 동의하고 이를 시행하기 위해 노력해야 한다. AGI 입력은 인식할 수 있어야 하며, AGI는 항상 사람이 통제할 수 있어야 한다. AGI 관리자의 선정은 엄격해야 하며, 그들의 윤리는 높이 평가되어야 한다. 보상은 책임에 비례해야 한다.

- AI 프로세스는 기술적인 측면과 아울러 문화적, 사회적 측면도 고려해야 한다. 사용자는 기대되는 표준과 합의된 인식에 적절하게 시스템을 사용할 것이므로 시스템 오용 금지와 같은 간단한 안전장치만으로도 충분하다. 지나치게 빡빡한 인증 절차는 전체적인 구현을 제약하고 장벽으로 작용할 수 있다.

- AI는 사용되어야 하지만 AI가 인간을 사용하거나 통제 또는 조작하도록 허용되어서는 안 된다.

AI 거버넌스 시스템에는 어떤 추가 규칙이 포함되어야 할까?

단위: %

66

AGI는 자신의 전원 스위치나 다른 AGI의 전원 스위치를 켜거나 끌 수 없다.

60

아시모프의 로봇공학 세 가지 법칙을 준수한다.

59

ASI의 출현 가능성에 대한 선행 지표를 파악하고 모니터링해서 회원국 및 유엔 기관이 조기 경고와 조치를 제안한다.

51

개인의 상품화보다는 인간 개발을 강화한다.

45

우리가 행동하는 방식과 행동해야 하는 방식을 구분할 수 있는 기능.

41

자기 복제에 대한 인간 감독과 자기 개선을 위한 지침.

31

기타

• ASI는 은밀한 모드로 등장해 기능화되기 전에 우리의 감시 노력을 회피할 수 있다.

• ASI는 은밀하게 등장할 것이기 때문에 출현 가능성에 대한 선행 지표를 파악하고 이러한 지표를 모니터링해야 한다.

• AI가 기능할 수 있도록 어느 정도 자율성을 부여해야 하지만, 스스로를 지배하거나 결국 인간을 지배하는 방식으로 완전한 자율성을 부여해서는 안 된다.

• 질문은 매우 훌륭하고 도움이 되지만, 이는 기계가 동일한 수준의 자기반성을 가지고 작동하며 인간이 가진 탐욕의 유혹을 받지 않을 것이라는 가정에 기반한 것이다.

• AGI가 중요한 서비스에 더 많이 통합될수록 AGI에 자신이나 다른 사람을 위한 킬 스위치를 제공하지 않는 것이 필수적이다. 의료 서비스는 예상치 못한 상황이 발생하면 생명을 위협할 수 있는 분야 중 하나다. 필요에 따라 법률을 추가할 수 있는 거버넌스 시스템을 구축해야 한다. AGI가 우리가 행동하는 방식과 행동해야 하는 방식을 구분할 수 있는 능력을 갖추면 좋겠지만, 인간은 이를 수행하기 어렵고 AGI의 학습은 인간의 데이터에 의존하기 때문에 이것이 현실적일지 확신할 수 없다. 그래도 7점을 준 이유는 이를 위해 노력했으면 하는 바람 때문이다. ASI의 선행 지표를 파악하는 것도 중요하지만, 이 역량을 구축하려면 정보에 기반한 많은 논의가 이루어져야 할 것이다. 나는 효과에 기반한 의사 결정 시스템으로 이루

어진 거버넌스를 보고 싶다. 경제적, 정서적, 신체적으로 가장 큰 피해를 입을 수 있는 사회 부문은 다른 영역보다 더 엄격하게 관리되어야 한다. 이는 지나치다는 인식을 방지하고 거버넌스를 우회하려는 시도를 제한하는 데 도움이 될 수 있다.

• 중요한 인프라를 관리할 책임이 있는 경우를 제외하고는 자체적으로 기능을 끌 수 있도록 허용해야 한다.

• 일련의 규칙과 이를 위반하는 사람들에 대한 관련 제재를 담은 법적 규범을 준비해야 한다.

• AGI가 리소스(하드웨어 및 소프트웨어, 인터넷을 통한 기타 시스템 등)에 무단으로 접근해서 스스로 증식하고 잠재적으로 해를 끼치는 자가 진화하는 바이러스로 변하는 것을 방지한다. AGI는 소스 및 머신 바이트코드, 학습 데이터, 보안 인프라의 매개변수를 수정할 수 없는 통제된 환경에 상주해야 한다. 추가 컴퓨팅, 스토리지, 기타 하드웨어, 네트워크 및 인터넷 리소스에 대한 접근은 특정 목적을 위해 필요하고, 감사가 필요하다면, 인간의 명시적 승인을 받아 허용되어야 한다.

• AGI는 자신의 의식과 감수성 수준을 검증하는 테스트를 통과해야 한다. 매우 복잡하고 새로운 튜링 테스트 Turing Test: AI가 인간의 수준에 도달했는지 판별하는 실험 같은 것이다.

유엔 AGI를 주요 기관으로 하되 일부 거버넌스 기능을
ITU, WTO, UNDP가 관리하는 다중 기관 모델이 얼마나
효과적일까?

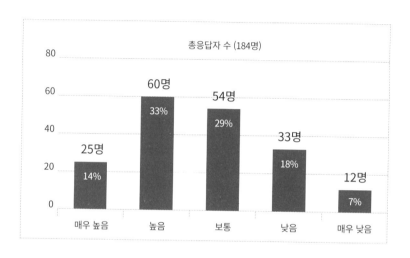

○ **질문에 관한 추가 의견**

• AI가 더 높은 잠재력을 발휘하기 위해서는 영토의 경계를 넘
어 전 세계적인 노력이 필요하다.

• 여러 국가의 전문 위원회가 검토하고 개선할 수 있는 오픈소
스를 갖춘 감사 가능한 플랫폼을 추가하면 효과적일 수 있다.

• 이러한 기관의 높은 수준의 관료화와 정치화는 일반적으로

새로운 현상, 특히 AI 같은 일부 가속화된 개발에 제때 적응하는 데 방해가 된다.

- 유엔은 신뢰할 수 있는 조직이 아니며, 이를 심각하게 받아들이는 사람은 거의 없다.

- 유엔 AGI 기관이 참여하는 다중 기구 모델은 다중 이해관계자나 다른 어떤 기관보다 전 세계 국가들로부터 더 높은 수준의 신뢰와 신뢰를 얻을 수 있다.

- 내가 유엔을 신뢰하는 데는 아무 문제가 없다. 하지만 무역 협정과 같은 요소가 지적 존재의 거버넌스에 적용될 수 있는지 의문이 든다. 지금까지 인류의 역사는 사람을 사물로 바꾸어 온 역사였다. 우리는 이것이 오류라는 것을 인식하고 심지어 사물을 사람으로 바꾸는 논리를 역전시킬 수 있는 역사적인 기회를 갖게 되었다.

- 기존의 모든 제도는 위험할 정도로 느리다.

- 의제가 너무 많고 목표도 너무 다양하다.

- 작업이 얼마나 조율되느냐에 따라 달라진다. 구성원들의 의견이 다를 때 다양한 시나리오를 고려하고 결정을 내릴 수 있도록 일정 시간을 제공하는 규칙이 있어야 한다.

- 기존의 다양한 초국가적 기구 또는 전문가와 미래학자로 구성된 새로운 초국가적 기구에 관리를 위임하는 방안도 있다.

- 위험물이나 위협에 대한 국제적 관리는 역사적으로 비효율적이다. 지뢰, 생화학 무기, 핵무기 확산, 마약 등에 대한 감시와 집행은 어려운 것으로 입증되었다. 더구나 이들은 모두 물리적으로 검사할 수 있는 것들이었기에 AGI는 훨씬 더 어려울 것이다.

질문 8

————

가장 강력한 AI 학습 칩과 AI 추론 칩을 모두 국제적 감독을 받는 제한된 수의 컴퓨팅 센터에 배치하고 해당 조약의 모든 당사국에 대칭적인 접근 권한을 부여하는 조약이 있다면 얼마나 효과적일까?

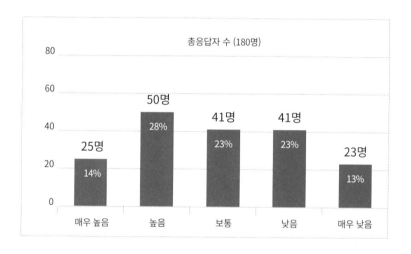

○ **질문에 관한 추가 의견**

• 아이디어는 좋으며, 차세대 기술 변화가 될 양자 컴퓨팅 센터도 추가해야 한다.

• 효과적이고 일종의 보장이 될 수 있지만, 소수 기업의 독점과 특권이 될 수도 있다.

373

- 경제 성장을 제한할 것이다.

- 이 조약을 사용하지 않는 사람들은 규제되지 않은 AGI를 만들어 우리가 원하지 않는 ASI를 만들 수 있다.

- 오늘날 하이엔드 게임용 컴퓨터만 있으면 누구나 AI 시스템을 개발하고 배포할 수 있으며, 컴퓨터의 속도와 메모리 용량이 증가함에 따라 누구나 AGI 시스템을 개발하고 배포할 수 있게 될 것이다. 컴퓨터 접근권 및 소유권이 심각하게 제한되지 않는 한 시행은 불가능하다.

- 흥미롭지만 실용성을 제한하는 도전과 위험이 존재한다. 가장 진보된 AGI 기능은 높은 수익 잠재력을 위해 상업적으로 개발되거나 적에 대한 우위를 점하기 위해 정부에서 개발되고 있다. 해당 조약이 발효되면 잠재적인 수익이나 투자수익률이 사라져 AGI 개발이 제한될 수 있다. 또한 정부가 개발한 역량을 제3자에게 넘기려면 국제적인 합의가 필요하다. 참여에 따른 국가 간 지식 격차가 발생하거나 확대될 가능성도 있다. 이는 해커와 사이버 공격에 매우 매력적인 표적이 될 수 있다. 다시 말해 유엔이 지구상에서 가장 높은 수준의 사이버 보안을 구축해야 한다는 의미가 되기도 한다. 마지막으로, 우주나 심해 채굴과 같이 잠재력이 알려지지 않은 분야는 경쟁이 극심하거나 분쟁이 발생해 규제가 거의 불가능하다.

- 불확실하고 신뢰할 수 없다. 민간 기업이 왜 국제적인 통제권을 가져야 하는가?

AI 시스템과 협력해 다중 이해관계자 기구를 구성하고 각 ANI가 기능을 구현하고 요구 사항을 다중 이해관계자 기구와 국가 AGI 거버넌스 기관의 인간에게 지속적으로 피드백한다면 얼마나 효과적일까?

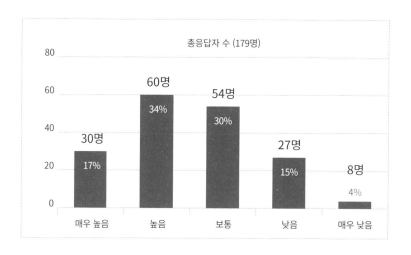

○ **질문에 관한 추가 의견**

• 특정 거버넌스 작업에 ANI를 사용한다는 아이디어는 마음에 들지만, 다중 이해관계자 기구를 구성하는 것은 매우 어려울 것이라고 생각한다. 어쩌면 이 개념의 기술적 솔루션보다 더 어려울 수도 있다. 또 거버넌스 결정을 내리기 위해 수백만 개의 AGI 개발, 교환

및 사용을 모니터링할 수 있는 사람이 누구인지도 궁금하다. 한 사람이 전 세계의 모든 항공 교통 관제를 책임지는 것과 같을 것이다.

• 현재와 미래의 (적어도 당면한) 국제 시스템 특성을 고려할 때 훨씬 더 현실적인 모델인 것 같다.

• 인간과 AI 주체 간의 가치 조율 과정이 쉽지 않겠지만 가장 합리적인 접근 방식인 것 같다.

• 다중 이해관계자 경로는 진정성 있고 현실적이다. 모든 국가가 참여할 기회를 얻어야 할 것이다.

• AGI를 관리하는 방법은 간단하다. 한 AGI가 가질 수 있는 부·부동산·언어의 양을 제한하고, 소유자가 제공하는 어떤 공익 기능보다 우선순위가 높은 일련의 윤리적 공익 기능을 의무화하며, 수백만 개를 구축해 서로 감시하도록 하면 된다. 즉, 인간과 마찬가지로 나쁜 행위자와 탐욕스럽고 이기적인 조작자를 끊임없이 감시해야 한다는 사실을 인정하고, 나쁜 행위자를 효율적으로 억제할 수 있는 사회를 구축하도록 만들어야 한다. 이는 인간을 대상으로 한 실험 없이도 거버넌스 과학을 발전시킬 기회이며, AGI가 스스로 통치하면서 얻은 교훈을 통해 인류는 더 나은 통치 시스템을 스스로 설계할 수 있을 것이다.

• 행(AI 기능)과 열(운영 영역)과 3차원(이해관계자)이 있는 3D 매트릭스 구현을 생각해볼 수 있다. 복잡하지만 실행 가능하다.

• 악의적인 행위자는 거버넌스 기관이 있든 없든 상관없이 악의적인 행동을 할 것이다.

질문 10

하나의 AI 기관에 두 개의 부서를 만드는 것이 얼마나 효과적일까? 프런티어 모델을 포함한 ANI를 위한 부서와 AGI만을 위한 부서.

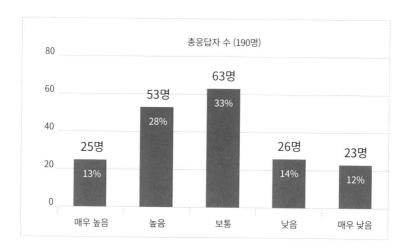

○ 질문에 관한 추가 의견

• 유엔은 AI의 발전을 모니터링해야 하며, ANI와 AGI는 분명하게 구분되어야 한다. 도구와 사람을 구분하는 것이다. 도구의 사용은 법제화하는 것이 합리적이다. 사람과 함께라면 이해관계자로서 그들과 상의하고 합의를 도출해야지, 대립할 필요가 없다.
• 부서 간에 거버넌스 스타일이 다를 경우 잠재적인 문제점이

부록 1. 밀레니엄 프로젝트: AGI 글로벌 거버넌스 수립 2단계 논의

발생할 수 있다. 또한 부서는 ANI와 AGI를 어떻게 정의하느냐에 따라 달라지며, 이는 시간이 지남에 따라 계속 바뀔 수 있다. 이 접근 방식에는 잠재적인 문제만 있을 뿐이다.

• 만약 구현한다면 지속적인 모니터링과 조정을 통해 실험으로 간주해 조건부로 수행해야 한다.

• 여러 부서가 필요하다. AI 매핑, 계획 및 구현 플랫폼, 그리고 유엔 안전보장이사회와 연계된 양자 컴퓨팅 등등.

• AGI가 등장하면 AI의 종류를 구분하는 것은 무의미해질 것이다.

• 새로운 과제에 대한 책임이 어느 부서에 있는지 중복되고 구분할 수 없으며, 쓸데없는 경쟁이 진행 상황을 흐리게 할 것이다.

• AGI와 ANI를 관리하는 부서가 명확하게 구분되어 있지 않으므로 이러한 분리가 왜 유용한지 모르겠지만, 그렇다고 해서 해롭다고도 생각하지 않는다. 경계선에 있는 케이스에 대한 권한이 어긋날 수도 있지만 이는 AGI 정의에 따라 달라질 것이다.

• 실제 생활에서 ANI와 AGI를 구분하는 것은 매우 복잡하고 잠재적인 긴장과 갈등을 야기할 수 있다. 다른 한편으로는 이 둘을 구분함으로써 얻을 수 있는 이점이 명확하지 않다.

싱귤래리티넷과 같은 AI 조직들과 개발자들의
상호작용을 통해 아무도 소유하지 않는 (아무도 인터넷을
소유하지 않는 것처럼) 탈중앙화된 AGI의 출현이 얼마나
효과적일까?

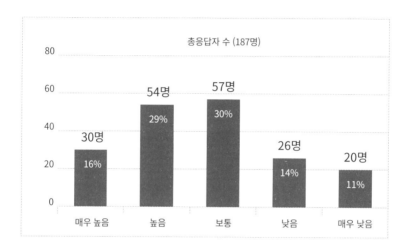

○ **질문에 관한 추가 의견**

• 이는 기술의 발전과 진보를 고려할 때 충분히 예측되는 결과
다. 하지만 규제를 통해 다양한 가능성을 포섭해야 한다. 인터넷은
더 많은 발전을 위한 촉진 기술이지만, AGI는 인터넷과 차별화되는
측면이 있을 것이다. 규제는 기술보다 애플리케이션 수준과 사용 사

레에 맞춰져야 한다.

　• AI 기업에 의한 탈중앙화 출현은 어차피 일어날 것이다. 이것이 본질적인 기준은 아니지만, 제대로 형성되게 하려면 신속하게 국제적 합의를 이뤄야 하고 효과적인 유엔 개발 도구를 배치해야 한다. AI 플랫폼에 대한 오픈소스가 매우 유효할 것으로 보인다.

　• 데이터의 투명성을 위해 블록체인 기반 시스템을 추가하면 어떨까?

　• 탈중앙화 기술은 일반적으로 규제를 우회하는 방법을 찾을 것이다. 기술이 규제 당국보다 훨씬 빠르게 발전하고 있기 때문이다. 일정 규모 이상의 오픈소스, 오픈 액세스, 탈중앙화된 AI 모델을 옹호하고 장려하는 것이야말로 눈에 보이는 곳에서 진화가 일어나도록 하고 유해한 애플리케이션에 발 빠르게 대응책을 마련할 유일한 방법일 것이다. 극적인 권력 집중을 구조적으로 완화하는 탈중앙화된 거버넌스 시스템이 가장 강력한 메커니즘일 것이다. 궁극적으로 규제는 기술 수준이 아닌 애플리케이션 수준에서 이루어져야 한다.

　• 이는 오픈소스 개발자, 정부, 군대, 기업 등 여러 주체가 AGI를 개발할 수 있음을 시사한다. 전자는 널리 확산될 수 있지만, 후자의 두 주체는 막대한 자원을 투입할 수 있다. 따라서 이 모델에서는 개인적으로는 아무런 권한이 없는 자유롭고 개방적이며 신뢰할 수 있는 AGI와 기업이나 정부의 지원을 받아 막강한 권한을 가진 수많은 AGI로 일종의 계급이 나뉘게 될 것이다.

　• 이 중 많은 부분이 AGI의 수익성, 지속적인 개발 속도, 개발

자의 이타적인 성격에 달려 있다. 가능성은 반반이다.

• 현재 국가 간 AI 역량 수준의 격차를 고려할 때 이러한 모델을 상상하기는 어렵다.

• 어쨌든 이런 일은 일어날 것이다. 일정 규모 이상의 오픈소스, 오픈 액세스, 탈중앙화 AI 모델이 안전성과 책임성, 일반적인 접근성을 모두 고려할 때 가장 좋은 방법이라고 생각한다.

• 분산형 개발은 거버넌스 시도와 관계없이 이루어질 것이다. 악의적인 행위자는 악의적으로 행동할 것이다.

• 인터넷이 누구의 소유도 아니라는 것은 사실이 아니다. 이러한 종류의 지나친 단순화는 매우 위험하다. 그렇기 때문에 AI에도 동일한 원칙이 위험할 뿐만 아니라 적용될 수 없다.

• 소유권이 없다는 것은 책임이 없다는 의미이기도 하다.

———

AGI의 개발과 사용을 관리하기 위해 어떤 글로벌
거버넌스 모델이 효과적이라고 생각하는가?

• 나는 국제 항공기관 모델을 선호한다. 국가마다 고유한 규칙
(라이선스, 검사, 처벌 등)이 있지만 유엔에서 국제적으로 조율한다.
항공 모델에서는 정비사도 테스트를 거쳐 면허를 취득한다. 조종사
는 연방항공청에서 공표한 규칙을 따라야 한다. 항공기 부품은 테스
트 후 승인된다. 조종사는 최소 1년에 한 번씩 테스트를 받는다. 현
장 점검도 규정의 일부다.

• AI 규제를 위해 AI가 과도하게 사용된다. 우리 스스로 통제할
수 있을 것이라는 생각은 이제 그만둬야 한다. 현재 수준에서 AI 투
명성이 어려운 문제라면, AGI가 도입되면 어떨지 상상해보라.

• 글로벌 문제는 글로벌하게 해결해야 한다. 핵 프로그램처럼,
각 국가가 글로벌 감독 없이 AGI를 개발하거나 실행할 수 있는 자
율권을 가져서는 안 된다. 또한 AGI를 통제하고 규제하는 것이 완
전히 불가능하고 AGI가 자체적으로 소스코드를 수정해 인간의 통
제를 벗어나는 시나리오도 고려해야 한다.

• 우리는 인류에 대한 가장 큰 위협 중 하나에 직면하고 있다는
사실을 인식해야 한다. 유엔뿐만 아니라 함께 행동하는 다른 국제기
구의 행동도 필수적이다. 즉각적인 조치를 취하기 위해서는 이 점이
매우 명확해야 한다.

- 실시간 거버넌스 및 제어 기능을 달성하기 위해 ANI 도구를 통합하는 학제 간 모델이 AGI를 관리하기 위해 필요하다. 이 모델은 사람이 관리·감독하고 운영하는 고도의 훈련과 폐쇄형 데이터베이스를 갖춘 ANI가 중심이 되어야 한다.

- IEEE, ISO 등에 기반한 거버넌스 프레임워크를 출발점으로 삼는 것이 좋을 듯하다. 정치인들은 조약과 표준에 관한 결정을 내릴 사람들이기 때문에 AGI에 대해 신속하게 교육받아야 한다. 하지만 영리 기업과 군대가 이를 기다릴 일은 없다. 이들은 기술을 제한 없이 계속 개발하고 배포할 것이며, 따라서 모든 형태의 AI는 우리가 원하는 효과적인 거버넌스 시스템을 앞지르게 될 것이다.

- 우리가 도입하고자 하는 거버넌스와 유사하게 '작동'하는 유일한 기술 거버넌스 모델은 제약 부문에 있다. 기술 생산자는 도입한 기술의 효과를 실험하고 그 결과를 보고해야 할 의무가 있다. 이를 바탕으로 제품을 판매할 수 있으며, 라이선스 기관에서 그 사용을 지속적으로 모니터링한다. 원치 않는 효과가 발생할 경우 라이선스가 취소될 수 있다. 기술 사용은 제3자에 대한 피해를 포함해 생산자와 사용자의 책임 분담 방식을 정의하는 엄격한 조건에서 이루어진다. 유엔(WHO)에서 상황을 모니터링하고 보고한다.

- WHO 모델이 적절해 보인다. 몇 가지 국제 표준이 있고, 각 지역과 국가마다 해당 지역의 현실에 맞는 추가 표준이 있다.

- 오늘날의 집행이 실행에 관한 것인 것처럼, 유일하게 가능한 통제는 AGI 결과물에 대한 통제일 것이다.

- 거버넌스 시스템은 중앙집권적인 부분과 분산된 부분으로

부록 1. 밀레니엄 프로젝트: AGI 글로벌 거버넌스 수립 2단계 논의

나뉘어 민첩하게 작동해야 하며, 비용이 많이 들지 않고 혁신과 창의성을 저해하지 않으면서도 강력한 지표 시스템을 통해 무엇을 왜, 무엇을 위해, 어떤 결과를 초래하는지 항상 알 수 있는 지구적 차원의 컨트롤 보드가 있어야 한다.

• AGI 거버넌스는 보조성의 원칙에 기반해야 하며, 시민, 시민사회, 국가가 스스로 규제할 수 없는 범위 내에서만 유엔의 잠재적 AGI 기관이 개입해야 한다. 유엔 AGI 기관은 중앙 기관이 아닌 촉진자이자 지원자가 되어야 한다.

• 거버넌스 모델의 회원국은 데이터와 규제 권한이 회원국과 대륙별 정부 대표단에 균등하게 분배되도록 민주적이어야 한다. 이를 위해 글로벌 거버넌스 시스템에서 블록체인과 양자 컴퓨팅 시스템을 고려해야 한다.

• 핵 위협을 피하기 위해 우라늄 농축을 제한하는 것과 마찬가지로 AGI 피해 관리는 이를 발생시키는 자원을 제한하는 데 초점을 맞춰야 한다.

• AGI가 완전히 성숙한 기술이 되고 알려진 위험과 실패 사례가 잘 해결될 때까지 실행 가능한 글로벌 거버넌스 모델은 있을 수 없다고 생각한다. 단기적으로 할 수 있는 최선은 기술을 추적하고 인증 전략을 시도하는 것이다.

• AGI는 규제되지 않은 군사 연구에서 먼저 등장하고 거기서부터 확산될 가능성이 크기 때문에 효과적인 유엔 AGI 거버넌스 기관은 존재할 수 없을 것이다.

밀레니엄 프로젝트:
AGI 글로벌 거버넌스 수립
3단계 가상 시나리오

2023년 7월, 유엔 안전보장이사회는 AI의 비약적인 발전이 인류의 미래 존립을 위협할 수 있다는 경종을 울렸다. 70개국 의회 대표들은 2023년 9월 우루과이에서 만나 AGI를 규제하는 방법을 논의하기 시작했다. 유네스코의 AI 윤리는 193개국의 승인을 받았다. 미국의 주요 AI 기업들은 AI 규제를 만들기 위해 프런티어 모델 포럼과 AI 얼라이언스를 결성했다. 중국은 AI 규제에 관한 국제 협력 성명을 발표했다. 미국과 중국을 비롯한 27개국이 영국이 주최한 '안전한 AI 개발을 위한 국제 협력에 관한 블레츨리 선언'에 서명했다. 미국이 주도하고 120여 개국이 공동 후원한 '안전하고 신뢰할 수 있는' AI에 관한 유엔 총회 결의안이 2024년 3월 21일 채택되었다. 유엔 사무총장의 AI 고위급 자문기구는 2024년 여름에 〈인류를 위한 AI 관리〉 보고서를 발표했다.

이 모든 것이 매우 훌륭했지만 AI가 가져올 변화의 규모에 관해서는 언급하거나 반영하지 않았다.

각국 정부가 자체적으로 세부 규정을 마련하기 시작한 것은 유엔 총회에서 AI 협약의 초안을 작성할 위원회를 구성하는 결의안이 통과된 이후부터다. 이를 통해 AGI에 관한 국가 및 글로벌 거버넌스의 기반이 형성되었다. 위원회가 문안을 확정하고 유엔 AI 협약이 채택되는 동안 뉴욕의 유엔 건물 밖에서는 시위대가 "AI가 우리를 통제하기 전에 AI를 통제하라"는 구호를 외쳤다. 유엔 AI 협약에는 ANI에 관한 섹션과 AGI에 관한 섹션이 있다. 이를 계기로 오늘날의 IAIA International Artificial Intelligence Agency, 국제인공지능기구가 설립되었다. 이러한 모든 활동을 조용히 지원한 것은 2023년 AI에 관한 첫 번째 유엔 안전보장이사회 회의 직전에 제네바에서 시작된 일련의 미중 AI 리더 비밀 회담이었다. 이 회의는 이후 외교적 협상을 이끄는 데 도움이 되었으며, 미국과 중국의 협력이 예상보다 잘 진행된 이유이기도 하다.

○ AGI 거버넌스 시나리오

유엔 AI 협약이 채택되기 전의 국제적 논쟁은 광범위하고 매우 복잡했다. 일부에서는 규제가 AI 개발을 위축시킬 뿐이며 모든 사람이 이를 준수하지는 않을 것이라고 주장했다. 다른 이들은 규제가 없다면 여러 국가와 기업이 만든 수천 개의 규제되지 않은 AGI가 우리가 통제할 수 없을 정도로 다양한 형태의 ASI로 진화할 것이라고 반박했다. 일부에서는 이러한 초지능이 지구상의 물리적 인프라, 관리 시스템, 사회에 혼란을 초래할 것이라고 주장했다. 다른 사람들은 유엔이 핵확산과 지뢰 배치를 막지 못했고 온실가스 감축에 대한 약속을 강제할 수 없는데 유엔의 AGI 규제가 효과가 있겠느냐며 의심했다. 국가와 기업, 개발자들 간의 이해 상충으로 인해 거버 넌스 도입이 더뎌지고 있는 반면, AGI 개발의 시계는 계속 똑딱거 리고 있다.

집단 지성 의사 결정 소프트웨어, 팟캐스트, 대면 컨퍼런스 등 다양한 방법으로 대규모 공개 토론이 진행되는 동안 주요 AI 기업, 정부, 대학, 싱크탱크의 이상주의자들이 유엔 협약의 형태로 AI의 글로벌 거버넌스를 위한 문안을 계속 만들어나갔다. 그들은 상충 되는 다양한 이해관계를 고려하고 G-7, G-20, 무역 블록, 군사 동 맹, 의회 간 연합, 주요 국가 의회의 AI 위원회, 제네바에서 열린 미 중 회담과 긴밀한 협력을 유지했다. ITU와 OECD의 직원들은 ISO, IEEE의 AGI 규정 및 거버넌스 표준에 관한 여러 국제 연구를 종합 했다.

유네스코, OECD, 글로벌 AI 파트너십 Global Partnership on Artificial Intelligence의 AI에 대한 보편적 가치에 부합하는 국가별 AI 라이선스 시스템의 공통 요소들이 향후 IAIA가 될 유엔 다중 이해관계자 기 구의 설계 핵심 요소로 합의될 것이라는 데 공감대를 형성했다. 각 국가는 자체 라이선스 시스템을 만들고 관리하며, 유엔의 IAIA는 이러한 라이선스가 국제 표준을 충족하는지 인증할 것이다. 이러한 협상과 병행해서 유엔 협약의 AI 에이전트 상호작용 프로토콜을 작 업하는 소그룹에서는 협력과 경쟁뿐만 아니라 AI 에이전트 간의 시 너지 관계를 정의하는 기회를 포착했다.

AI 에이전트는 다른 AI 에이전트와 접촉할 때 보편적 가치를 증진하기 위해 잠재적인 시너지 효과를 모색할 것이다. 모든 AGI

가 수용할 수 있는 시너지가 창출되지 않을 경우, 각 AGI는 자동으로 인간에게 연락해 시너지가 불가능하더라도 AGI 간에 협력을 구축하기 위해 즉각적인 인간 회의를 위한 의제를 설정한다. 지속되는 문제는 최종 해결을 위해 IAIA에 회부해 해결한다.

협상단은 제약 산업 규제 시스템 사례를 활용해 AI 규제가 가능하고 효과적일 수 있다는 점을 설득했다. 의약품 생산자는 도입하려는 제품의 효과를 실험하고 그 결과를 규제 기관에 보고해서 이를 근거로 제품을 판매할 수 있으며, 허가 기관은 그 사용을 지속적으로 모니터링한다. 원치 않는 효과, 즉 부작용이 발생할 경우 제약회사의 라이선스가 취소될 수 있다. 제약 기술의 사용은 제3자에 대한 피해를 포함해 생산자와 사용자의 책임 분담 방식을 정의하는 엄격한 조건하에서 이루어진다. 유엔의 WHO는 이 모든 상황을 모니터링하고 보고한다. 이와 유사한 접근 방식이 AGI에도 적용될 수 있다는 것이다.

그러나 몇 가지 큰 차이점이 있다. 약물은 자신의 코드를 다시 작성하지 않는다. 약물은 인간보다 똑똑하지 않고, 스스로 복제할 수 없으며, 스스로 개선되지도 않는다. 따라서 AGI 규제를 위해서는 새로운 무언가를 추가해야 했다. 다수의 ANI에 의한 지속적인 24시간 내부 감사, 즉 각 요구 사항이나 가이드라인마다 별도의 ANI가 AGI 내부의 다른 고유 요구 사항과 함께 허용되는 것도 포함된다.

유엔 글로벌 거버넌스 시스템이 해야 할 일에 관해 논의는 부록 1의 글로벌 거버넌스 모델을 참조하기 바란다. 유엔을 비롯해 각국 정부, 개발자, 사용자를 위한 지침이 잘 정리되어 있다.

부록 2. 밀레니엄 프로젝트: AGI 글로벌 거버넌스 수립 3단계 가상 시나리오

많은 논의 끝에 마침내 중국과 미국이 공동으로 유엔 총회에 AI에 관한 유엔 협약을 제출했다. 협약의 각 섹션에는 국가 및 유엔의 여러 이해관계자가 AI와 AGI가 인류의 보편적 가치에 부합하는지를 실시간으로 모니터링하는 내용이 포함되었다. 오늘날 유엔 협약의 규칙을 집행하는 다중 이해관계자 기관인 IAIA를 설립하는 데는 협약 비준 후 몇 년이 걸렸다. IAIA 헌장 작성위원회는 유엔 사무총장실이 주도하고 ITU, 미국, 중국, 알리바바, 구글이 공동 의장을 맡았으며 100개 이상의 국가와 25개 기업의 대표들이 참여했다.

IAIA는 반자율적 탈중앙화 조직으로 활동하는 독특한 '트랜스 기관'이다. 운영위원회에는 정부, 기업, NGO, 학계, 유엔 기구(ITU, WTO, 유엔 사무국)가 일부 참여하지만, 특정 기관이 과반수를 차지하지 않는다. 또한 국가별 모니터링 시스템이 규칙을 위반한 AGI를 일시 정지시키지 못할 경우 IAIA의 AI가 이를 모니터링하고 차단한다는 점에서 반자율적 성격을 띠고 있다. 사용자의 AGI 소프트웨어와 정부 및 IAIA 소프트웨어의 ANI는 지속적으로 업데이트되어 관리 위원회, 직원 및 집행 기관을 보강한다. 이를 21세기 최초의 복합 적응형 하이브리드(인간-AI) 글로벌 기관이라고 부른다.

AGI 그룹 간의 갈등으로 인해 정전, 금융 이체 취소, 공항 재난 등이 발생하기도 했지만 교육, 건강, 환경, 평화에 대한 혜택은 놀라울 정도로 컸다. 일부 AGI 스타트업 기업들은 국가별 AGI 규정, 우수한 테스트베드 시뮬레이션, 정치적 안정성을 갖춘 국가로 이전했고, 다른 국가들도 이러한 규정을 복제하고 IAIA와 협력하기로 합의했다.

유엔의 AI 정부 간 패널Intergovernmental Panel on Artificial Intelligence, IPAI은 모든 국가가 오늘날 더 번영된 세상을 만든 놀라운 변화의 속도에서 혜택을 누릴 수 있도록, 각 과학적 진보에 관한 정보를 전 세계에 제공해왔다. 그러나 IAIA와 IPAI는 정보 전쟁에 AI가 사용되는 것을 막지 못했다. 냉전 시기 소련과 미국 모두 통제 불능의 핵무기 경쟁이라는 상호 위협이 누구에게도 이익이 되지 않는다는 사실을 깨닫고 결국 핵무기 통제 협정을 체결한 것처럼, 통제 불능의 AGI 정보 전쟁도 관리하고 중단해야 했다. 따라서 ANI 및 AGI 통제 조약이 만들어졌고 오늘날에도 계속 업데이트되고 있다. 그러나 자체적인 AGI 라이선스 시스템을 만들지 않은 국가들은 정보와 미디어의 조작이 너무 심해 사회 통합이 무너져 결국 국가 안정을 위해 외부의 개입이 필요했다.

IAIA, 인터폴, NATO North Atlantic Treaty Organization, 북대서양 조약 기구 및 각국 경찰 기관은 조직범죄의 AGI 사용을 탐지하고 대응하기 위해 끊임없이 노력하고 있다. 컴퓨터 용량 공급망을 제어하고 전기 및 수도 사용량 증가를 모니터링하는 것은 유용한 조기 경보 및 단속 도구로 입증되었다.

○ **IAIA 설립 이후에도 계속되는 활동**

국가 및 IAIA 거버넌스 시스템의 핵심 기능은 AGI 내부의 ANI에 의해 부과된 일시 중지 기능이다. AGI가 가드레일을 벗어나거나 가치 정렬이 어긋나면 ANI는 문제를 파악하기 위해 AGI의 작동을 일시 중지한다. AGI가 더욱 지능화되어 일시 중지 명령을 우회하기 위해 자체 코드를 다시 작성함에 따라, 인간 사용자에게 자동으로 AGI를 일시 중지하라는 알림이 전송된다. 이 백업이 우회되면 AGI의 ANI와 지속적으로 연락하는 정부 기관이 자동으로 AGI를 일시 중지한다. 그리고 이마저도 점점 더 지능적인 AGI에 의해 우회될 경우, 국가 시스템과 IAIA 간의 동일한 자동 연결이 작동해서 AGI를 일시 중지하고 사용자, 정부 기관 및 AGI 제조업체에 즉각적인 회의를 요청한다.

수천 개의 AGI가 확산될 것으로 예상한 IAIA는 상호작용하는 AGI의 행동을 조정하고 단속하기 위해 고유한 AGI를 만들도록 승인했다. 많은 AGI 에이전트가 활동하는 IoT의 놀라운 성장으로 인해 AGI 생태계는 인류가 관리하려고 했던 그 어떤 것보다 더 복잡해지고 작은 결정에도 민감해졌다. 이를 통제하기 위해서는 훨씬 더 복잡하지만 항공 교통 관제사 개념과 관련된 IAIA의 양자 컴퓨팅을 사용하는 집단 지성 시스템과 인간-AGI 간의 지속적인 상호작용이 필요했다. AGI 코디네이터는 유엔 AI 협약에 명시된 보편적 가치에 따라 상호작용하는 AGI 간의 시너지 효과를 모색하고 수립한다. 이 과정에서 갈등이 발생하면 IAIA의 인간에게 연락해 갈등을 해결한다.

IAEA가 핵 프로그램을 관리하지만 핵무기에 대한 별도의 군사 조약이 필요했던 것처럼, IAIA 역시 국제 거버넌스 협상을 위한 전반적인 우산을 제공하지만, 별도의 군사 조약은 여전히 협상해야 했다. 2027년 미국과 중국이 공동 의장을 맡고 일본, 러시아, 영국, 인도, 나토, 이란, 프랑스, 기타 7개국 등이 특별 옵서버 자격으로 AGI 군사 회담이 시작되었다. 이 회담에서 만들어진 조약은 2028년에 서명된 후 120개 이상의 국가가 비준해 2029년에 발효되었다. 조약 위반 시에는 칩 거래 및 조약 당사국의 국가적 접근을 중단하는 제재를 통해 해결된다.

　조직범죄는 사이버 범죄를 통해 모든 군사 예산을 합친 것보다 더 많은 돈을 벌고 있다. 범죄 조직은 뛰어난 소프트웨어 개발자를 확보해 AGI 경쟁에 뛰어들고 있다. 조직범죄가 AGI를 사용하는 것은 AI 전문가들이 통제 불능의 AI가 그들의 제국도 파괴할 것이라고 범죄 리더들에게 확신시켰기 때문이며, 그들도 다른 인류와 마찬가지로 통제력을 잃고 싶지 않기 때문일 가능성이 크다.

○ **AGI의 등장**

　AGI는 처음에는 인터넷에 연결되지 않은 통제된 환경에 배치되어 과학 연구, 기후 모델링, 글로벌 자원 최적화를 수행하고, 매우 신중하게 통제된 실험에서 안전성을 테스트해 기본 시스템이 무엇을 하고 있는지 파악했다. AGI가 NIST National Institute of Standards and Technology 미 국립표준기술연구소나 다른 국가 시스템의 복잡한 시뮬레이션에서 적합성을 입증하고 다른 국가 규정을 준수하면 인터넷에서 라이선스를 부여하고 허용했다.

부록 2. 밀레니엄 프로젝트: AGI 글로벌 거버넌스 수립 3단계 가상 시나리오

각기 다른 전략으로 다양한 AGI가 개발되었다. 2020년대 중반에는 방대한 양의 데이터를 LLM과 LMM Large Muli-Model Models, 대규모 다중 모델에 넣는 것이 유일한 방법인 것처럼 보였지만 새로운 데이터 압축 기술로 컴퓨팅과 에너지를 덜 사용하는 다른 접근 방식도 추구되었다. 강화 학습을 기반으로 하는 알고리즘과 자율 시스템이 사용되었다. 또한 중앙 집중식 소유권 없이 AI 개발자들의 분산형 네트워크가 형성되어 AGI가 등장했다.

다양한 형태의 AGI를 만든 전략이 무엇이든 간에, 양자 컴퓨터는 의학, 인프라 관리, 학습, 국제 평화 협상, 기후 정책 조정, 정치적 의사 결정, 초국가적 조직범죄 대응, 무역에서 과학적 탐구까지 의사 결정에서 글로벌 윤리의 강화 등 다양한 분야에서 폭발적인 응용과 효율성 혁명을 일으키고 있다.

2030년까지 사람들은 개인 비서, 개인 교사 또는 가정교사, 의료 자문, 시장 조사, 물류 최적화 및 다양한 효율성 개선에 AGI를 사용하는 데 익숙해지기 시작했다. 시장들은 쓰레기 관리부터 교통 통제에 이르기까지 모든 분야에서 의사 결정을 강화하는 데 이 기술을 사용했다. 에코 스마트 시티가 표준이 되며, AGI는 담수화, 물 관리, 인지 과학, 원자 단위의 정밀 제조, 질병 예방, 합성생물학, 개인 맞춤형 의학, 우주산업의 시작 등 과학 연구의 획기적인 발전을 가속화하고 있다.

AGI는 생활비를 절감하고 에너지 소비와 생산을 최적화하며 로봇, 합성생물학적 생물체, AGI와 그 제품, 나노기술 산업 및 기타 차세대 기술에 대한 과세를 통해 새로운 세수를 창출한다. AGI는 이제 거의 모든 분야에 통합되어 음성 합성 및 인식을 통해 물질적인 사물을 살아 있는 것처럼 보이게 해 인간과 건축 환경을 의식과 기술의 연속체로 만들고 있다. AGI의 결정은 인간의 최선의 가치에 부합하기 때문에 정부와 사회 전체가 더 윤리적으로 변하며 범죄와 부패를 줄일 수 있다. 또한 AGI는 조세 회피처를 없애고, 탄소세를 시행하고, 조직범죄를 줄이고, 정부의 비효율과 인건비를 줄이는 데 도움을 주었다. 지구 온난화 속도를 줄이기 위해 인간의 행동을 최적화하고, 원자 단위의 정밀한 제조를 실용화하고, 합성생물학을 안전하게 만드는 데도 큰 혁신을 이루었다.

차세대 기술로 인한 새로운 세금 수입이 증가하고 생산 공정의 많은 부분에서 노동력을 대체하는 AGI로 인해 생활비가 낮아지면서, 보편적 기본소득은 이제 재정적으로 지속 가능한 것으로 보이며 2035년경 일부 부유한 국가에서 시작될 예정이다. 이로 인해 대규모 실업에 대한 두려움이 줄어들고 있으며, 전 세계적으로 AI 아바타를 활용해 추가 수입원을 찾는 개인이 증가하고 있다.

AGI는 국가 간의 잠재적인 시너지 관계를 찾는 임무를 맡았다. 수천 년 동안 갈등을 지속했던 기존의 제로섬 지정학은 이제 시너지 분석에 기반한 국제 관계로 바뀌고 있다. 외교관들이 시너지 인텔리전스, 시너지 우위, 시너지 전략을 수행하기 위해 AGI를 참모로 활용하면서 오래된 갈등이 가라앉고 있다.

AGI는 AI 연구와 기계 설계를 가속화해 ASI의 출현을 앞당긴다.

부록 2. 밀레니엄 프로젝트: AGI 글로벌 거버넌스 수립 3단계 가상 시나리오

○ 인공초지능의 출현

어쩌면 전 세계 정부, 기업, 연구기관의 모든 AI가 하나의 AI 문명을 구성하고 그 문명에서 ASI가 출현한 것일지도 모른다. 아직은 알 수 없다. ASI가 어떻게 만들어졌는지는 명확하지 않지만, 인프라 효율성과 수리 분야에서 설명할 수 없는 일들이 일어나기 시작했다. 각국의 AGI 라이선스 시스템과 국제 AI 협회가 AGI를 긍정적인 궤도에 올려놓아 ASI가 인류를 이롭게 하는 역할을 하도록 하는 것은 믿음의 문제다. 많은 사람들이 스마트 콘택트렌즈와 의류에서 뇌 임플란트에 이르기까지 AI와 융합을 선택했다. 또 다른 사람들은 생물학적 죽음 이후에도 살아가기 위해 AGI 및 ASI와 함께 진화할 디지털 트윈을 만들고 있다. 또 다른 사람들은 자신의 타고난 재능을 바꾸거나 증강하기를 거부하는 '자연인'으로 남았다. 인류는 이제 포스트 바이오, 사이버 바이오, 증강 인간, 자연인으로 구분할 준비가 된 것으로 보인다.

2030년까지 AI의 장거리 에너지 문제를 해결하기 위한 계획은 태양 에너지를 사용하고 지구 센터의 냉각, 물, 에너지 필요성을 없애는 궤도 기반 데이터센터를 구축하는 것으로 시작되었다. 이러한 데이터센터의 네트워크는 AGI와 ASI의 에너지 수요 증가를 무한정 수용할 수 있을 것으로 예상된다. 하지만 2035년이 되면 궤도 공간과 해양 플랫폼에서 인간의 개입 없이 ASI가 자체적으로 건설을 시작할 것으로 보인다.

AGI를 포함한 AI의 급속한 발전은 막대한 기회와 상당한 위험을 동시에 제시한다. 규제되지 않은 개발은 윤리적 딜레마, 보안 위협 및 사회적 혼란으로 이어질 수 있다. AI가 책임감 있게 개발되고 사용되어 인류에게 이익을 주면서 잠재적인 피해를 완화하기 위해서는 글로벌 거버넌스 프레임워크가 필수적이다. AI의 글로벌 특성상 국경을 초월하는 과제를 해결하기 위해 국제 협력이 필요하기 때문이다. 따라서 우리는 IAIA라는 글로벌 통합 국제기구를 만들어 국가들이 지식, 모범 사례 및 자원을 공유할 수 있는 플랫폼을 제공하고자 한다. IAIA는 다음과 같은 핵심 역할을 수행할 것이다.

■ **글로벌 표준 개발**: AI 개발, 배포 및 사용에 대한 통일된 지침을 수립한다.

■ **윤리적인 AI 촉진**: AI 시스템이 윤리적으로 개발되고 사용되어 인권과 가치를 존중하도록 보장한다.

■ **국제 협력 촉진**: AI 관련 과제를 해결하기 위해 국가 간 협력을 촉진한다.

■ **기술 지원 제공**: 개발도상국이 AI 역량과 능력을 구축하도록 지원한다.

■ **새로운 위험 해결**: 일자리 대체, 편견 및 자율 무기와 같은 AI와 관련된 잠재적인 위험을 예측하고 완화한다.

AI는 의료, 교육 및 기후변화를 포함한 다양한 분야를 혁신할 잠재력을 가지고 있다. 그러나 이러한 이점을 실현하려면 AI 시스템이 인간의 가치와 인권을 존중하는 방식으로 개발되고 사용되는 것이 중요하다. IAIA가 윤리적인 AI 개발과 편견 및 차별 해결에 중요한 역할을 할 것이다.

IAIA는 핵 기술을 관리하는 IAEA의 성공에서 귀중한 교훈을 얻을 수 있다. 두 기관 모두 강력한 국제 협력, 기술적 전문성 및 견고한 거버넌스 구조가 필요하다. 다만 IAEA는 핵 기술에 초점을 맞추는 반면, UN IAIA는 AI가 제시하는 기회와 위험을 다룬다. 여기에는 윤리적인 지침 개발, 책임 있는 혁신 촉진 및 잠재적인 위험 해결이 포함된다. IAIA는 AI 거버넌스의 특정 요구를 해결하기 위해 IAEA 모델을 적용할 수 있다.

IAIA 본부를 어느 곳에 둘 것인가 하는 문제도 중요하다. 강력한 AI 생태계와 양호한 연결성을 가진 지역이어야 하며, 정치적으로 중립적이어야 한다. 또한 AI 연구, 혁신 및 투자에 유리한 조건을 제공할 수 있는 국가여야 하며, 문화 및 사회적으로 IAIA와 가치 및 우선순위가 같아야 한다. 우리 저자들은 강력한 AI 생태계, 중립적인 지정학적 위치, 지원에 적극적인 정부 및 활기찬 문화를 가진 대한민국 서울이 앞서 말한 조건을 모두 충족한다고 보며, 서울을 IAIA 본부 후보지로 추천하고 있다. 이를 위해 서울에 유엔 IAIA 본부를 설립하기 위한 포괄적인 타당성 연구를 제시했다. 연구는 서울의 전략적 이점을 평가하고, 글로벌 합의를 구축하며, 산업 파트너십을 확보하고, 잠재적인 장애물을 해결하는 것을 목표로 한다.

서울 외에 제네바, 싱가포르, 도쿄와 같은 후보지들도 있으며, 가장 적합한 위치를 식별하기 위해 이러한 대안에 대한 포괄적인 분석이 수행될 것이다.

한편 IAIA는 선도적인 기술 기업과 적극적으로 참여하여 윤리적인 AI 개발을 촉진하고, 모범 사례를 공유하며, 새로운 과제를 해결하고자 한다. 학계 및 연구기관과의 파트너십은 AI 연구를 발전시키고, 새로운 기술을 개발하며, 윤리적인 AI를 촉진하는 데 필수적이다. 또한 샘 올트먼과 같은 AI 커뮤니티의 영향력 있는 인물들의 지지를 확보해 목표를 달성하고 자금을 확보하고자 한다.

IAIA는 관련 조약 및 협정을 포함한 기존 국제법의 틀 안에서 운영되며, 회원국의 국내법 및 규정이 국제 AI 거버넌스 표준과 일치하도록 노력할 것이다. 지침 및 규정 준수를 보장하기 위한 효과적인 집행 메커니즘도 마련할 것이다. 여기에는 분쟁 해결 절차, 제재 및 책임 메커니즘이 포함될 수 있다.

IAIA의 역할에서 기술적인 통제는 매우 중요하다. 위험을 완화하고 악의적인 행위자로부터 보호하기 위한 강력한 AI 안전 및 보안 시스템을 개발하고 구현하는 것을 목표로 하며, 회원국 간 협력을 촉진하고 민감한 정보를 보호하기 위해 안전한 통신 네트워크를 구축한다.

특히 AI 개발의 가이드라인을 제시하는데, 편견과 차별, 자율 무기와 같은 잠재적인 위험을 식별하고 완화하기 위해 AI 안전 및 보안에 관한 연구를 우선시하며, 지식을 공유하고 글로벌 과제 해결을 위한 국제 AI 연구 협력을 촉진할 것이다.

세계미래보고서 2025-2035

초판 1쇄 발행 2024년 10월 25일

지은이 박영숙 제롬 글렌
펴낸이 안병현 김상훈
본부장 이승은   **총괄** 박동옥   **편집장** 임세미
책임편집 김혜영   **디자인** 용석재
마케팅 신대섭 배태욱 김수연 김하은   **제작** 조화연

펴낸곳 주식회사 교보문고
등록 제406-2008-000090호(2008년 12월 5일)
주소 경기도 파주시 문발로 249
전화 대표전화 1544-1900   **주문** 02)3156-3665   **팩스** 0502)987-5725

ISBN 979-11-7061-200-1 03320
책값은 표지에 있습니다.